业务中台产品搭建指南

电商业务平台全流程 设计与实战

高晖◎著

人民邮电出版社

北京

图书在版编目（CIP）数据

业务中台产品搭建指南：电商业务平台全流程设计
与实战 / 高晖著. -- 北京：人民邮电出版社，2020.5（2024.5重印）
ISBN 978-7-115-53264-0

Ⅰ．①业… Ⅱ．①高… Ⅲ．①电子商务－研究 Ⅳ.
①F713.36

中国版本图书馆CIP数据核字(2020)第036554号

内 容 提 要

　　本书以电商为例从全局视角模块化讲解每个组成部分的产品架构，对电商乃至零售领域主要的系统进行分类、排序，将核心的"标配"系统进行了归纳和总结，构建电商产品的宏观业务中台架构，阐述业务逻辑"方法论"，并分享避免"坑点"的干货。

　　"人人都是产品经理"和"起点学院"团队参与策划了本书，内容适合刚刚踏足零售领域的初学者、有两三年工作经验的产品经理和希望了解业务中台产品架构的读者阅读。对于初学者来说，本书内容可以帮助读者建立业务中台架构的宏观概念，方便读者尽快熟悉每个系统的框架结构并用于日常工作中；对于有经验的产品经理来说，本书可以告诉读者每个系统的业务由来和关联，解析系统之间的关系和交互逻辑，帮助读者跳出单一功能的产品经理范畴，为迈向更高的阶段提供助力。书的最后还介绍了产品经理日常工作中遇到的核心问题的处理方法，以及作者对产品经理成长方法论的心得，帮助读者提高对产品经理岗位的认知，促进对自身定位的思考。

◆ 著　　　　高　晖
　　责任编辑　杨　璐
　　责任印制　马振武
◆ 人民邮电出版社出版发行　　北京市丰台区成寿寺路 11 号
　　邮编　100164　　电子邮件　315@ptpress.com.cn
　　网址　http://www.ptpress.com.cn
　　北京天宇星印刷厂印刷
◆ 开本：690×970　1/16
　　印张：17　　　　　　　　　2020 年 5 月第 1 版
　　字数：300 千字　　　　　　2024 年 5 月北京第 11 次印刷

定价：69.00 元

读者服务热线：(010)81055410　印装质量热线：(010)81055316
反盗版热线：(010)81055315
广告经营许可证：京东市监广登字 20170147 号

专家推荐 <<

作为电商领域从业多年的资深人士，晖兄在本书中深入浅出地描绘了电商架构，非常有利于产品经理、架构师了解电商业务系统，理解各个模块单元之间的关联和内在逻辑。同时，书中对未来新型的零售业态进行了思考和分析，非常值得读一读。

——刘海东　同程艺龙程猫民宿负责人

高晖在电商行业从业十余年，可驾驭各类电商场景，如O2O、B2C、C2C和B2B等，对电商领域有全面的理解和认知。书中对电商做了系统性描述，从电商发展阶段、每个阶段的发展诉求、不同业务形态、所需要的业务能力、相关组织建设和系统能力升级等不同视角做了阐述，也不乏对主要流程和关键系统的详细拆解。期待他有更多的作品。

——孙立红　美团配送数据负责人，资深产品专家

高晖是行业资深的电商产品架构师，有丰富的大型电商公司产品架构经验，本书是他结合实践经验编写而成，涵盖电商各阶段的系统、运营的核心理念，深入浅出地解答你在电商的初创期、稳定期、平台期的不同产品设计的疑惑，帮你构建匹配当前电商阶段的产品架构，让你在产品设计初期就具备全局视野。总之，这是初入、深耕电商圈的产品人均适合阅读的非常实用的电商产品架构书籍。

——李亚曼　京东物流－物流研发创新产品负责人

互联网和移动互联网行业不断发生快速的变化，需要产品经理不断更新自身知识体系。本书由浅入深地剖析好的电商平台如何进行建设、运营、数据驱动和防控风险，以及如何让产品经理具有创新意识，帮助从事电商行业相关工作的人员建立自己的知识体系，值得一读。

——韩爱君　新氧产品总监

晖哥眼光独到，对电商行业有丰富的实战经验。本书有晖哥对自身经验的总结，有很完整的电商知识体系结构，还有深层次理论推演，我相信一定会对大家的中后台整体建设和推进过程有所帮助。

——韩铁臣　嗨学网产品总监

与高晖老师相识于一次产品分享会，被他扎实的电商业务知识圈粉。有幸拜读本书后，更佩服他对电商系统全生命周期的了解和把控。本书会带你从熟悉电商业务开始，一步步搭建起一套完整的电商平台。书中包含大量流程图和业务架构图，清晰易懂，对任何背景的读者都很友好，会帮你快速建立起对电商产品体系的认知，值得推荐。

——申悦　36氪产品总监，公众号"互联网悦读笔记"主理人

高晖老师是我认识的最具文艺范的产品经理，是我们组里的产品大拿。我非常荣幸可以第一时间看到他的作品。本书从人员角色、业务场景、数据运营、风险管控和产品创新等多个角度阐述了电商系统的方方面面，同时从"势"和"道"的高度去认知国内的电商业务，不仅适合初学者，更适合有一定经验的电商从业人员以全新的视角去细剖业务、产品和功能。

——赵帅　中国移动高级项目经理，著有《破局：互联网＋教育》等书。

两年前我和老高达成了合作，计划一起打磨一本有价值的电商业务中台的产品经理图书。这期间我们在下班后的无数个夜晚共同探讨内容，反复修改内容十多次。合作过程中我看到了老高作为资深产品人的专业和工匠精神，让我对这本书越来越有信心。如果你是交易类平台产品经理，那么我推荐你阅读本书，因为电商是非常典型的交易平台，学习电商业务中台全流程设计，能让你在工作中少走很多弯路。

——老曹（曹成明）　人人都是产品经理、起点学院创始人兼CEO

序1 《《

进入21世纪以来，中国从世界工厂和新兴市场，发展成为世界第二大经济体。电商作为中国互联网火热的领域之一，一直是互联网创新的典型代表，见证着中国的经济奇迹。电商行业风云激荡，异军突起，呈现出现象级（phenomenal）的爆发式增长，使中国互联网从追随者成为引领者，后来居上达到世界领先水平。电商的广泛应用和模式创新突破了"Copy to China"的山寨套路，走出了一条具有中国特色的、独一无二的产业崛起之路。IBM在1996年和1997年分别提出了"狭义电子商务"（E-Commerce）和"广义电子商务"（E-Business）的概念，虽然多数消费者对电商的理解更接近于"在线零售"（Online Retail），但实际上中国电商经过多年的蓬勃发展涵盖了更为丰富的场景，如B2B、C2C、B2C和O2O等电商模式，秒杀、团购和闪购等促销手段，以及海淘、直播电商、社群电商等运营模式。从交易线上化角度看，产品和服务的购买及履约这一模型覆盖了衣食住行等消费领域，20年来培养了亿万消费者的使用习惯，串联起中国庞大而充满生机和活力的产业互联网生态，为进一步的变革升级打开了向上通道。

产品经理是电商行业中最为重要的角色。"人人都是产品经理"的时代已经过去，如今，产品经理只有深耕细作，才能成为专业精英。产品经理要定义产品，规划产品架构，衔接业务和技术，有序迭代产品，更要灵活响应需求，创造商业价值，服务社会。电商前端面向消费者，后端面向商户和平台运营，一个优秀的产品经理，既要懂业务还要懂技术，既要理解C端消费者还要精通B端运营，还得会项目管理，能带动整体节奏，成为团队的主心骨。晖哥是我在"当当网"和"饿了么"的同事，我们一起经历过许多项目，这些项目或处风口浪尖惊心动魄，或有千头万绪盘根错节，留下了很多并肩作战的珍贵记忆。晖哥为人风趣，很有想法，热爱钻研学习，乐于总结分享，写专栏、做社群都有声有色，一心想把事做成，属于典型的跨边界多任务复合型人才，是产品经理中的"战斗机"。得知晖哥多年修炼而成的电商产品架构心法即将结集问世，更觉与有荣焉。有幸先睹为快后由衷赞叹相见恨晚，相信这本书能够给从事电商的产品经理提供指导和帮助。

难得有这样一本书，从全局视角系统化地介绍电商产品架构。虽然电商有非常成熟的运作体系，但行业没有统一标准，各公司有自己的专有名词和运营模式。几年前，我便苦于没有这样的资料，只能从有限的几本书中拼凑出对于电商行业的整体认知。行业门槛便是如此，多数人作为非典型消费者，只能看热闹，摸不着门道。本书内容设计巧妙，讲解了一个电商公司从创立到发展壮大成为平台的全景视图，如沙盘演练般循序渐进，暗含电商产品演化迭代的规律，案例丰富，易于理解，是一本不可多得的电商产品入门手册。互联网下半场进入ToB时代，电商不再局限于狭义场景，而将随着产业互联网的进化，扩展成为每个行业的核心能力。技术日新月异，随着5G、物联网、人工智能、生物技术和新能源等的成熟应用，层出不穷的场景方案和业务模式势必激发新的一波产业革命，从更多维度为生产者和消费者提供更为丰富便捷的产品和服务。未来，无处不电商，一切皆电商。广阔天地，大有作为！

贝壳金服小微企业生态CTO　史海峰

序2 ◀◀

我和晖哥相识多年，也曾一起共事，晖哥的专业能力之强、雄辩口才之好一直令我叹服。他撰写的电商相关的文章，我读每一篇都津津有味，也经常发给身边的朋友和同事共同学习。我很早就知道晖哥在系统地写一本电商相关的书籍，这次拿到样稿，仔细阅读，发现逻辑一如既往的严谨，内容一贯的言之有物。

一套电商平台体系庞大，从C端到后端，从交易平台到客户管理，从进销存管理到财务结算，包含了无数专业知识。电商平台本身就是一套经典的复杂系统，其包含了从C端获客转化，到后端交易平台搭建，以及业务支撑管理软件的一整套体系构建。而其中涉及的企业经营管理运作问题更是复杂、深奥，除了销售策略的制订、供应链体系的管理和客户管理服务外，还涉及风控、客服等一系列相关问题。可以说电商业务涵盖了一个企业运作管理的大部分业务板块，对其进行系统学习的难度和挑战也非常大。

电商产品经理从业的细分方向非常多，做C端的要研究搜索、推荐、交互，这对交互体验和策略算法的要求非常高；做交易后台的要研究订单、商品、定价、营销，这对系统建模和业务建模的要求非常高；做仓储配送管理的要研究业务运作的机制和流程，这对供应链专业知识的要求非常高。一般来讲，一名从业人员需要在自己专注的领域进行深耕，具备充足的经验后，横向扩展自己的知识面，了解并扩充知识的广度，这样，既可以加深自己对细分领域的理解，又可以开阔视野，带来更大的发展机遇。

然而，正是电商业务的复杂性，使得系统化的学习资料非常少，具备全面知识储备的电商专业人才更加稀少，很多时候，电商从业人员需要到处搜集零散的资料，自己拼接出完整的知识蓝图，这个过程非常的艰辛、痛苦。

晖哥的这本书正是一本少见的、系统全面讲述电商业务的好书，是带给大家的福音！晖哥具备多年的电商从业经验，在各个电商业务形态中摸爬滚打过，也在各个产品板块中历练沉淀过，具备丰富而全面的实战经验，更重要的是，他善于总结，可以把自己的理解，用通俗易懂的形式呈现出来。晖哥也是少有的能把抽象建模写在文章和书中的作者，而抽象建模正是软件设计的核心。

在阅读本书时，我自己很有收获，相信大家也能产生有趣的思考。

VIPKID产品总监，《决胜B端》作者　杨堃

自序 <<

　　说起写书，它来自于我早年整理总结的习惯。2017年，机缘巧合，我开始参加一些分享、沙龙活动。每次进行PPT整理的时候，我总会花费很多时间去梳理思路，思考知识的连贯性及周边的相关知识点，十分浪费时间，于是我决定开始梳理我自己的知识库。从那时起我开始在一些知名的产品网站上发表文章，慢慢地成为一些网站的专栏作家。我开始有针对性地把自己的感触和经验整理为成系列的文章，但因时间和篇幅的限制，每篇只能简短描述一下主要的内容和概念，并且覆盖面也比较小。2018年初，我跟"人人"的产品经理老曹聊天，老曹建议我把经验整理成书。出书这个事情对于我们这种早年受老一辈熏陶的"80后"来说是一件需要郑重对待的事情，说实话，开始的时候我是有些担心做不到的。老曹跟我讲，现在出书更多的是分享你的行业经验，为更多的人少走弯路而贡献一份力量，用现在的话来说就是"赋能"。我听完感觉正能量满满，因此，无论能力大小，我将尽全力分享我所学的知识与积累的经验。

　　于是我开始梳理我的知识结构。从2006年至今，不知不觉间我已经工作了十余个年头，从2012年进入"当当网"以来我一直"浸泡"在电商的相关领域，有多年的从业经历，我几乎尝试过所有类型的电商公司，包括B2B、B2C、O2O和新零售等，产品线上我也经历过几乎全领域的系统，包括用户端、订单、交易、商品、促销、会员、搜索和履约等。这些杂乱的内容一直在我的脑海中，等待我去梳理，写书正是一个完美的契机。我将电商领域的主要系统进行分类、排序，希望可以为读者整理出一个电商系统产品发展的全过程。整理大纲的过程中，我发现现阶段电商系统的发展已经到了极致，将其细化以后可以扩展到上百个系统，但我实在无法在一本书中将其描述得非常细致，因此我把一些核心的、电商特有的"标配"系统进行了归纳总结，大约有20个，一些更标准化的系统，如财务系统等，没有涵盖在本书的范畴内。

　　在定位上我思考了很久，对于产品的方法论，高阶的产品经理都会归纳总结出符合自身的理论，我的分享只能作为他们的参考。我希望这本书可以给更多的人进行知识的普及和产品因果的讲述，因此初、中级别的产品经理更适合阅读本书。如果你是刚刚踏足电商领域的初学者，这本书可以让你了解宏观的电商系统架构，为你讲述每个系统的框架结构，方便你尽快熟悉、融入日常的工作。如果你是有两三年工作经验的产品经理，也可以阅读本书，它可以告诉你每个系统的业务由来和关联，讲解系统之间的关系和交互逻辑，帮助你跳出单一功能的产品经理的业务范畴，为你迈向更高的阶段提供助力。同时，在本书的最后我会分享一些在日常工作中产品经理需要处理的核心问题以及我对于产品经理成长方法论的一点点心得，希望可以帮助大家提高对产品经理这个岗位的认知和加深对自身定位的思考。

在写作开始前，我总结了对于产品经理来说最重要的几块内容——功能细节、业务背景及逻辑、产品框架和软技能等。现在在市面上或者网上有很多介绍功能方面的内容，其中会分享一些原型或者功能，这些内容基本可以满足大家对这方面的求知需要了，因此本书不以这部分内容为主，当然，在具体的章节会根据情况介绍一些系统实现的流程图和状态的流转，方便大家对系统进行理解。本书希望向读者展示一些功能背后的故事，比如系统的发展历程、业务逻辑的变化及为什么需要这些功能，还有每个系统的产品框架都是由哪些模块构成的、核心系统之间如何进行数据的流转和交互等。我希望能够为大家讲解产品系统的前因后果及形成的原理，而不仅仅告诉大家一个结果，因为不同的电商公司，业务都有一些差异，功能上也或多或少会有特殊的情况，但电商的底层逻辑"方法论"是一致的。俗话说，授之以鱼不如授之以渔，我更希望帮助大家去理解而不是只给大家一个结论。

此外，在写本书之前我想到了产品线接手的情况。每个产品经理在职业生涯中都会遇到接手他人产品线的情况，每次接手都需要对当前情况进行梳理。考虑到这个情况，本书在讲解产品系统时，将结合电商公司业务发展的主体过程，从零开始打造一个全新的电商公司，随着业务的持续发展来不断进化、延伸系统，中间会出现系统的拆分、整合，也会有新系统与老系统的对接等内容。读者可以通过了解业务与产品的发展阶段来判断当前系统需要的能力及后续可能的演变。当然，本书描述的是正常形态下的业务与系统的变化进程，特殊的业务状况可能与之不完全一致，但它可以作为参考。

为了使内容更加丰满和具有一定的代表性，我走访了很多之前的老同事和朋友们，他们大多在电商的各个领域成为了专家、产品线负责人。从与他们的交流中我也吸收了很多信息，在写本书的时候，我结合自身的经历和一些主要电商公司的系统结构与情况，对内容进行了归纳和总结。

借用钱钟书老先生在《围城》中的那句话来说，产品经理这个岗位是一座围城，城外的人想进来，城内的人想出去。产品经理是一个看似简单，做起来却"烟波浩渺"的职业。很多无法提升的入门者和遇瓶颈者都会想尽办法获取更多的知识和方法来提升、进阶，很多年轻朋友在与我的交流过程中会提到这个困扰。我希望本书可以为大家构建电商产品的宏观架构，阐述业务逻辑"方法论"以及收集"坑点"干货，希望能让更多的产品经理在这个"围城"中更加惬意、自如。

高晖

目 录 <<

第 **1** 章

业务概述

1.1 电商的本质

随着电子商务的蓬勃发展，越来越多的人加入这个领域。有人说电商是属于互联网行业的，也有人说电商和线下商业零售区别不大，在我看来，这些观点都不完全对。电商全称为"电子商务"，其本质还是零售商业模式，"电子"只是触发零售模式的一种途径。

电子商务从诞生开始到现今一直在不断地摸索演化，归根到底还是脱离不了零售业售卖的属性。与大多线下企业一样，如何把商品卖出去才是电商的关键。与传统企业不同的是，电商平台的渠道模式发生了本质变化，它由原有的线下场景转化为线上场景，甚至到现在火热的线上线下结合场景。渠道模式的变化导致原有线下场景所依赖的条件或者所受到的限制可能已经不复存在，比如选址对于线上电商平台来说完全无意义。

其次，场景由线下转为线上，用户的时间成本进一步得到压缩，原有的购买场景也可能由于时间成本的降低而引发频次、消费方式等关键因素的变化，从而产生新的销售模式和管理流程。时间成本的降低还得益于传播成本的降低，人们通过口碑传播可以在短短几分钟之内将信息传遍全国，这相当于在原有的线下门店上安装了一个效果放大器，把原有的有限的客流转化提升数倍甚至数十倍。

综上所述，我们可以看到，电子商务是以商业售卖为基础，通过新的渠道模式（即互联网线上）达到改造全业态流程标准的商业模式。接下来我们就看看电商企业的构造和如何设计和搭建系统。

1.2 电商的人员构成

电商平台作为互联网的一员，本质上还是一个具有零售贸易属性的平台。电商公司既具备互联网企业的科技研发运营能力，又具备传统工厂企业的采、仓、配一体化的线下供应链管理能力。可以说，电商公司的人员构成包罗万象。与传统行业不同，互联网企业不仅仅包括线下的管理和一线员工，同时还包括线上的部分。按照工种划分，公司人员可以分为业务人员和技术人员，业务人员包括传统企业所有从事电商相关业务的员工，由于是互联网企业，因此线上的营运管理属于电商平台独有的部分；而技术人员更是互联网企业的特色，技术人员从事线上系统、产品的开发和上线工作，这里的技术人员是泛指所有参与线上系统维护的工作人员。

1.2.1　业务人员构成

和传统行业的大多数公司类似,互联网公司也有基础的业务团队。在一线业务方面包括市场、公关、采购、销售和客服等,还有供应链环节的仓库管理人员、物流配送调度管理人员和相关的一线员工等,当然,基础的职能部门如财务、行政等也是必不可少的。除了传统行业的这些职能工种,还有线上的运营,它是电商平台独有的职能工种。一般来说我们称呼这个线上运营部门的员工叫作产品运营。按照具体职能划分,产品运营分为多个岗位,每个岗位都负责一块独立的运营内容,比如,负责会员营销的叫作会员产品运营专员,负责红包投放的叫作红包产品运营专员,负责促销的叫作促销产品运营专员。与此同时,线上平台的信息也会有专门的人员或者兼职人员进行维护,比如线上商品信息维护、用户端界面排版管理等。

产品运营需要大量的营销运营行为,为此需要制作很多宣传推广的素材,因此一般产品运营部门都会安排自己的设计师进行素材制作,这些设计师与后面将要讲到的技术部的设计师有重叠的工作内容,但不属于同一个职能范畴。线上产品运营会衍生出很多不同的工种和岗位,如站外推广的人员、排名优化的 SEO 人员等。同时,由于电商平台数据量庞大且互联网思维中的一条就是数据驱动生产,因此数据分析师在电商企业中的角色相较传统行业重一些。

在综合性电商平台上,不同的业务会在单独部门运行,每个单独的业务部门下都有自己的产品运营、数据分析和设计人员等。

1.2.2　技术人员构成

技术部也叫产研(产品研发)部,负责将业务中的诉求开发成可上线使用的软件或者系统。虽然叫作技术部,但它的人员构成并不仅仅是开发工程师,技术部中包括如下几个工种。

- 开发工程师:负责将业务产品需求编写成代码的工程师。在产研体系中他们属于人数最多的群体,在很多公司中他们被称为 RD。
- 测试工程师:负责按照产品业务诉求对开发人员完成的代码进行验证,确保不会出现重大 bug。他们一般被称为 QA。
- 运维工程师:负责硬件方面的管理,包括对服务器、虚拟机、机房等的管理,他们是保证电商平台稳定运行的基础人员。

● 产品经理：负责将业务诉求转化成系统逻辑需求，并跟进开发中的产品需求问题，验证最终的上线效果，他们也是本书下述内容的主要使用方。好的产品经理能够把控整个产品形态的发展并确保尽可能地跟上业务快速发展的步伐。他们一般被称为PM。

● 项目经理：负责开发项目的进度管理，优化提高项目执行效率。在一些大的公司中，由于项目涉及产品线过多，需要项目经理对整体的项目进度进行统一管理跟进。有一些互联网公司的项目经理角色会由产品经理来兼任。他们有时候也叫PM，因为与产品经理的简称冲突，大多时候两者会进行区别。

● UED人员：UED（User Experience Design，用户体验设计），在互联网公司，设计人员不仅仅指平面设计人员，它还包括交互设计和视觉设计人员。

上述按照工种划分每个岗位的职能，而大型电商平台对于每一个模块和功能都会进行深度挖掘和不断地优化设计。我们将每个单独模块的开发优化工作定义为一条独立的产品线，在产品线内需要具有相关工种的人员，如产品、开发和测试等。当然有一些职能部门是可以统一管理的，如UED、运维。这样，我们就通过岗位职能和产品线将所有的技术人员划分到若干条产品生产线，每一条生产线都可以独立完成属于本产品线内的需求规划、优化、开发和维护等工作。我们可以将产品线按照不同的系统架构和分工切分成一个个小组，每个小组既可以独立作战也可以协同作战。这里简单介绍下互联网公司的技术作业模式，也就是我们俗称的项目管理流程。前面讲到，按产品线划分，所有人员被切分成一个个独立的小组，进行需求开发上线，如果需求需要多条产品线协同开发，则需要将涉及的产品线统一调配执行，这时候就需要进行项目管理的规范和跟进。

目前业界常使用的项目管理方式是瀑布式（Waterfall）开发和敏捷式（Agile）开发，而最常用的是敏捷式开发。瀑布式开发是严格遵循预先计划的需求、分析、设计、编码和测试等步骤顺序进行的。步骤成果作为衡量进度的方法，如需求规格、设计文档、测试计划和代码审阅等。复杂需求需要通过和各产品线沟通确认最终方案后，根据依赖关系统一排期，排期后按照计划执行。瀑布式开发对于上下游的依赖较多，而且当出现需求变化时，其应变能力不足。目前很多公司都在推动敏捷式开发的施行，简单地说，敏捷开发是将所有的需求拆解成一个个独立的部分，按照资源情况逐步完成需求。在执行过程中可以接受因为情况变化而产生的需求调整，同时也可以实现快速迭代、小步快跑的节奏。敏捷式开发是目前受到众多公司推崇的开发方式，它在具体执行方式上有多种不同的"流派"，如Scrum、Kanban、XP和SAFe等。

1.3　电商平台的系统构成

电商平台最早出现在20世纪90年代末，当时只是一批以线上售卖为基础的平台。随着电商技术的发展和业务运营的精细化，电商系统也由最初几个页面的简陋结构发展为几十甚至上百个系统协同架构的庞然大物。整个系统按照离用户的远近分为前台、中台和供应链体系。目前比较流行的结构是大中台、小前台的架构，前台负责业务行为的呈现和用户的操作交互，中台负责提供各种业务支撑能力以及管理流程，而供应链则属于业务落地的基础保障。采用小前台、大中台架构的原因是前台负责业务行为落地，考虑到飞速发展的变化要求，前台系统强调创新、多变；中台系统负责能力输出和管理，强调的是规划控制和协调的能力；供应链则属于相对标准化的流程，在传统IT业下已经比较成熟。我们来看一下整体的系统架构情况，如图1-1所示。

图1-1

当然上述这些系统只是相对核心的系统，它们并不能涵盖所有电商平台的系统，一些大型电商平台细分后甚至具有上百个系统组成部分。本书的目的旨在普及电商的核心架构，而上述的系统基本可以构建成一个相对完善的中等规模的电商体系。

1.3.1　前台系统

前台系统一般情况下主要指用户端和相关的API接口，它主要负责用户购买电商的服务或商品的操作。其核心的模块是用户的购买流程和个人资产管理，购买流程包括售前、售中和售后3个部分，个人资产管理包括个人信息、个人资产等信息的管理。前台系统大多由页面构成，业务上灵活多变，表现形式主要包括APP、H5、微信小程序和PC端等几种形式，如图1-2所示。

| 前台 | APP | H5 | PC | 小程序 |

图1-2

1.3.2　中台系统

中台系统主要负责支撑业务运转，它包括业务运营、线上商品管理、销售支撑和基础服务等。一些系统在平台搭建初期可以作为功能模块耦合在其他系统中，后期根据业务和资源的需求逐步拆分成独立系统，如图1-3所示。

- 业务运营：提供所有提升销量的手段和策略，主要指促销系统、红包系统和代金券系统等。
- 线上商品管理：对商品信息进行处理，包括商品系统、价格系统、库存系统和CMS系统等。
- 销售支撑：所有用于支撑售卖过程的基础系统，包括订单系统、交易系统和支付系统等。
- 基础服务：一些非业务的基础服务，如客服系统、财务系统等。

中台	CMS	用户体系	交易系统	订单系统
	促销系统	价格系统	支付系统	商家平台
	搜索系统	推荐系统	商品系统	库存系统

图1-3

除了业务支撑的部分，中台的系统还包括一些基础的服务，这些服务为全公司的基础部门提供支撑，如图1-4所示。这里面不少系统都属于业内标准化的产品，如财务系统、OA系统、权限系统和主数据管理等，在本书中就不多做介绍了。

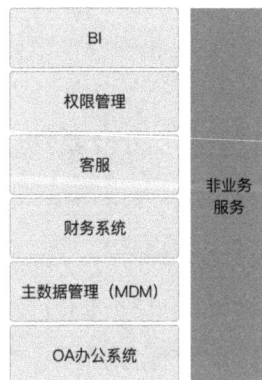

| BI |
| 权限管理 |
| 客服 |
| 财务系统 |
| 主数据管理（MDM） |
| OA办公系统 |

非业务服务

图1-4

1.3.3　供应链体系

供应链体系主要负责对实物商品的供应链管理，传统意义上的供应链管理包括计划、采购、制造、配送和退货五大基本内容。

采购系统用来管理与采购相关的业务，主要的使用角色为采购人员和供应商。采购系统又可以分为采购管理和采购计划管理。仓储部分的管理放入 WMS（Warehouse Management System，仓库管理系统），用来管理仓内作业和仓库与相邻系统的交互行为，主要的使用角色为库内管理人员。物流的运输配送管理则属于 TMS（Transportation Management System，运输管理系统），主要负责配送过程中的监控管理和货品的送达交接，主要的使用角色为配送人员和调度人员。供应链体系的组成如图1-5所示。

| 供应链 | 采购系统 | 采购计划管理 | WMS | TMS |

图 1-5

第 2 章

业务分析及平台初步搭建

2.1　业务情况分析

在公司开始运营或电商业务刚刚起步阶段，业务规模一般不大，而人员组成上也是以精简成本、快速起步为本。公司首要目的是实现商品的销售，为后续的发展打下良好基础，确保基础的业务可以有效地运转起来。

人员上需要配备采购、运营、仓配管理和财务等人员，技术平台上需要具备前端、后端开发能力和产品规划能力，如图2-1所示。这里面主要讲的是和业务、经营相关的标配部门，其他公司特有组织结构和后勤部门（如HR、行政等）则不在本书中赘述。人员数量视公司业务发展情况而定。

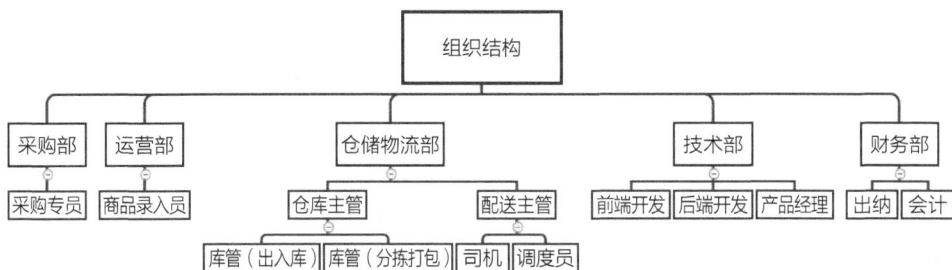

图2-1

2.1.1　业务场景分析

为了维持最基本的业务模式，实现从采购到销售等环节的正常运转，初期平台的搭建主要实现两个重要的业务场景：商品备货和线上销售，如图2-2所示。

1. 商品备货

● 商品采购：根据业务需求向供应商采购商品。

● 商品入库：按照要求将采购到的商品进行入库登记，入库后由仓库进行统一的货品管理。

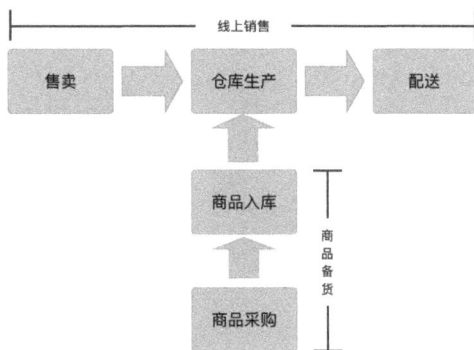

图2-2

根据前面描述的业务基本发展情况，我们细化各个环节的具体事务。首先我们来看商品备货这条线。

商品采购

- 选品后填写采购单。

- 采购单审核。

- 人工根据采购单向供应商发布采购计划。

- 供应商根据采购计划提供货品并将其运输到仓库。

商品入库

- 到货前预约仓库入库。

- 根据预约单安排入库核对。

- 入库后，仓库根据商品情况进行分拣、上架。

另一条线是线上销售，我们来看看线上销售需要做哪些事情。

2. 线上销售

- 售卖：完成商品的线上售卖。

- 仓库生产：仓库根据售卖订单情况进行商品的分拣出库。

- 配送：将出库的商品按照要求配送到客户的手中。

售卖

- 完成商品的基本信息录入（商品名称、规格、图片和价格等）。

- 将商品上架进行售卖（商品上架、售卖平台）。

- 用户完成下单、支付，并生成订单。

仓库生产

- 获取用户的订单，并推送给仓库进行出库准备。

- 仓库进行库内分拣、打包和出库。

配送

- 针对包裹安排配送路线，分配司机。

- 司机去仓库取货。

- 取货后进行配送，并与客户完成交接。

2.1.2　业务流程及角色分析

接下来我们梳理一下所有相关业务流程，看看业务上如何完成这些工作内容，为我们后续的平台系统搭建提供业务依据。电商业务初步开展主要需要满足商品的流转需求，整体来看有3个基本流程：商品入库、用户下单和出库配送，这3个流程构成了电商商品流转的基础，后续的其他流程大多都是在这3个基础流程上做的延伸和扩展。初期考虑到资源等问题，平台主要围绕这3个基本流程的实现，满足业务快速跑起来的需求，流程如图2-3所示。

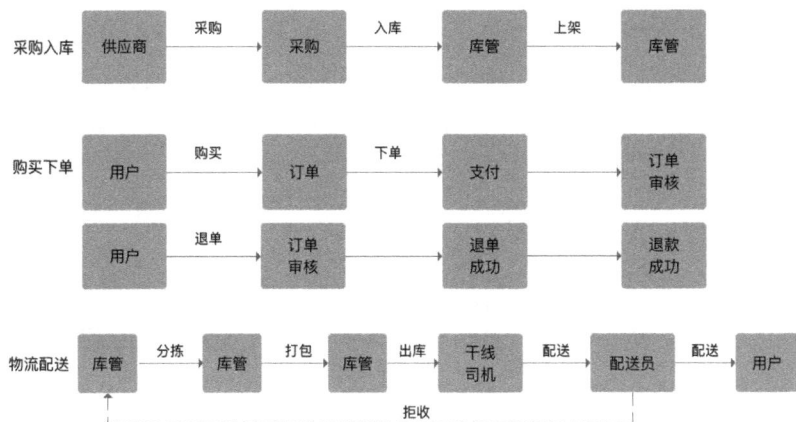

图2-3

这里要说明一下仓库内部的基本工作分配情况。仓库内会针对商品的不同状态划分出不同的作业区域，安排具体的人员来负责每个区域的作业。因此虽然都是库管，但每个不同的作业区域需要多个工种的人员来进行作业。

1. 采购入库

采购入库环节主要涉及的人员角色为采购人员、供应商和仓库管理员（入库、上架）等。让我们来看看每个角色需要做的事情。

采购人员

采购人员需要和供应商进行沟通，确认采购品类和商品；根据沟通的结果进行合同的拟定、审核，并最终完成合同签署；根据合同约定价格对指定供应商提出认购单，制订采购计划并生成采购单；对采购、销退等行为做监控管理；在指定账期内和财务核对并完成结算的工作，如图2-4所示。

供应商

和采购人员签订供应合同后，依据采购人员发出的采购单进行商品的供应和配送，并完成商品入库签收等工作；因为特殊原因需要进行退货的商品，按照约定进行销退；供应商和采购人员根据账期进行对应款项的核对和结算，如图2-5所示。

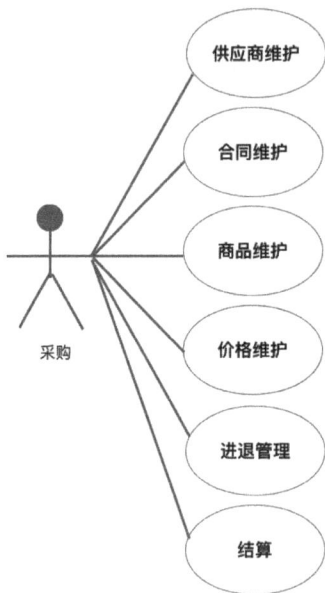

图2-4

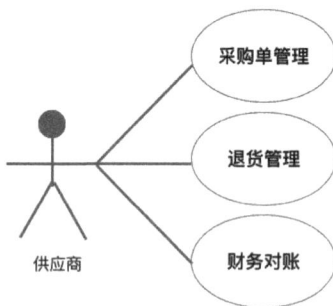

图2-5

仓库管理员

仓库管理员根据采购人员提供的预约入库单，对到库商品进行包裹数量核对，核对完毕后进行商品扫码、数量检查等操作；完成后将商品运送至待上架区域；后续由仓库上架人员完成商品上架操作，如图2-6所示。

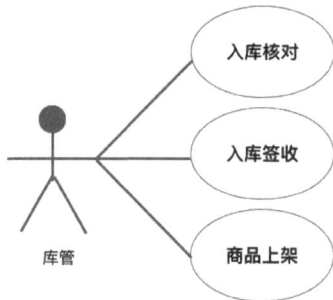

2. 购买下单

购买流程主要是指用户在用户端App进行下单购

图2-6

买的过程。购买流程包括正向流程和逆向流程，涉及的角色主要是用户本身和订单审核人员（或系统）。

用户

用户完成选品、下单和支付的购买流程，订单生成后可在一定时间内申请退单，如图2-7所示。

审核人员（或系统）

完成正向订单审核和逆向订单审核，如图2-8所示。

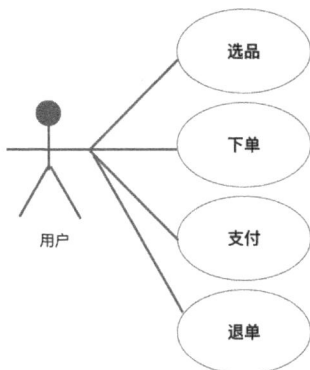

图2-7

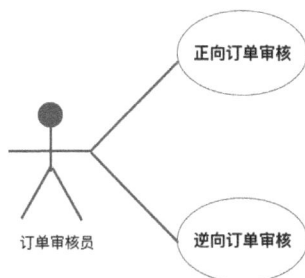

图2-8

3. 商品信息维护

商品购买的前提是平台完成在线商品的录入和维护。商品专员需要操作商品录入、商品上架、商品价格配置和商品库存配置等。在线商品信息维护的使用角色是商品专员，如图2-9所示。

4. 物流配送

物流配送是将商品按照用户订单的要求从仓库逐一分拣、打包、装车并按照区域排线，由配送人员完成配送的过程，还包括用户拒收后的逆向返仓流程。涉及的角色有库管（分拣、打包、出库和入库）、配送人员（装车、配送）、调度人员（查询运单、排线和单据打印）和用户（签收、拒收）等。

库管

负责仓内的所有作业，包括商品分拣、商品打包、商品出库和销退入库的部分，如图2-10所示。

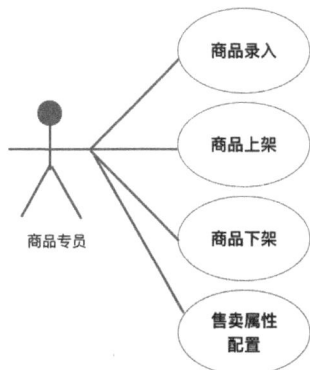

图2-9

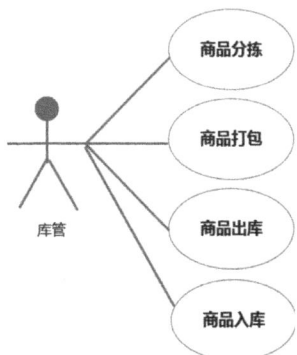

图2-10

调度人员

调度人员根据所有生成的运单按照一定的线路安排配送人员，并打印运单明细（商品、配送信息等），将单据发送给对应的配送人员，如图2-11所示。

配送人员

接收出库单，按照出库单的商品明细和调度员的排线安排去仓库提货，然后完成配送、签收的工作。对于拒收等情况需要完成商品反馈。

用户

完成签收或拒收，如图2-12所示。

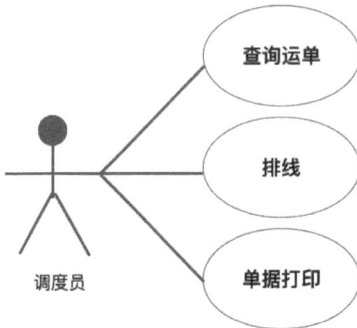
图2-11

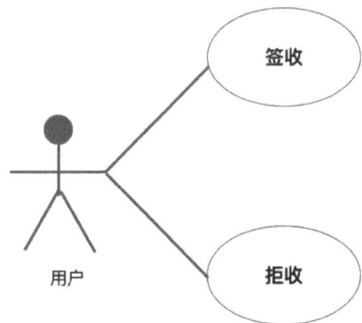
图2-12

2.1.3 分析结论

根据上述业务情况的分析，业务的实际流程总结如下。

1. 采购入库上架

采购入库

采购入库包括采购执行前的准备工作和采购配送、签收过程。其中，执行前的准备工作包括前面说到的合同流程、采购计划制订流程和供应商接收订单几个部分，业务流程如图2-13所示，它主要涉及供应商和采购人员。

完成准备工作后，供应商发出货物。这时候就需要采购人员告知库管需要接收入库的商品明细和批次情况，库管核对后完成入库操作，如图2-14所示。

这里面还有一个库内细节的流程：当货品签收入库后，并不是直接就可以售卖了，而是需要有一个上架的过程，货品在入库初期会先放入待上架区，再由负责上架的库管完成上架操作。

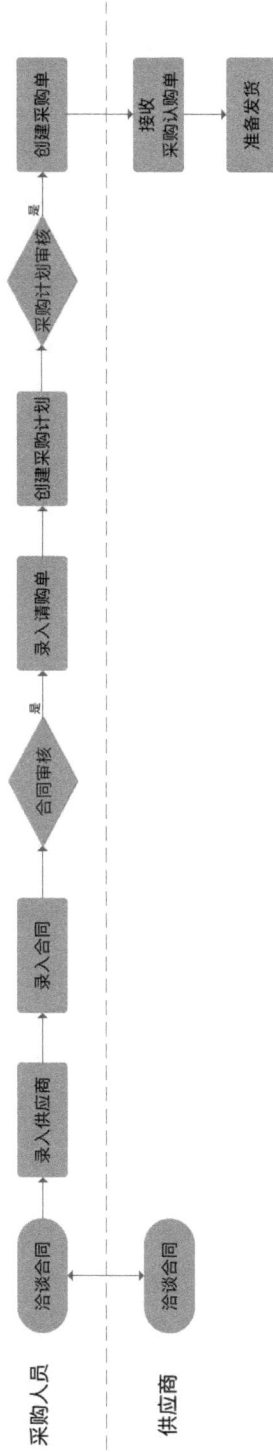

图 2-13

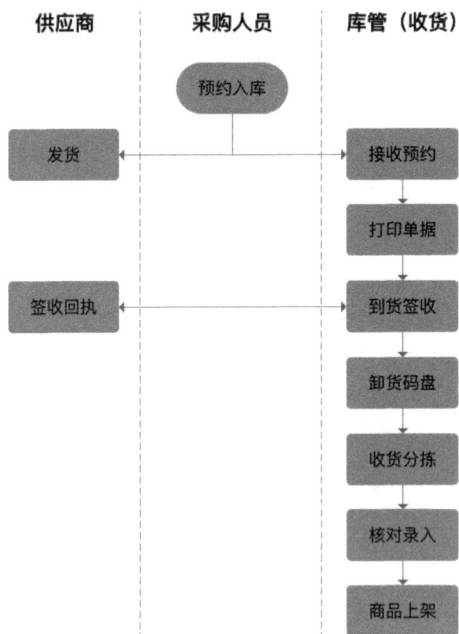

图2-14

2. 购买流程

电商平台实现网上销售主要是通过线上渠道，而销售渠道主要是通过电商平台自身的用户端（一般是通过App、微信和第三方入驻平台）来实现的。用户端完成用户从浏览、下单、支付完成到最终生成订单的全部过程，是用户和电商平台交互的主要渠道之一，整个过程包括售前、售中和售后3个过程。购买流程主要包括售前和售中。在正式售卖前需要完成商品的录入、上架工作，需要下架的商品进行下架操作，停止售卖，如图2-15所示。

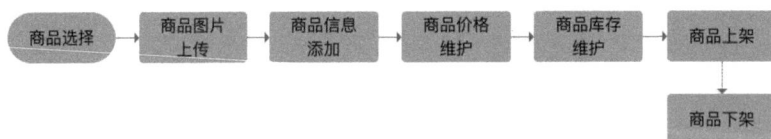

图2-15

3. 物流配送

从用户完成购买，一直到商品配送到用户手中，这整个过程就是物流配送的过程。按照出库这个节点进行划分，我们又可以把整个流程分为两部分：商品出库和物流配送。

商品出库

库管人员接收待生产的订单信息，按照订单内容进行货物分拣，将商品从各个库区分到待打包区域，后续完成打包分配的工作。等待司机到来后，完成出库交接和装车，如图2-16所示。

接收订单 → 拣货 → 打包 → 交接司机 → 装车

图2-16

物流配送

出库后的商品由司机装车，按照排线的要求进行配送，用户可以选择接收货品也可以选择拒收，拒收后司机将商品返库，库管填写销退单，完成销退入库过程，如图2-17所示。

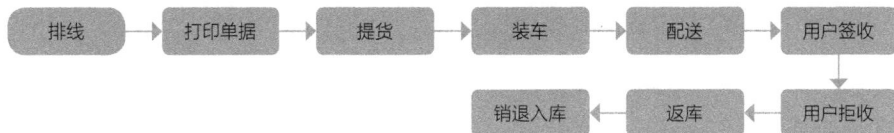

排线 → 打印单据 → 提货 → 装车 → 配送 → 用户签收

销退入库 ← 返库 ← 用户拒收

图2-17

根据上述业务分析，我们来看一下具体业务流程中系统的交互情况。

2.2　实现采购入库

采购入库主要通过采购系统和仓库管理系统进行交互来实现。在这里我们先讲一下采购系统和仓库管理系统的整体产品设计思路，以便大家对系统及其知识点有宏观的认识和了解。

2.2.1　采购系统

采购系统主要操作所有向供应商进行采购的相关事项，它管理着商品从供应商到仓库之间的所有业务行为。电商的蓬勃发展也同步带动着供应链系统的更新换代，现在的采购管理更多的是向精细化、智能化发展。

采购系统的核心价值在于将货品的所有权经过合理的流程进行转移和交接。在货品所有权的转移和交接过程中，线下是实体货品的转移和运输，而线上是采购SKU（Stock

Keeping Uint，库存量单位）的数据流转以及货款金额的流转，因此采购系统管理的主体流程包括SKU货品采购流程及账款资金流流程。流程的参与角色主要包括供应商、仓库及采购人员，当然在账款结算时还需要和财务打交道。连接不同角色的除了单据流程，还有一些实体的信息。例如，合同是连接采购和供应商的实体信息，发票是连接供应商、采购和财务的实体信息。

这样，我们将与采购相关的信息和实体组合起来，形成采购系统需要管理的内容，如图2-18所示。

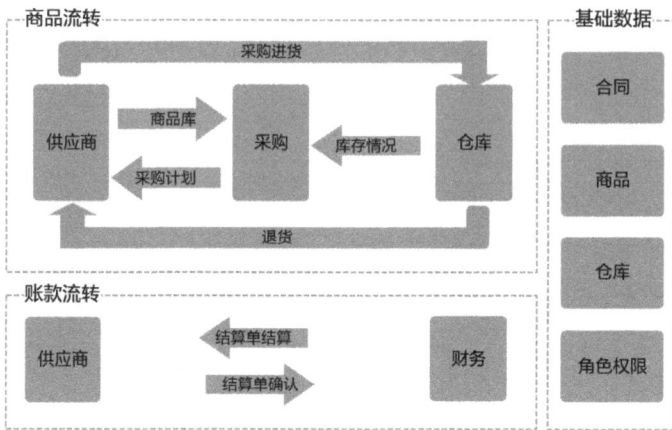

图2-18

我们可以看到，上述的流转包括商品流转和账款流转。其中，商品流转是指供应商与仓库属于供给双方，采购负责根据仓库和商品需求签约供应商，并根据仓库库存提交采购计划。商品计划通过采购提交给供应商后由供应商完成配送，同时也对仓库退货进行管理。在整个过程中会产生采购流程和退货流程，参与的角色包括供应商、采购和仓库。账款流转主要指财务根据账期对供应商进行结款，结算主要依存于双方对结算单的确认核对，财务按照确认后的结算单的账单金额进行支付。总结下来，采购的业务流程主要有3个：采购流程、退货流程和财务结算。支撑这些流程流转的基础数据是所有单据的信息来源，包括合同、商品和仓库信息等。

按照上面讲的基础数据、采购、退货和财务结算4个部分，我们来看一下每个部分都有哪些需要注意的内容。

1. 基础数据

采购系统的基础数据维护主要是维护采购过程中出现的实体，如商品、供应商和采购人员等。这里面供应商管理又属于相对比较复杂的部分，可以单独作为一个系统运行。下面分别讲述各部分需要关注的要点。

商品信息主要管理商品最基本的内容，如商品名称、商品编码（用于在单据内人工快速识别商品的标识）和仓储等，具体见表2-1。

表2-1　　　　　　　　　　　　商品信息的内容

信息项	字段内容（包括但不限于）
商品基础信息	商品名称、商品编码、分类、供应商
价格信息	进价
仓储信息	长、宽、高、箱规、重量、仓储参数

合同管理是采购系统中比较核心的数据，所有采购单的下发和结算都应该依据合同进行，超出合同范围的内容是不允许进行的。合同关联着采购人员、供应商、采购单和仓库。

合同的类型也有很多种，如经销合同、代销合同等，每种类型合同的信息和处理方法都是不同的。比较常见的是经销合同，就是我们常说的进货。供应商将货品按照合同约定的条款完成出货，并将货品送至购买方的仓库。在经销合同中，主要信息条款包括合同甲乙双方信息、合同条款明细、结款信息、进退货信息及合同有效期。

● 甲乙双方信息：双方公司名称，甲方需要详细到部门，乙方（即供应商）需要提供资质信息。

● 合同条款明细：用来描述合同的具体内容。由于是采购合同，因此条款中同样包括供应商提供采购的商品明细清单，该清单在后续流程中用于生成商品信息。

● 结款信息：合同结款的具体付款周期、税率、合同折扣和返点信息等。

● 进退货信息：进货、退货的相关信息规则，如进货周期、退货周期、退货比例和到货周期等。

● 合同有效期：规定合同生效的起止时间，有效期内所有采购按照合同明细规则进行处理。

合同管理的另一方面就是审批和变更、作废。所有建立的合同都需要经过合同的审批过程，未审批的合同不允许自动生效。合同的审核内容主要是审核资质情况及合同明细条款，而执行过程中出现合同变化则需要执行合同变更流程。合同到期结束或者提前终止则需要进行合同作废，作废后的合同所涉及的供应商商品则不再可以进行采购。

关于合同、采购认购单以及合同与采购单的关系，这里要说明一下。采购认购单是代表采购人员期望采购的商品情况，根据认购单去和供应商谈判，完成供应商合同的签订。签订后，认购单的商品采购清单就会转化成合同里面的商品明细条款。采购补充完其他条款后，完成合同录入的工作。根据合同来生成采购单并完成采购的配送和入库工作。

2. 采购管理

采购管理是用来监管所有采购行为的体系。前面描述了采购过程中的行为，通常是签订合同以后，由供应商完成商品录入，采购人员根据仓库情况下采购单，采购单分发给对应的供应商确认，供应商确认后，根据采购单中的商品列表备货、发货和验收入库。很多文章都讲到了这个基础的流程，这里对于基础流程不作太多的说明，我们来讲解一下在这个过程中业务的一些逻辑分支和业务概念。采购的流转是通过单据来进行的，首先我们先讲解一下几个单据的概念。

● 询价计划单：采购根据采购情况发送单据，向供应商询价，询价单主要记录供应商情况、商品清单和所需商品数量。

● 报价单：根据采购提供的询价计划单，反馈生成报价单，报价单记录所有供应商的报价信息和可以提供的产量。

● 采购申请单：采购根据库存和售卖的情况填写请购单，审批通过的所有请购单按照一定的归类（如供应商、仓库等）生成对应的采购计划。

● 采购单：采购单是形成采购行为的唯一单据凭证，通过采购单的流转来完成采购过程的跟进监管。

● 采购运单：计划采购的商品单据，可以包含多个部门或者供应商的采购需求；采购计划审批通过后，会按照归类情况自动生成采购单，并分发给对应的供应商；采购计划是采购单的组合，其目的是方便进行统一的安排管理。

● 采购入库单：采购入库单用于入库时仓库接收使用，它主要用于核对采购批次的商品情况。

不同类型的单据对应在不同的节点使用，业务流程的衔接实际是单据的衔接。采购单是采购流程的核心单据，由采购单构成的计划集合叫作采购计划。采购单或者采购计划生成前会经过询价、报价和比价的过程，生成后的采购单会按照批次同步仓库进行运输配送，仓库根据收到的采购商品信息和到货时间安排入库行为，同时生成入库单。采购商品到仓后，会根据采购运单和采购入库单对其进行核对，核对无误进行签收，完成本次采购的全过程。单据的演变流转过程如图2-19所示。

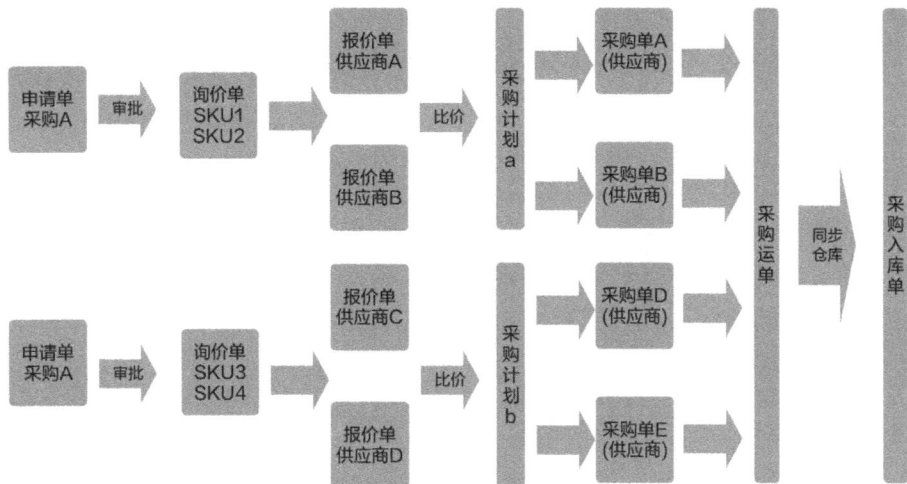

图2-19

供应商收到采购单后，可能会回告发货数量和进折 / 进价。若回告，则以供货商的回告数据作为"到货率"等采购员绩效考核的依据和到货关联的依据；若不回告，则以采购单上的采购数据作为考核依据。若合同内有预付款的采购单，则必须回告，只有回告后系统才可以自动生成预付款。

在采购流程中，系统设计需要关注几个环节。首先是采购申请的创建，原则上由采购人员人工完成采购申请的创建，但目前很多采购系统会根据销售订单的情况和仓库内的数据进行智能分析，对采购的商品进行销售预测和采购计划制订。销售预测，顾名思义，是指将未来一段采购周期内的销售情况进行预估分析，从而判断商品所需的库存量情况。销售预测的算法模型同推荐、搜索和CRM等算法类似，后面章节会作详细介绍，这里我们说一下销售预测的判断因子。对于销售量预估来说，有很多内在或外在的因素会影响它的变化，比如商品生命周期（是否新品、售卖时长）、促销事件（往期同时段是否有一些大促节点）、销售趋势变化和往期销量等，我们称之为判断因子。我们通常认为销售量会按照一定的周期不断重复自己，它的销售曲线会根据这些因子呈现相似的波动。而基于销售预估，结合仓库内的库存周转率，我们可以得出周期内需要采购的商品数量，这就是采购计划。在生成采购计划的时候，不能按照当前的仓库库存情况进行判断，而需要根据采购在途的时长累加来判断在对应的周期内是否可以满足。比如，当前仓库 A 中的商品 a 的仓库库存临界值为 7 天，而从采购发起到配送完成一般需要 5 天的时间，那么发起采购计划的时候就要按照 7+5=12 天的时间来计算库存是否满足，如果低于临界值，则需要提交采购计划或者提示采购人员创建采购计划。

采购计划创建前，需由采购人员按照标准流程完成前序的询价、比价等过程，采购人员提出采购申请以后，需要进行内部审批，审批通过的采购申请单会提交给相关供应商进行询价。不过大多数时候，会通过系统比较各家供应商在签订合同时候的价格或者价格规则自动完成询价、比价过程，因此在有些采购系统中这个环节会被忽略。一般的处理方式是设计一个专门的供应商价格模块，将有合同的供应商的SKU价格维护在这个模块中，每次创建采购单的时候自动从这个系统中完成价格的获取。

最后我们看一下采购履约的过程。一般来说，采购履约的目的地是平台的仓库，但实际的业务中也会有一些特殊的场景出现，比如厂家直送。厂家直送的场景是用户在平台下单完成后，订单会根据对应的供应商直接推送到供应商平台，供应商根据订单信息完成拣货、发货的过程。通常情况下，会在订单发货的同时生成一条采购单信息，用于匹配用户订单，这种采购单的履约不是配送到仓库，而是通过第三方快递发送到用户手中。当快递完成后，订单状态可以通过超时更新或者系统回传的方式完结用户订单。

采购配送履约如果交接到仓库，则在入库时需要进行双方货品的核对。采购履约的情况最终会以实际签收数量为准，仓库可以根据实际情况来完成全部签收、部分签收或者拒收的操作。如果确认签收，则需要完成纸质和系统的操作，签收后的流程我们会在WMS的仓库管理中介绍。需要注意的是，采购单中的商品规格是指入库时验收的规格，不代表实际的销售规格，如采购单的规格可能是"箱"，但是入库后上架售卖的规格可能是"个"。此外，再介绍一个名词"仓报价"，也就是我们通常说的仓库入仓时候的成本价，它有可能等于或者大于采购单中的采购价。

3. 退货

退货特指从仓库将商品退还给供应商的行为。采购单因为某些原因未能入库一般叫作"拒收"而不属于退货的范围。退货时提交退货申请单，标注采购单号作为关联，退货申请单需要经过供应商审批确认后，方可由供应商安排车辆来仓库取货。

4. 财务结算

供应商与平台之间的货款需要按周期结算。财务结算的流程比较简单，主要是财务根据入库和退货的单据生成结算单，将结算单提交给供应商进行确认，确认后进行开发票、打款等行为。这里面说一下从采购单转化为结算单的过程。进行周期结算时，会首先根据采购单和退货单生成对应的应付单收据，并回告供应商进行查看核对。应付单收据核对无误后，由采购人员提交申请付款，提交的单据叫作付款申请单。申请单经过采购部门各级领导和财务的审批，通过后自动转化为付款单，也叫作结算单。财务会根据结算单进行打款。

5. 产品架构

采购系统在业内属于相对标准的系统模式，业务流程也比较成熟，因此，对于采购系统的产品架构图，我只画出相对主要的功能模块，其他的可以在实际业务中修改。采购业务的系统核心就是基础数据维护、单据管理及跟踪，还有审核流程。按照主要的角色，系统拆分为供应商平台和采购系统两部分，从广义上来说它们都属于采购系统的范畴。这里面单独说一下协同的部分，这也是最近几年大家开始进行 AI 智能及精细化管理的一些样例。智能补货这块业务功能主要是根据一些算法模型来进行采购计划的生成和推荐，具体的算法可以参见后续章节中的无人货架智能补货逻辑，大体上是与之相同的。EDI（Electronic Data Interchange）叫作电子数据交换，简单地说就是通过对接一些大型企业的标准数据，来保证商品数据的及时更新，如图 2-20 所示。

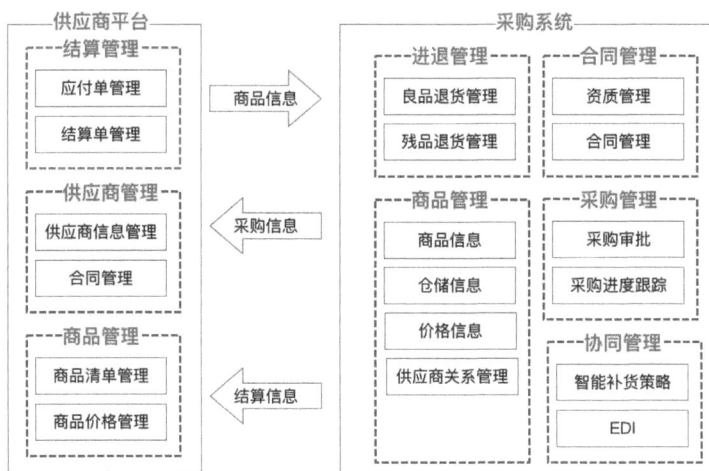

图 2-20

2.2.2　仓库管理系统（WMS）

仓库管理系统（Warehouse Management System，WMS）是通过入库业务、出库业务、仓库调拨、库存调拨和虚仓管理等功能，对批次管理、物料对应、库存盘点、质检管理、虚仓管理和即时库存管理等环节进行综合管理的系统，它有效控制并跟踪仓库业务的物流和成本管理全过程，实现或完善企业仓储信息管理。

WMS作为仓储系统，其职责就是维护管理好与仓库有关的所有物资和作业流程，维持仓库的平稳运营。在仓库内的所有工作都会形成一条动线，如何优化动线、提高人效是仓储系统的根本目的。WMS共有3个部分的操作流程，简单说就是入库操作、在库操作和出库操作，其结构如图2-21所示。

图2-21

1. 仓库情况概述

在设计仓储系统前，我们先了解一下具体的仓库内部结构，明白仓库人员的工作内容。我们将仓库按照从大到小的管理单位划分，它的基础管理单位包括：仓库、大区、库区和货位（库位）。

仓库指的是单个存储货物并进行收发管理的场地。这里我们说的仓库实际上是狭义的仓库，在传统的工厂内，仓库既保存成品产品也保存生产原料，所有成品产品生产完毕后会通过配送中心进行进货、备货和发货的操作。配送中心（Distribution Center，DC）也就是这里特指的仓库，后续章节如无特殊说明，均指的是DC。

每个仓库内部的作业流程都会形成一套完整的闭环，包括上述的入库、在库和出库。电商的仓库，无论是平台本身自建还是第三方入住商户，一般都在1000平方米以上，从面积上来说，管理起来很不方便。为了能够管理到位，我们按照不同的陈列布局，将整个仓库切分为若干个大区，每个大区下又按照功能不同划分为不同的库区。按照大区到库区的划分方式，可以有效地将仓库切割成若干个小区域，这个布局可以为拣货人员进行快速指引，同时也可以对仓库进行合理规划和管理。库区下最小的货品陈列区域则叫作库位或者货位，原则上每个货位只能陈列一种商品SKU，无数个货位组成一个完整的库区，库区内货位会根据货架的摆放情况构成一条条陈列架组成的通道。当拣货员拣货时，可以根据从大到小的定位，快速精确地找到每个货品的位置。

从整体结构来说，仓库的管理单位包括上述4个部分，而实际作业时，每一级会按照业务作业的实际功能需求有很多不同的类型。仓库按照功用可以分为很多种，比较常见的是RDC、FDC及仓店。RDC指区域分拨中心（Regional Distribution Center），也就是我们通常叫的"大仓"。RDC一般负责物流配送、分发，是区域范围内的主要仓储单位。FDC属于RDC的二级仓库，FDC指前端分拨中心（Front Distribution Center），主要负责暂存货品，也可以看作转运中心。而仓店则属于具备销售能力的仓库，大多用在零售行业，以前店后仓的形式存在，既具备店铺的功能又保留了仓库的属性。仓店这种形式在新零售领域也被叫作"前置仓"或者"门店"，它具备在小范围内进行发货履约的能力。通常我们会将RDC定义为综合仓，储存相对较多品类的商品，而FDC则作为品类仓，放置周转率高、销售频率高的商品来满足库存需求。综合仓可以作为品类仓的母仓，也叫"支援仓"，当品类仓无法全单满足的时候，可以通过对应区域范围内的母仓进行调拨，这种结构叫作"子母仓结构"，即上一级仓库可以作为下一级仓库的补充。如果相邻区域的仓库品类都相对较为丰富，只有在库存不足时考虑移仓调拨，这种仓间结构叫作"平行仓结构"。考虑成本因素，一般不做移仓行为，只有在区域范围内单量达到一定级别后，可以通过运输频次来抵消成本，才会进行较多移仓调拨。FDC和下一级的仓店也可以看做具备类似的仓间结构。

　　仓库内的库区也具备不同类型的划分。库区类型有两个维度：存储类型和功能类型。存储类型指的是当前库区的功能划分，包括拣选区、暂存区、备货区和样品区等。而功能类型将当前区域的具体作业功能情况划分出来，比如普通拣选品、打包暂存区和库内返架分播区等。这两个属性决定库区的功能及作业职能。库区的划分目的是后续分配作业任务的时候可以根据库区类型自动分配。仓库内最多的库区类型为备货区（规模较大的仓库还会将备货区分为拣选区和仓储区，拣选区为日常出入库使用，仓储区作为拣选区的补货源。）货位本身没有类型的概念，它按照所属的库区、通道位置、层数和列数等属性确定唯一定位。货位的陈列依赖于货架类型，不同货架类型的层数、列数都不相同，常见的货架类型就是横梁式货架。每个货位陈列着实物商品，商品要包含基础的商品信息，如商品编码、名称、品类和规格等，食品类的商品还需要包括有效期情况。

　　除了这些基础的管理单位，还有一些特殊区域或管理单位，包括月台、工作台和容器等。月台也称为"进出货站台"（以下统称"月台"），它是指与仓库相连的线路或进入到仓库内部的线路，以及线路与仓库的连接点。月台是物流园区货物的入口，也是货物的出口，是进出货的必经之地，简单地说是仓库出入库装卸的特殊区域。通常情况下，也会根据作业内容的不同将其划分为出库月台和入库月台，面积较大的仓库对月台划分会更为细致，比如收货暂存区域、发货区域和销退区域等。工作台主要是负责在作业流程中处理特殊工作的区域，如复核、打包和分播等。工作台和库区一样，可以按照划分承接相关的作业任务。

除了这两种特殊区域，还有一种管理单位也是在仓库中最常使用的，这就是容器。容器，顾名思义，是负责存放货品的设备，但区别于货架，容器具有可移动的特性。原则上来说，仓库内的商品如果没有在货架上，那么一定是放置在某种容器中（当然容器此时也可能存在于某个特殊区域内）。在后续的作业流程中我们会详细讲解容器的使用状态变化。在仓库内常见的容器类型包括托盘、周转箱和拣货笼车。

按照上述区域情况，我们可以大致制作出一张仓库的整体平面结构图，上述的相关主要区域分布如图2-22所示。

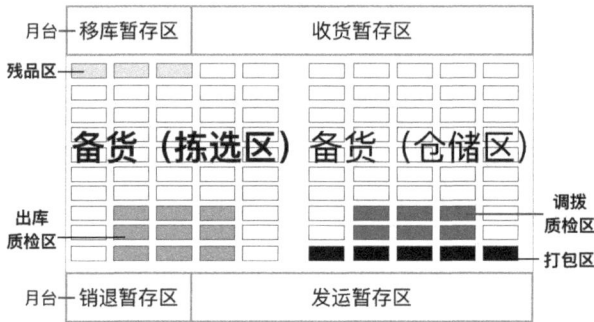

图2-22

我们知道了仓库区域的职能和划分，在库内需要按照实际业务需要完成所有货品的管理。仓库管理员按照规定的流程将商品从一个库区（或库外）转移到另一个库区（或库外）的过程就是仓库作业流程。从库外转移到库内叫作入库流程，从库内转移到库外叫作出库流程，库房之间的转移叫作移库调拨流程，而库内的所有移动和管理叫作库内作业流程。库内的所有流程都是通过单据实现流转记录的，因此每一个流程都伴随着一个或者多个单据的处理。下面让我们了解一下每个流程的情况。

2. 入库

入库指仓库根据具体业务情况完成货品从仓外到仓内的上架过程。入库的情况分为很多种，最常见的就是采购入库，此外还有销退入库和调拨入库等。入库基础操作流程都是收货员将需要入库的货品进行收货登记，登记完成后的商品放入暂存区，然后由理货员将商品完成系统录入，系统会对录入后的商品进行上架安排，拣货员根据上架计划完成商品的上架工作。

要特别说明的是，仓库为了能够快速发货，提高库存周转率，有些时候也会采取越库的操作。越库的意思是将入库的商品不完成上架备货的操作而直接从收货暂存区进入出库暂存区，完成发货行为，在越库过程中，仓库更多的是作为一个中转站而没有使用其存储的属性。越库时，考虑到有些货物需要在出入库时完成对应，避免出错，这时候需要将出库批次和入库批次保持完全一致，不一致的则不允许出库。

首先讲述最常见的采购入库。采购入库指的是根据日常的采购计划完成采购行为，供货商根据采购单的情况将货品送至仓库并完成收货签收，然后将货品入库上架的过程。在采购完成后，供应商需要先将采购单中的商品信息回传给 WMS 并预约采购到库时间，WMS 根据到库时间确认预约是否完成。

实际的数据流如图 2-23 所示。

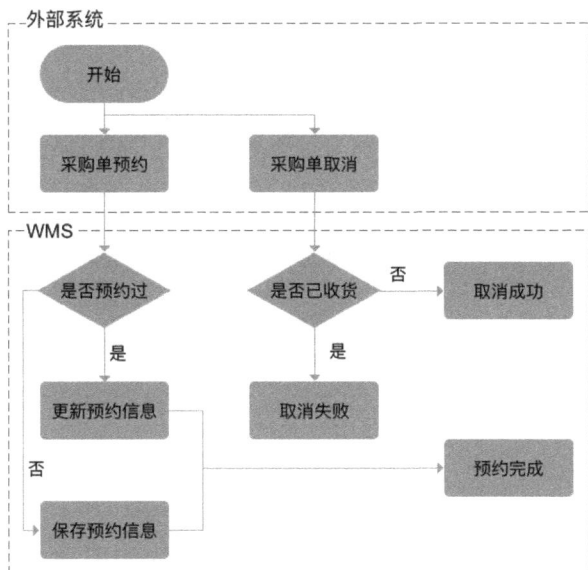

图 2-23

- 采购系统通过接口向 WMS 下发采购单预约信息。
- WMS 接收采购单预约信息。如果采购单已预约，那么在预约表中更新对应的预约信息，并将预约成功信息回传采购系统；如果采购单未预约，那么在预约表中新增预约信息，并将预约成功信息回传采购系统。
- 采购系统通过接口向 WMS 取消预约，WMS 接收取消信息，同时判定取消的采购单状态。如果采购单已开始收货或收货完成，则取消失败，WMS将失败信息回传采购系统；如果采购单未开始收货，则取消成功，WMS将取消成功信息回传采购系统。

预约成功以后，供应商需要根据预约时间将货品送到仓库。采购商品到库以后需要完成签到，签到以后的车辆会根据流量和月台情况安排进入相应的月台。当月台人数过多时，则需要等候排号，等待月台释放，如图2-24所示。

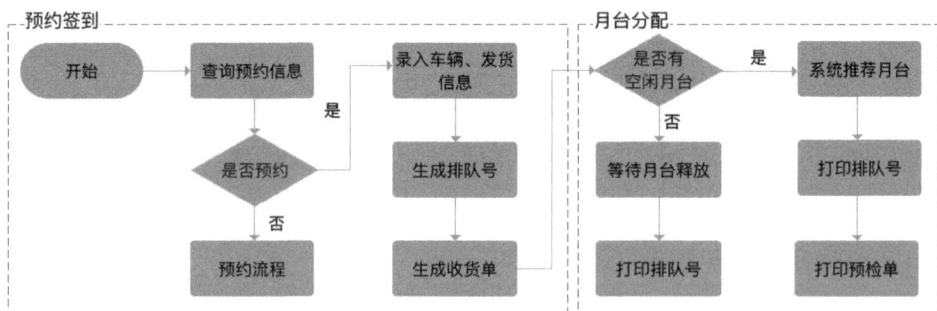

图2-24

仓库签到员在WMS中查询采购单的预约信息。如果WMS中没有预约信息，此时判定仓库是否允许无预约收货，如果允许，则进入签到流程；如果不允许，签到员告知供应商未预约，供应商需按照预约流程完成预约后方能签到。WMS中有预约信息，则直接进入签到流程。

签到员根据实际到货明细和数量勾选预约明细，核对后修改到货数量。签到时需手工录入发货单号、司机、承运商、是否使用升降平台、车牌号、电话、送货包件数和送货数量等信息，确认后完成签到。WMS按照采购单+送货单维度生成收货单，采购单签到状态需回传外围系统。

签到员为收货单分配月台。如果有空余月台，则WMS推荐符合类型的月台编号并打印；如果没有空余月台，WMS打印排队号后，供应商排队等候。等有空闲月台后，签到员重新分配月台和打印。在分配月台的时候有两个分配原则。

● 要根据每个月台的使用情况平均分配，按照当日月台使用频次均衡每个月台的使用次数。

● 专属月台空闲时优先分配，比如移仓调拨、销退车辆优先进入对应专属月台，当采购入库有贵重品时，优先进入贵重品专属月台。

另外，在分配月台前要看下当前批次的商品是否存在一码多品的情况。所谓一码多品是指同一个条形码对应多个商品的情况，这类商品需要将条码信息打印出来，确保商品对应。还需要查看当前批次的商品是否存在新品情况，即不在当前商品库的情况，如果存在，需要将采购系统中的商品信息同步过来并录入WMS中。完成月台分配后，同样需要打印排队信息，等待安排进行卸货，分配月台后还需要将预检单打印完毕，如图2-25所示。

验收员首先对每车的到货包件进行到货登记和验收，并打印预拣单，扫描收货单号，扫描商品编码，选择商品等级后，输入质保期（启用）、收货数量，根据输入的信息，系统按照配置表推荐商品上架去向。验收员扫描容器编号，确定后即完成收货。此处扫描的容器编号需与容器内已有商品的上架去向一致。如果容器已装满，需要做"满箱"操作，满箱后WMS暂存区将增加库存，并以容器为单位生成一条上架任务，满箱后的容器不允许再收货。收货单完成收货后可在系统中打印收货凭证，验收员核对收货凭证和实物，若无差异，可对收货单进行"关单"操作。关单后收货信息将同步至采购单，采购单按实收明细回传到采购系统。

在设计整个流程时需要注意几个逻辑点。

- 不同收货任务去向不同，不允许使用同一个容器（装箱）。
- 同一个收货任务可以多人同时收，但同一商品只能一个人收。
- 同一采购订单只能有一条"未完成"收货任务。

按照上述流程采购商品，就完成收货的环节。商品放入容器后，会被推入待上架区域等待理货员整理上架，不过也有商品是不需要进入仓库上架的，这就是前面提到的越库流程。越库流程同采购流程在收货环节基本类似，一般是通过当前仓库进行中转到达目的仓库，因此当前仓库被称作"中转仓"，而目的仓库被称为"目的仓"。验收员对到货包件进行到货登记后，扫描收货单号，获取中转仓、目标仓信息，然后验收员需要将有标签收货的商品逐个扫描标签，无标签收货的则输入包裹数量。扫描完毕后，验收员将验收过的包裹放入容器，扫描容器进行关联。容器"满箱"操作后，生成越库发货任务。需要注意的是，越库验收只验收包裹数量和包裹ID，不验收商品明细，也不增加库存。

采购商品在完成验收以后进入待上架区，随后商品就进入上架流程，上架完成后的商品在商品系统中属于可售卖商品。在上架时我们需要使用RF设备进行操作，RF（Radio Frequency，简称"射频"）是一种技术，在仓储管理使用最多的就是RF枪。RF枪就是用来进行扫描的一种手持设备，主要通过设备自身带的激光头、红外头和自感应设备等来对条码或者专门的芯片进行识别。上架流程如图2-26所示。

上架任务有两种上架方式：整托上架和按商品明细上架。

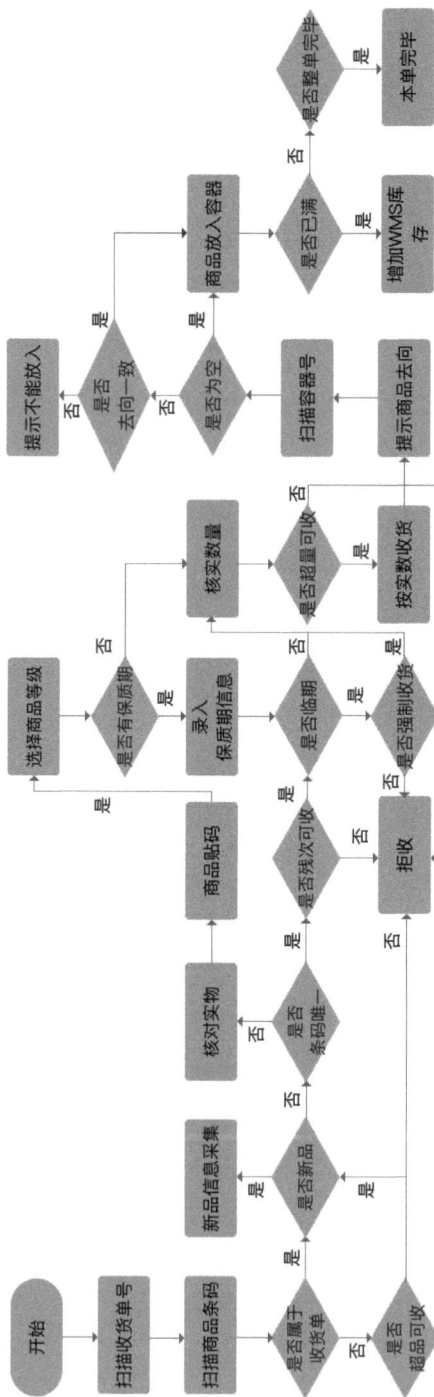

开始 → 扫描收货单号 → 扫描商品条码

是否属于收货单
- 否 → 是否新品 → 是 → 新品信息采集 → 核对实物 → 商品贴码
- 是 → 是否超量可收

是否新品
- 否 → 是否条码唯一
  - 否 → 核对实物
  - 是 → 是否残次可收

是否残次可收
- 是 → 是否临期
- 否 → 拒收

是否临期
- 是 → 是否强制收货
- 否 → 录入保质期信息

是否强制收货
- 是 → 按实数收货
- 否 → 拒收

是否有保质期
- 是 → 录入保质期信息
- 否 → 选择商品等级 → 核实数量

核实数量 → 是否超量可收
- 是 → 按实数收货
- 否 → 提示商品去向 → 扫描容器号 → 是否为空

按实数收货 → 提示商品去向

是否为空
- 是 → 商品放入容器
- 否 → 是否去向一致
  - 否 → 提示不能放入
  - 是 → 商品放入容器

商品放入容器 → 是否已满
- 是 → 增加WMS库存
- 否 → 是否整单完毕
  - 是 → 本单完毕

图2-25

● 整托上架以容器为上架单位，容器内的所有商品明细一次性上架到一个库位。操作方法如下。

● 扫描容器编号，WMS 显示上架品数和总数，推荐上架去向。

● 扫描待上架库位，确认后完成上架，容器内商品的库存，从暂存区转移到拣选区或者备货区。

● 按商品明细上架是对容器内某个商品的部分或全部进行上架，操作方法如下。

● 扫描容器编号。

● 扫描商品编码。

● WMS 显示可上架数量，推荐上架去向。

● 输入实际上架数量。

● 扫描待上架库位，确认后完成上架，容器内商品的库存从暂存区转移到拣选区或者存储区。

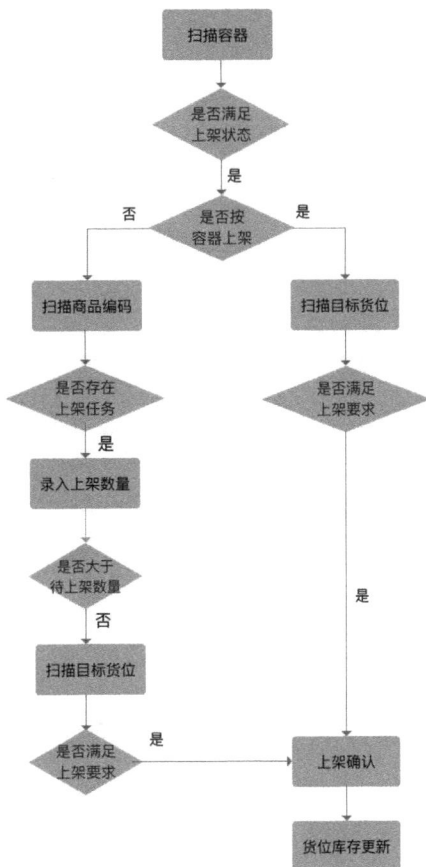

图2-26

采购入库里面的上架流程属于通用流程，无论是哪种类型的入库都是一样的。下面我们来看销退入库是如何完成收货的。电商平台日常会产生很多的退换货订单，这些退回的商品都需要通过相关人员返回仓库。销退的方式有很多种，最常见的就是用户在前台申请退货后，由快递人员上门取件，取件后关联快递信息到订单上，并由快递人员带回商品。当然也会出现邮寄的情况，不过这种情况较少。可能涉及的单据见表2-2。

表2-2　　　　　　　　　　销退入库可能涉及的单据

单据名称	说明
邮寄退货单	在订单系统中生成
邮寄换货单	在订单系统中生成
上门退货单	在订单系统中生成
上门换货单	在订单系统中生成

单据名称	说明
原单	在订单系统中生成的正常订单
母单	订单生产过程中，同收货人同地址订单可以合并为一个母单一起出库，母单由WMS生成
销退单	WMS生成的销退单，一个销退指令对应一个销退单号

用户提出退货申请或者拒收后，订单系统将所有退货信息同步给WMS，同时TMS也会将退货订单按照发货时间生成退货批次，发送给WMS。货品被快递人员带回时，收货员会接收销退包裹并拆包件，扫描包件内商品，核对商品数量并区分商品为良品、残品。将不可销退的商品做线下记录，联系客服做线下异常处理。收货员在验收商品的同时扫描容器，按照商品去向将其放到不同的格口中。销退完成后，将满箱的容器做"满箱"操作并生成上架任务。流程如图2-27所示。

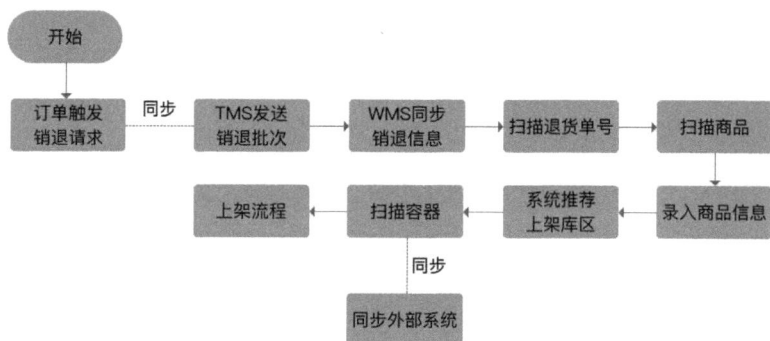

图2-27

移库调拨的入库流程大致与上述两种情况相同，这里就不再赘述了。由此可以看出，在入库时主要经历几个子流程。

- 收货验收流程：完成收货，接收即将入库的商品。
- 容器选择流程：录入商品信息后选择容器，根据录入信息，系统提供推荐上架位。
- 上架流程：完成上架的过程。

3. 出库

与入库相对应的就是出库操作，日常最多的出库行为就是订单出库，除此之外还有供应商退货和调拨出库。这里我们重点讲订单出库的部分，其他的出库在流程上与订单出库类似。出库过程流转的单据叫作出库单。

出库流程包括如下几个节点。

- 制订发货计划：按照订单情况制订当日发货计划。

- 生成拣选汇总单和拣选单：根据发货数量和商品情况，汇总制订当前拣选批次汇总单和分区拣选明细单。

- 实物拣选：根据实际情况进行拣选，拣选后商品在架库存发生变化。

- 分播：针对订单维度对拣选的商品进行分拣，目前比较常用的是播种墙模式，因此这个环节也叫分播。

- 质检、打包：对按订单维度拣选出来的商品进行质检、打包。

- 出库：包裹与分配的司机进行交接，完成订单出库。

在仓库内每日发货都会明确当日截单时间，截单后进入的订单不会在当日完成发货。截单前产生的订单会进行商品数量及情况统计，生成对应的拣选单。由于拣选的工作量很大，为了能够提高效率，往往会将订单汇总后，按照商品维度进行拣选，也叫作汇单。对于大型的电商平台来说，仓库往往面积很大，具备多个大区，所有汇总的拣选单也会根据分区情况生成分区拣选单。这里需要说明的是，不是所有的订单都需要汇总后进行分拣，有一些订单购买的品类单一且数量较大，可以设立单独渠道进行一单一品的单独分拣，以此提高效率。需要根据实际情况分配分拣员，实际情况包括但不限于分拣商品区域位置、分拣商品数量、使用容器承载量等。

总拣完毕后需要将所有的商品推入播种区，播种区中的主要设备叫作播种墙，它一般由N×N的格子构成，每个格子存放一个订单的商品。分拣员将总拣完毕的商品按照订单需求分配到每一个格子里面就叫播种，这个形式有点像早年间的邮递员整理分类信件。而一单一品的商品则不需要通过播种墙的方式进行分拣，汇总的商品拣出来后被上架到特定的拣货区，由员工按单拣货，这个适合订单适量、品种少的订单。

分拣完的订单需要放入复核台进行复验，确保商品数量、种类与订单信息匹配一致。复验完毕后进行打包，打包时会将之前打印的物流单信息贴在包装上，同时会在箱体内附一份商品清单，用于用户收货后的核对。当用户需要纸质发票时，箱内也会附带发票。打包好的包裹信息会回传给订单和TMS系统，TMS根据运单号和包裹信息安排快递人员收货、装车。完成装车后，仓内出库单变为"完成"状态。

4. 移库调拨

移库调拨同属于将货品从原有位置转移到目标位置，不同的是，移库指的是同一仓库中的库维人员进行实物货位、库存形态间移动的处理过程，它与盘点、补货等同属在库作业；而调拨指的是仓与仓之间完成实物货位、库存的迁移处理过程，它的形式需要通过上架、下架、运输等多个环节构成。下面我们分别来看一下这两种情况下的业务场景和流程。

移库管理一般提供人工移库和计划移库两种作业模式。人工移库支持3种作业方式：按商品移库、按品项移库、按货位移库。

● 按商品移库：是以商品为单位移动货位上已上架的商品，并转移到目标货位或是移库容器。

● 按品项移库：是以品项为单位移动货位上已上架的商品，这里的品项可以理解为SKU。例如，iPhone 8手机可以理解为是一个商品，而iPhone 8 32GB则可以理解为是一个品项。

● 按货位移库：将当前货位上的所有商品转移到目标位置或容器。

人工移库指人工按照要求执行的移库作业，除了人工操作，日常工作中系统也会根据情况自动生成计划移库作业。计划移库的任务根据业务设定执行任务计划，计划中会包括商品原位置的下架操作和目标位置的上架操作。人工移库则不一定是完整的上、下架操作。人工移库多使用RF，而计划移库多通过WMS操作执行。移库计划有以下3种作业场景。

● Band异位库存整理移库计划，其目的是提高仓储ABC分类（Activity Based Classi-fication）存放准确率。这里的Band指的是按照ABC分类法分类后商品对应的分类等级。

● 预拣配区库存整理、JIT（Just in Time，准时）拣选区库存整理移库计划，其目的是可销售库存更新实时化。

● 优先出库区库存整理移库计划，它在满足生产要求前提下尽可能集中存放。

另外特别说明一下，存储区移库下架强制性按箱包规格下架，以避免出现零散货品无法核对的情况。

移库时需要根据操作生成对应的单据，包括上架单和下架单。上架和下架时单据状态也会随着情况变化，单据同时包括主单和商品明细两部分。首先我们先看一下下架单的状态变化情况，见表2-3。

表2-3　　　　　　　　　　　　下架单的状态变化

状态	说明
未开始	主单：生成时更新。 明细：生成时更新

续表

状态	说明
分配中	主单：PC任务分配、重分配，或RF主动在领取"未开始"任务时更新。 明细：无。 当前操作只在RF操作时更新状态
下架中	主单：确认绑定"容器"后更新。 明细：无
下架完成	主单：明细全部为"下架完成"，主单更新为"下架完成"。 明细：单品下架确认，更新"下架完成"

上架单的状态变化见表2-4。

表2-4　　　　　　　　　　　　　上架单的状态变化

状态	说明
未开始	主单：生成时更新。 明细：生成时更新
上架中	主单：任务领取、操作移库上架时更新。 明细：商品明细上架确认时，如果0≤已上架数量<计划上架数量，且原状态为"未开始"，则更新明细状态为"上架中"。 当前操作只在RF操作时更新状态
作业审核	主单：如果任意一个上架明细单的状态为"作业审核"，则上架任务主单状态为"作业审核"。 明细： （1）记录更新"上架单"商品中所有"已上架数量<计划上架数量"的上架商品的明细； （2）非"上架单"的上架明细："未开始、上架中"的上架明细状态更新为"作业审核"
上架完成	主单：明细全部为"上架完成"，主单更新为"上架完成"。 明细： （1）"已上架数量=计划上架数量"单品上架确认，自动更新为"上架完成"； （2）上架差异确认时更新为"上架完成"； （3）回库上架单中"已上架数量<计划上架数量"且多货录入商品有差异、无其他类型录入商品或其他类型录入商品无差异的上架明细整单完成时，更新"上架完成"（即作业审核状态中明细更新的第一条）

每次移库完成，最终操作都包含上架和下架两项闭环。移库是为了调整仓库内的陈列情况，提高使用效率和缩短周转时间。而调拨则是为了调度不同仓库间的商品库存。调拨发起前需要先根据各仓库的情况生成调拨计划，按照调拨计划，WMS根据调拨商品信息

生成调拨单任务。调拨任务包括有订单调拨和无订单调拨两种，前者是用户订单产生的调拨行为，也就是我们俗称的"订单移仓"，而后者就是仓库之间的普通调拨。调拨任务主要是下架任务，下架流程同出库下架相似。出库以后完成调拨配送工作，在配送过程中需要将商品库存调拨的部分转为在途库存并告知库存系统，如图2-28所示。

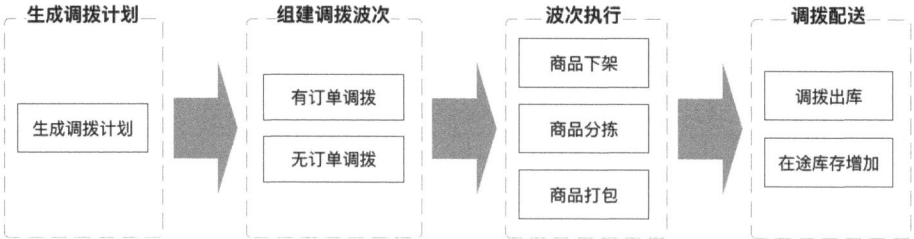

图2-28

在调拨过程中，商品的可售库存会随着调拨情况的变化而发生变化，这个变化同样也会出现在移库时，只不过移库的持续时间相对较短。当调拨商品执行完下架操作后，前台库存也需要随之减少，并且这部分调拨商品库存应该处于冻结状态。调拨商品出库后则需要将该库存数加入在途库存中。入库时库存的变化同采购、销退一样。

调拨过程中也会产生相应的单据，同样，我们来看一下调拨过程中的相关单据信息，见表2-5。

表2-5 调拨过程中的相关单据信息

单据类型	描述
调拨单	为了满足库存平衡，对仓与仓（含FDC）之间的库存生成库存调整的无订单调拨单和日常配送单，对由订单驱动的商品仓与仓之间的库存生成库存调整的有订单调拨单。调拨单类型分为两种：有订单调拨单、无订单调拨单
调拨波次单	一个或多个调拨单组建一个调拨波次
调拨下架单	由调拨单按照一定规则生成的、用于仓库执行拣选任务的依据
包件号	用来记录实物包裹与商品明细的绑定关系
发运单	根据包件和运输车辆生成发运单，用来记录承运商一次交接的所有包件信息
调拨差异单	目标仓反馈的在收货过程中出现的差异数据

单据之间也有对应的规则：

• 调拨单与调拨波次是多对一的关系；

• 调拨波次与调拨下架单是一对多的关系；

• 调拨单与调拨下架单是多对多的关系；

- 调拨单与包件是多对多的关系；
- 调拨单与发运单是多对一的关系；
- 发运单与包件是一对多的关系；
- 一个调拨单可以对应一个或两个调拨差异单，一个调拨差异单只能对应一个调拨单。

调拨单作为各个单据的链接枢纽，记录整个调拨过程的变化。我们也来看一下调拨单状态机的情况，见表2-6。

表2-6　　　　　　　　　　　　调拨单状态变化

调拨单状态	备注	信息归属
未开始	（1）接口表调拨单导入WMS时的初始化状态。 （2）补货任务完成之后，释放调拨单，将调拨单状态从"挂起"更新为"未开始"	来源仓
挂起	组建波次定位时，需要补货的调拨单状态由"未开始"更新为"挂起"，并注明挂起原因	来源仓
波次组建	库存定位完成后更新的状态	来源仓
下架完成	调拨单对应的所有下架任务完成时，更新调拨单状态为"下架完成"	来源仓
分播完成	调拨单对应的所有分播任务完成时，更新调拨单状态为"分播完成"	来源仓
质检完成	调拨单对应的所有质检任务完成时，更新调拨单状态为"质检完成"	来源仓
包件出库中	调拨单下的第一个包件与发运单绑定的时候，更新调拨单状态为"包件出库中"	在途信息／来源仓
在途	调拨单对应的所有包件状态为"包件出库"时，更新调拨单状态为"在途"	在途信息／来源仓
到货	调拨入：目标仓调拨单对应的第一个包件更新"包件到货"状态时	在途信息／来源仓
验收中	调拨入：调拨单中第一个包件验收开始	目标仓
入库	调拨入：所有包件完成验收	目标仓
关闭	调拨入：手工关单或系统自动关单，此时调拨单写入在途信息	在途信息／目标仓
完结	（1）波次组建时，针对"未开始"和"挂起"状态的调拨单，执行手工完结，则将调拨单的状态由"未开始"更新为"完结"； （2）定位时全部报缺的，直接更新为"完结"； （3）调拨单质检数量全部为0时，直接更新为"完结"	来源仓

5. 盘点

库存盘点是每个仓库主要的日常操作流程之一。盘点的目的是核对当前仓库库存的实际情况，确定仓库内商品的损益情况。盘点行为分为计划盘点和随到随盘两种模式。计划盘点多用于大规模区域盘点，比如年底的集中盘点；而随到随盘可用于日常小范围盘点或抽查。

同其他流程相同，它们都会制订盘点计划，生成盘点单，将盘点单分配给对应的仓库盘点人员。盘点人员通过手持的 PDA 获取需要盘点的信息，盘点单中除了记录商品的基本信息，还需要显示盘点前的理论库存，盘点后通过人工录入实际库存来计算它们之间的货损差值。盘点前的库存数据应该获取实时数据，以避免在盘点过程中出现货品分拣、下架等行为导致的库存数量不符。盘点效期商品时需要同步盘点效期情况，遇到临期或者过期商品，需要执行商品下架流程并申请报废。

由于盘点的留存和状态机较为简单也同其他流程类似，这里就不单独讲解了，具体可参照前面的其他流程图。

6. 补货

补货是一种取决于仓库内部情况而进行的行为，是仓储管理里必不可少的一环。较大的仓库通常将备货区分为存储区和拣选区。存储区主要作为拣选区的货品源头，补货指的是将货品从存储区补充获取到拣选区的过程，而小型仓库或者中转仓可以不需要进行此项操作。

补货方式取决于库内的实际情况，一般分为整箱补货、托盘补货和上架/下架补货等方式。整箱补货这种补货方式由操作员到货架存储区取货箱，用容器（一般是手推车）推至拣选区，较适合于体积小且少量多样出货的货品。托盘补货方式是以托盘为单位进行补货，这种补货方式适合于体积大或出货量多的货品。上架下架补货方式就是将同一货架上的中、下层作为动管区，上层作为存管区，而进货时则将动管区放不下的多余货箱放到上层存管区，宜家的仓库就属于这种结构，这种补货方式适合于体积不大、存货量不高且多为中小量出货的货物。

补货的触发机制是：针对每个商品的库位的库存数量设置阈值，库存在阈值以下则触发预警，提醒补货。仓库管理人员可根据补货预警制订补货计划，完成补货行为。补货也可以通过 WMS 系统的算法触发，核心的指标是仓库每日的库存出货量。

7. WMS与其他系统的关系

WMS的作用是管理仓库，因此在业务上与仓库有来往的环节或者系统都属于WMS的上下游系统。它在订单上需要跟订单系统、TMS系统和库存系统等进行交互，完成订单履约，在采购方面需要跟采购系统交互，完成采购补货，如图2-29所示。

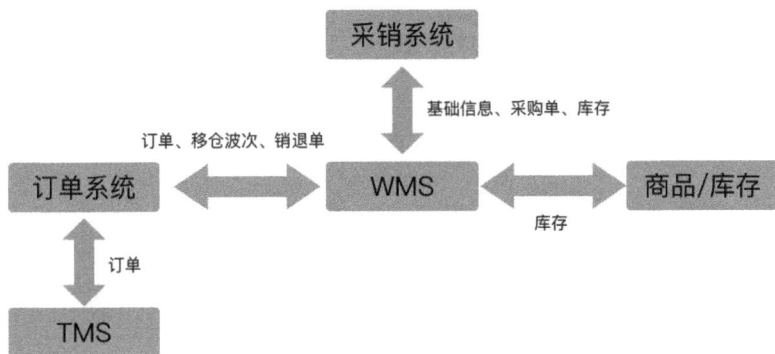

图2-29

2.2.3　系统逻辑交互情况

采购入库主要在供应链系统，也就是我们俗称的后台系统内进行，涉及的主要是WMS和采购系统。当完成采购商品入库、上架后，商品的在库库存会累加本次采购库存，在库库存发生变化后需要同步给商品系统更新在线库存，一般情况下这个动作应该是实时进行的。由于采购是按照批次进行的，因此同一个商品对应每个批次的采购价格可能不完全相同，一般是仓库设定一个出库定价给商品系统，以此定价作为该商品的采购价，这个定价初期可以人为确定，或者通过系统将一段时间内的采购价加权平均作为最终定价，如图2-30所示。

接下来我们看一下采购入库流程中实体之间的关系如何。明确各个角色和实体之间的关系，有助于后面对结构和平台逻辑的设计提供支撑。一般情况下我们是通过E-R图来表达实体与实体的关系的。E-R图对于IT行业来说非常适合前期的需求分析使用，作用类似的是目前产品经理最常用的脑图，这里我们简单介绍一下什么是E-R图。

百度百科上是这样定义E-R图的：

"E-R图也称实体-联系图（Entity Relationship Diagram），提供了表示实体类型、属性和联系的方法，用来描述现实世界的概念模型。"

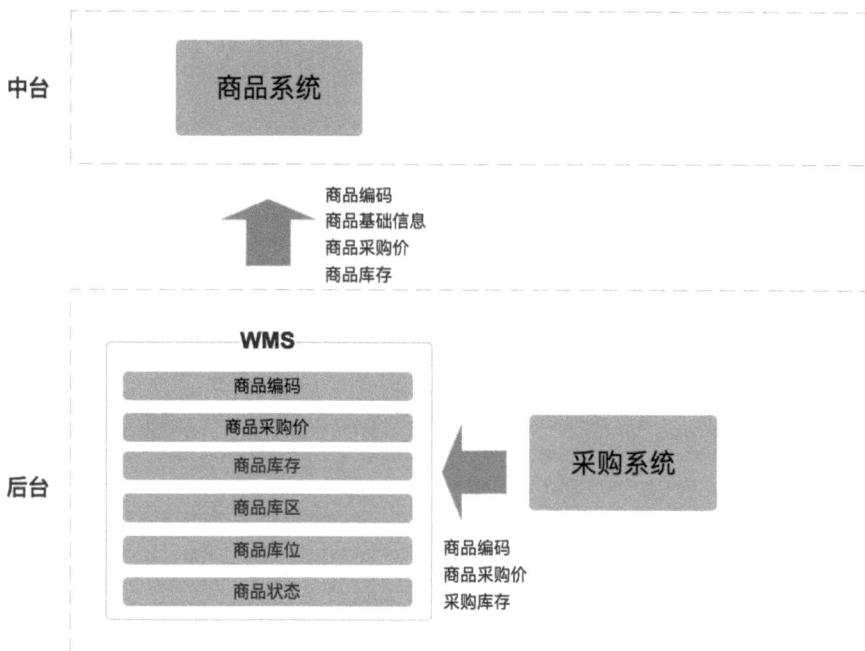

图2-30

采购入库主要涉及的实体是仓库和商品，根据流转的不同阶段，我们把商品分为采购商品和在库商品，而承载商品的流转单据包括采购单和入库单。

一个单据内包含同一批次的多个商品，而每次流转的单据是一一对应的，比如入库单和采购单就是一一对应的。从角色上来看，采购和供应商通过采购合同建立关联，合同所属也是一一对应的。

按照不同批次采购会下采购单给供应商，采购单分别与采购、供应商是多对一的关系。具体结构如图2-31所示。

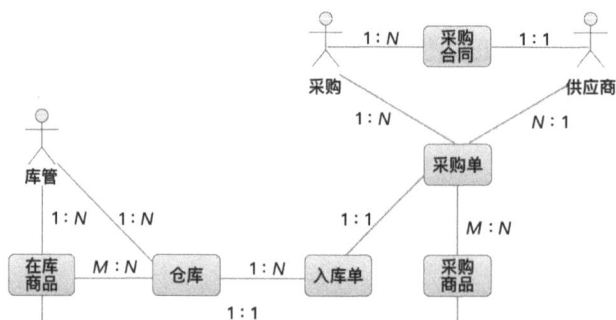

图2-31

2.3　实现运营管理和商品管理

完成商品录入、上架的步骤需要在商品系统中实现。商品专员可以对仓库采购入库的商品进行选择上架，同时完善线上的商品数据（价格、库存等），以便为售卖做准备。当然完整的商品系统还包含很多方面的功能，初期的售卖诉求只是基本的。让我们来看一下商品系统的整体产品规划思路。

2.3.1　商品系统

电商的分类基本是围绕着商品信息进行的。无论是按照商品种类还是促销属性、品牌属性等进行分类，都脱离不了商品的范畴。下面我们看一下商品管理都包含什么。

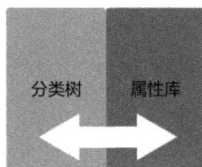

图2-32

商品的基础信息主要包括两部分，如图2-32所示。

- 分类树：主要通过层级分类定义商品的基本类目归属。
- 属性库：包括商品所有相关的属性信息。

在电商系统中，商品的种类琳琅满目，如果希望快速查阅自己想要的内容，就需要一个快捷的查找方式。电商系统中的分类类目与图书馆的分类类目是同样的概念。

1. 分类类目

分类类目按照功能划分，分为前台类目和后台类目两种，两者之间是通过映射关系来关联的，如图2-33所示。

图2-33

- 前台分类类目：负责前台类目的展示。
- 后台分类类目：也叫工业类目，负责商家或运营人员对商品的管理。

类目设计上有几个要注意的点。

- 可关联商品的类目一定是叶子节点的类目，即最末端的类目。
- 前台类目与后台类目的关联关系是多对多的关系。
- 属性库只与后台类目关联，前台类目通过映射关系获取。
- 一些费率的计算是挂在后台类目上的，比如扣点等。

2. 属性库

属性库是商品管理体系里面最重要的部分，它管理着绝大多数商品信息的内容。我们将属性分成两种类型，如图2-34所示。

- 商品属性：商品的基础属性，表达商品信息的内容，主要用于展示。

- 售卖属性：用于售卖时计算使用，主要用于与订单相关的内容。

商品属性大多主要应用于前台展示的信息内容。在电商体系下，商品有两种类型：SPU和SKU，名词的具体说明大家可以通过百度了解。简单地说，SPU用于展示商品是什么，SKU代表可以卖的具体商品怎么卖。我们以一个商品为例，如图2-35所示。

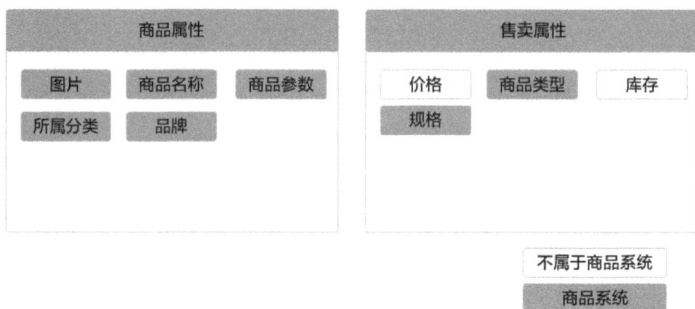

图2-34

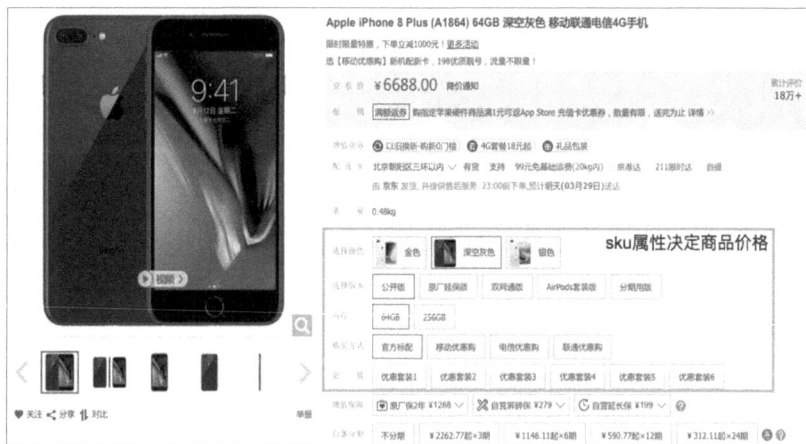

图2-35

- SPU和SKU的关系是一对多的关系，比如一个iPhone手机有多个规格。

- SPU本身不作为直接售卖的单位，它只用于展示。SPU的价格为下属SKU的价格区间。

- SKU价格与规格（如16GB白色iPhone）相关。

- 商品基本属性一般挂靠在SPU层面，如商品名称、所属分类等，而决定售卖特征的售卖属性（如规格、价格等）则放在SKU层面去设置。对于一些非标品，如生鲜类等，需要考虑外包装物的概念（即一筐鸡蛋需要有鸡蛋筐的外包装物），此处在设置时需要设置押金金额。

- 增值服务（延保、优惠类型等）一般不归商品规格属性管理。

- 商品描述、标题、副标题等属性一般放在CMS中进行管理，部分O2O场景较之电商简单，可考虑合并管理以减少CMS系统的实现难度。

商品属性中包括很多字段信息，如名称、类目等。在这里特别说明一下商品属性中的规格字段。规格字段用来表达商品的一些特征属性，如颜色、尺码和体积等。通常意义上的iPhone XR 128GB黑色中的128GB和黑色就是规格字段。由此看来，通过不同的规格属性字段的组合可以确定商品（SKU）的销售价格。由于规格属性字段能够决定商品的特征和价格，因此一般在电商系统中会将商品的该属性作为中心词（有的地方也叫作关键属性），与品牌词一样作为商品画像的核心词汇，将其用于搜索或者推荐词库中。通过与中心词的匹配能够快速定位到用户希望查找的分类类目，提高搜索的精准度。

讲完了商品属性，我们来看一下商品销售属性。销售属性主要针对价格、库存和商品的类型（是否是赠品）。

价格包括售价和定价两部分。POP平台价格由POP同步到商品系统中，包括售价和定价，它们也可分开提供给前端。ERP中的实物定价需要同步到商品系统中使用。商品系统的价格来自价格系统处理后的结果，当然如果没有比较完善的竞变价系统，可以将基础价格放在商品系统中管理，在判断是否为促销价格或者VIP价格时单独整合处理。

另外一个销售属性就是库存。中后台系统之间同步的库存信息主要是实物库存（数值等同于后面库存系统中讲到的逻辑库存），数据在同步前台时需要展示前台库存（也就是后面我们会讲到的可售库存），这两种库存的关系是在库存系统中维护的，商品系统的实物库存数据来自于ERP和WMS。如果有POP平台，考虑到商家可能拥有自己的ERP和WMS系统，商家商品的库存和信息可选择是否同步到平台的商品系统中。

除了上述两种基本属性，我们还需要考虑一种特殊商品（即赠品）的数据需要同步给促销系统，以便选择促销赠品时数据保持一致。赠品也需要有库存管理，但不一定有价格管理。

2.3.2 本期系统交互情况

依照本期的业务诉求实现，商品系统与各系统间的交互情况如图2-36所示。

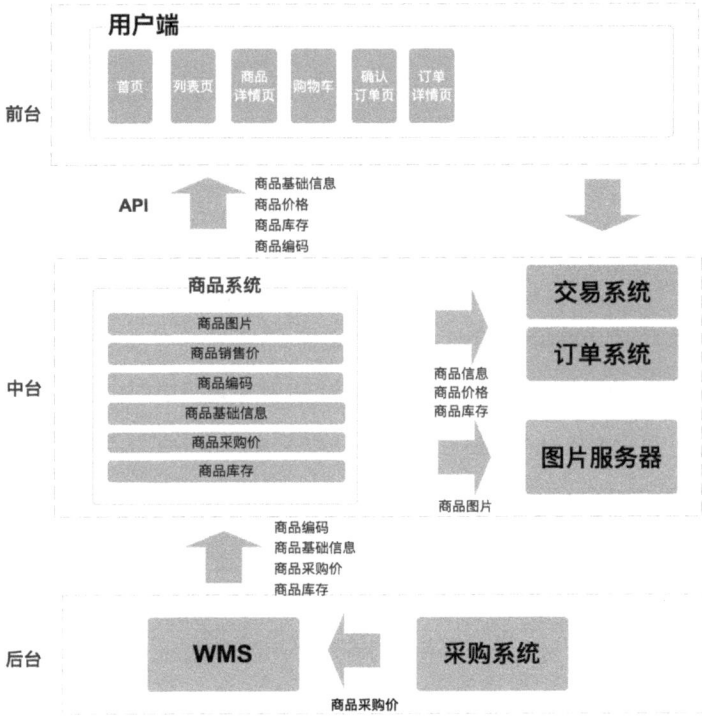

图2-36

搭建初期平台时系统还不是那么多，因此对于商品的管理更多的是将其集中在一起进行统一操作，这里包括库存和价格的设置。未来，随着业务的扩大，后续这两部分可以分别成为一个单独的系统进行运营。通过采购系统和WMS将商品基本信息传送给商品系统，作为线上售卖的商品池。商品专员在商品系统中选择待上架商品，完善所有信息（在售库存、销售价和图片等），并进行上架操作。

上架后的商品会从商品系统同步给前台系统，用户可在用户端选择并下单购买，交易系统和订单系统则会通过商品ID从商品系统中提取完整商品信息进行保存和处理。

我们用E-R图来表达实体之间的逻辑关系，看一下数据交互是如何对应处理的。

商品管理的实体主要是商品本身，我们定义在线售卖的商品为在线商品，而定义仓库里面存放的实体货物为在库商品。每一种在线商品对应一个仓库内的在库商品，而不同的商品又可能存放在不同的仓库中，因此仓库和在库商品是多对多的关系。

从使用角色的角度，我们来看一下实体间的关系，如图2-37所示。每个商品专员会负责多个或者所有商品的在线上、下架处理，而每个库管在同一个仓库中也是负责多个商品的实物管理，商品专员和库管之间则没有必然的联系。

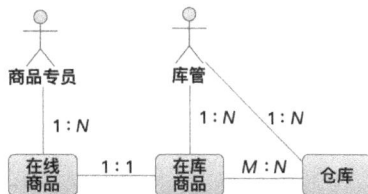

图2-37

2.4 实现购买流程

2.4.1 用户端

用户端作为直面用户的主要渠道，代表了电商平台的形象。用户端的功能几乎是中、后台产品功能、价值的"缩影"。用户端交互设计和界面设计的内容在市面上已经很多，本书将重点讲解用户端背后各个系统的业务关联和结构。

用户端一直有着迷之尴尬的地位，充当门面却深受各个系统的"牵连"。所有系统的最终表现都依赖于用户端的展现，因此用户端是产品价值的最终体现。我们来看一下用户端内部都有什么功能，如图2-38所示。

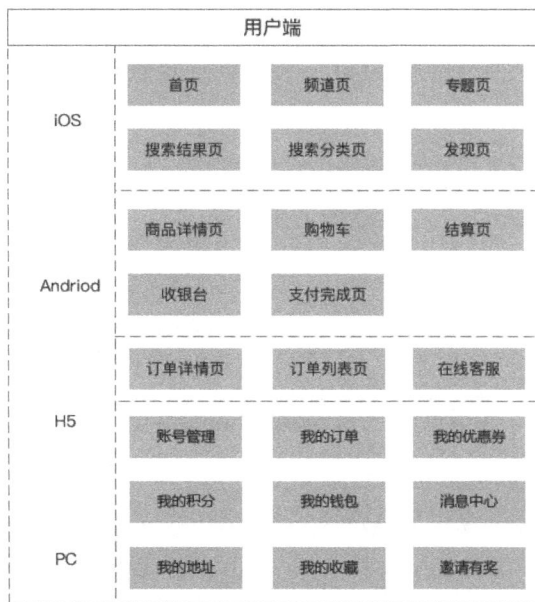

图2-38

电商用户端的主要功能是提供购买方式和商品展示，并能够协助用户进行个人服务管理。从服务用户的阶段来划分，它主要分成售前、售中和售后3个阶段。其中个人信息的管理贯穿整个使用过程。

1. 售前环节：实现用户购买前的浏览和检索

- 首页（对接CMS、商品、类目、推荐、促销、广告和搜索等）；
- 频道页（对接CMS、商品、类目、推荐和广告等）；
- 专题页（对接促销、商品、CMS和广告等）；
- 搜索结果页（对接搜索、商品、推荐和广告等）；
- 搜索分类页（对接类目、商品、搜索、推荐和广告等）；
- 发现页（对接商品、搜索、推荐和促销等）。

售前环节的主要功能是完成商品的展示，页面的信息布局和UI是此类模块的首要功能。由于电商平台商品、类目众多，因此多是由负责规则整合的系统完成数据处理，然后通过页面、内容生成系统完成前台的展示工作。

2. 售中环节：实现用户的购买

售中环节也叫购买流程，它是实现用户从下单到完成支付的整个过程。这个流程是整个电商体系中最重要的环节，其中交易、订单和支付系统负责这个环节的核心逻辑。

- 商品详情页（对接商品、促销、推荐、广告、CMS和会员等）。
- 购物车（对接商品、促销、交易、推荐和广告等），其中，库存部分可放入商品或交易中合并计算，也可单独由库存系统处理。
- 结算页，也叫订单确认页（对接商品、促销、交易、订单和会员等）。
- 收银台，也叫支付页（对接支付、订单等）。
- 支付完成页，也叫订单完成页（对接订单、推荐和广告等）。

这里面我们讲解一下核心部分（购物车、结算页和收银台等）需要注意的一些细节。

购物车环节要考虑库存是否需要做占用。购物车做预占库存可以第一时间通知用户商品的库存状态，但有可能出现较多占用后却未生成订单的情况。而生成订单后占用库存能保证订单和库存匹配率最高，但用户可能在下单后才被告知无库存，用户体验相对较差。

常规做法是在购物车环节设置数量阈值，库存小于阈值显示用户库存紧张，然后在下单环节完成扣减库存。如果是"秒杀"或者是类似唯品会的抢购模式，则可以在购物车扣减库存，增加倒计时（如15分钟）提示，让用户产生抢购感。

促销金额的计算也是购物车需要考虑的主要逻辑之一，由于商品详情页都是单品信息，因此组合促销的金额计算是在购物车中体现的。

另外，作为电商的"近亲"，O2O领域的购物车与传统电商处理方法有所差异。O2O的购物车原则上是不跨店铺销售的，因此购物车存在于单个店铺中且以浮层的方式展示。一般来说，为避免对服务器造成压力过大的问题，不是所有添加商品的操作都请求后端服务，在逻辑处理上为了保证一致，需要前、后端都考虑逻辑统一的问题。

结算页可以说是电商用户端比较复杂的页面之一。这里面涉及配送逻辑判断、送达时间计算、运费计算、订单计算及分摊等。页面的组成如图2-39所示。

（1）配送逻辑判断：根据提供的配送方式，结合仓配情况和移仓的逻辑来判断预计送到的时间。此部分的物流配送路程情况也会影响运费的计算逻辑。当无法单仓满足或者移仓满足时，有可能需要拆成多个包裹，从不同的仓发送。

（2）运费计算：根据后台设置的运费模板来计算实际应该收取的运费。运费模板是指设定好的一套运费规则，比如满多少重量收多少运费等。

图2-39

（3）订单计算：订单计算主要涉及到交易单各个子单之间促销优惠的计算和金额分摊。优惠计算主要包括优惠券和促销活动的金额计算。一般情况下，后台会有一定的计算优先级，比如计算促销活动的金额，完成后再看是否满足优惠券的满减金额。计算时需要考虑促销范围，如是商家还是全场。

金额分摊的计算也是一个核心逻辑。电商的支付类型发展到今天越来越丰富。信用卡、汇款、支付宝、微信、白条、积分和礼品卡等，各种各样。考虑到订单逆向（整单退、部分退）的情况，需要将所有支付的金额，包括优惠券都分摊到每一个商品上，以便退款时可以保证金额不会出现差错。分摊计算有两个要注意的事情，一个是各项支付方式退款的优先级，先退什么再退什么。原则上先退成本低的，再退成本高的。二是当分摊时金额除不尽的时候，多余的部分如何分摊，小数点后三位是四舍五入还是直接舍掉。这个规则要和后端、报表保持一致，避免出现一分钱误差的乌龙。

最后要说的是收银台。订单生成后要通过支付系统完成支付操作，因此收银台的主要对接系统就是支付系统。对接第三方支付的时候需要注意，第三方支付客户端返回的状态原则上不能作为最终支付成功的状态，要通过第三方支付服务端返回信息为准。理论上这两种状态是同步的，但设计时要考虑交互和数据传输异常的情况。

3. 售后环节：提高信息透明度和服务体验

- 订单详情页；

- 订单列表页；

- 在线客服。

售后环节主要是从订单生成到订单交付完成的整个过程，这部分的主要功能就是跟客服和订单打交道。这里就不展开说了，只说一些需要注意的经验。

- 订单列表一般会保留3个月左右的用户显示数据，而用户端的删除不是物理删除，只是在订单上打标记而已。

- 在处理数据时，考虑到历史数据较多，部分O2O的App会使用历史订单数据和当日订单数据分开的读取方式。

- 订单详情一般会有"再来一单"的功能，电商系统只需要判断是否存在可售卖的SKU即可，而O2O则需要增加判断区域属性。

- 在线客服要考虑是否是对接第三方应用，在嵌入对方的SDK时，一些通用的标准要满足应用（比如IPv6），另外也要注意对方SDK包是否会对自己App的大小造成较大影响。

4. 个人中心：服务中转站

个人中心作为用户的统一服务中心，里面承载着所有涉及用户资产和服务的信息，大多数是信息汇总查看的页面（如我的订单、我的积分和我的优惠券等）。

这里强调一个小的细节，App用户端有时候排查问题需要了解用户的基本信息，如版本号、手机型号等。用户的反馈很容易出现信息误差，他们大多会说已经是最新版了，因此获取版本信息的渠道可以为个人中心。我的一个经验可以给大家借鉴，在意见反馈中自动增加版本、手机型号信息回传，或将"关于"的部分供用户一键复制，以便提供给客服进行问题排查。

5. API

API主要是传输通道，理论上不进行逻辑运算，但在实际的应用中，API也需要进行很多业务规则的计算和处理。API主要包括以下几个部分的功能。

- 数据传输：API的基本功能，它完成基本数据的传输，往往是以页面为单位计算API的数量。

- 数据整合：由于数据可能涉及多个系统之间的调用，因此API内部可能需要进行数据的整合，比如促销活动信息需要调用促销信息和商品基础信息。

- 部分逻辑处理：在实际产品迭代过程中，考虑到App发版时间限制等制约因素，一些处理逻辑可能需要放在API中进行操作，比如部分信息项的筛选、A/B测试灰度发布切换逻辑等；另外，有些功能为了快速上线且后续可以进行延展，一些固定的逻辑也会考虑先不在后台中实现，而在API中通过配置文件的方式来实现，比如提示文案、图标等。

- 缓存功能：不是所有提供给用户端的数据都需要实时更新获取，因此API会将部分更新周期较长的数据放入缓存中定时去更新，比如用户信息、类目信息等。

2.4.2　交易系统

交易系统，顾名思义，是负责完成用户交易过程的系统。交易的过程主要指通过各种交易的先决条件来判断应该如何确定最终交易的内容、事项和金额等信息，整合后提交订单系统完成订单生成的工作。通俗地说，就是用户在确定购买内容后，和电商平台签约并形成书面合同（也就是订单）的过程。

交易系统的主要功能是负责处理用户提交的信息，以及针对这些信息进行预处理计算，最后完成订单提交，如图2-40所示。从流程上来看，交易系统负责的是生成订单以前的所有环节，而订单系统则负责订单生成后直到履约完成的所有环节。一些平台也会将订单系统包括在交易系统之内，订单管理作为大交易系统的一个子模块。这里把两个系统作为平行的关系进行拆分，拆分以后的系统职能边界更为清晰。用户下单的整个过程中，以订单提交为节点，前面部分属于交易系统，而后面的部分属于订单系统。这里特别要单独说一下购物车，购物车原则上属于前台系统，但由于它的特殊性，它也会涉及大量的促销计算和运费计算的逻辑，购物车的后台可以通过调用交易系统的服务来实现上述计算。

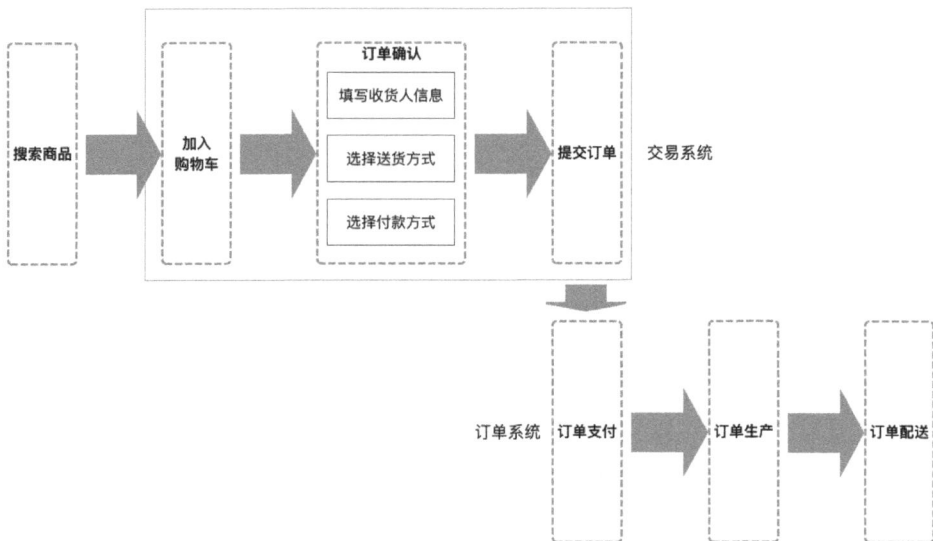

图2-40

就像买房买车一样，在签订合同之前销售人员会针对你的情况和购买的商品做很多预先的准备工作，比如资质的评估、费用的评估和优惠的力度等，这些信息都会通过核对沟通达成一致后录入合同。在电商平台中也是一样，我们在确定下单之前，交易系统也会充当销售人员的角色，根据用户的填写信息进行核准判断、交易金额的明确和促销情况的明确等，确认通过后完成订单的下单提交。因此，在用户端负责对接交易系统、进行订单确认的页面一般也叫订单确认页或者结算页。接下来我们来看看订单合同一般都需要对哪些事情进行处理和预先确认。

- 合同双方分别是电商平台和用户，用户的身份信息需要记录下来，这里面有用户的账户信息和收货人信息。
- 合同中需要交易的商品信息也是合同的主要内容之一，它包括商品的名称、编码（一般系统中以商品ID为准）、商品价格和商品购买数量等。
- 合同中需要记录乙方（电商平台）对甲方（用户）提供的服务条款和服务收费明细准则，按照电商的术语说就是运费规则、促销规则和配货规则等。

根据上述对于订单合同的描述，我们可以将事项分为几个部分：信息的录入核准、费用的计算核准和履约形式的确认等。交易系统的主要功能包括以下几项。

- 用户信息记录；
- 促销优惠计算；

- 商品金额计算；

- 运费计算；

- 支付方式判断逻辑；

- 配送逻辑。

1. 用户信息记录

记录用户信息，如名称、收货人地址（姓名、联系方式和地址）、可收货时间、收货方式、支付方式和发票等。信息记录看起来是比较简单的功能，但这些信息与后面一些计算逻辑是密切相关的。举个例子，收货人地址目前在电商平台中通用的都是五级地址，即国家、省、市、县（区）、镇（街道）和详细地址。通过这五级地址可以计算出仓库配货的情况、是否有移仓等信息，而通过用户账号的信息可以判断是否享受 VIP 价格等优惠。

2. 促销优惠计算

在计算商品金额之前，我们需要预先把促销优惠的金额计算出来。根据促销载体来看，促销优惠分为商品促销和集合促销两种情况。商品促销指的是将优惠的金额直接在商品的价格上做减免或打折，那么当前商品的销售价格应该为促销的价格或者折后的促销价格。而集合促销指的是多个商品进行捆绑优惠，比如满减、满折等。在计算这种促销的时候，需要根据促销的优惠规则将优惠的金额按照商品价格占比摊到每个商品上。假定本次购买有 N 件商品参与优惠，以下为分摊的逻辑。

- 前 $N-1$ 件商品优惠分摊逻辑：平摊在商品上的订单优惠补贴 = 单品优惠价 × ［订单优惠总金额 /（参与订单优惠的商品对应的单品优惠价之和）］。

- 剩余 1 件商品优惠分摊逻辑：最后一件商品分摊金额 = 订单优惠金额 − 平摊在（$N-1$）件商品上的优惠金额。

优惠券作为一种特殊的促销形式，也需要按照上述促销的思路进行计算。最终所有的优惠金额都会在商品和订单两个维度体现出来。

促销、优惠券在计算时还需要考虑两者之间的关系，即，是互斥还是共享。我们将促销分为限时抢促销和其他促销，原则上限时抢属于单品范畴的最低价格；而券种除了一般意义上的红包优惠券外，我们将线下单独售卖的储值卡单独分开判断，加上单品的 VIP 价格，我们共有 5 种优惠方式需要参与计算。判断是否是共享还是互斥的大体思路是尽量避免在同一个细分维度（比如品类、单品）上做两次以上的促销减扣，同时核销方式不同的促销形式可以进行一定程度的叠加。

这样来看，互斥和共享的情况见表2-7。

表2-7 互斥和共享的规则

关系	规则
互斥	优惠券与储值卡 优惠券与促销 优惠券与VIP 限时抢与VIP
共享	储值卡与促销（除限时抢外） 储值卡与VIP 促销（除限时抢外）与VIP

当然，在O2O场景下，单品如果已经执行了特价，则订单不能再进行优惠券的使用，这也是为了避免同一方承担双重补贴的问题。

3. 商品金额计算

商品金额计算是指计算当前订单需要消费的金额情况，这部分的明细内容与订单系统是一样的。订单的最终消费金额＝商品售卖价格－促销优惠金额－优惠券优惠金额－储值卡优惠金额－其他抵扣＋运费＋保险费用。其中运费的判断来自于是否满足运费减免条件，一般平台的减免条件都是满足金额门槛即可减免运费。其他抵扣指的是可能出现的虚拟货币的抵扣，比如积分抵扣等。

商品金额计算的时候要做最小容错检验，订单的最终金额不能出现负数。当订单金额小于等于0时，考虑核销的原因，订单金额一般记录为0.01，有可能为多个优惠减免导致，则下订单时由于已经减免到最小值，应当将所有优惠减免项按照优先级判断使用哪个。

4. 运费计算

运费是指使用配送服务后需要用户承担的运输费用。现在大多数的电商平台或者店铺都会在满足一定订单金额后减免运费，但运费依然是订单金额的一个有效组成部分。运费金额主要是根据配送区域和配送方式来计算的，因此运费的计算依赖于收货地址；同时运费的计算维度一般是按包裹单进行计算的（包裹单的概念在后面的"配送逻辑"中会讲解），这几个维度都会决定运费金额的差异。运费金额一般是通过运费模板来进行设置的，设置的时候就会从这些维度来进行细分，包括但不限于按照收货地、发送方式、商品件数、金额、是否分合包裹、发出仓和顾客身份等。此外，配送方式的多种多样决定了运费的不同，平台一般会配置多套运费模板来设定对应配送方式下的运费规则，用以计算使用；配送方式包括以下几种。

- 普通快递；

- 平邮；

- 特快专递（EMS）；

- 自提；

- 3小时递（8~17点之间下单且完成支付的订单）；

- 慢递优惠；

- 顺丰快递；

- 转送（如京东配送等）；

- ……

5. 支付方式判断逻辑

在支付方式的选取上也需要进行一系列的检验和判断处理。一般来说，电商平台的支付方式包括第三方在线支付、银行卡、余额、白条、储值卡、优惠券、积分抵扣和COD（Cash on Delivery，货到付款）等。如果选择COD，需要根据收货地址判断是否支持，而储值卡或者优惠券在单个订单上只能使用一张。多种支付方式支付时则需要在生成订单时将订单商品金额拆分到对应的商品明细上以便对订单进行后续的操作。

6. 配送逻辑

配送逻辑包括配货逻辑和预计送达时间计算，这两块逻辑是紧密关联的。根据配货远近、商品在库库存是否充足、是否需要移仓调拨来满足订单等信息，最终预估出预计送达时间。因此送达时间计算的前提是配货逻辑。在讲解配送逻辑前，我们先理解一下配送是基于什么维度进行作业的。一般来说，我们通常将配送订单理解为按照订单维度进行作业，但实际上订单也有几层关系：交易单、订单和包裹单。

交易单是指顾客一次提交订单中的所有商品集合，由于电商平台的下单形式是加入购物车后二次选择进行提交，因此单次提交的商品中可能包括不同商家或者店铺的商品，有一些平台级别的集合促销行为也是基于这个维度进行金额计算的。交易单不作为配送的标准订单，系统会按照商家加配送方的维度将交易单拆分成若干的订单，订单的判断依赖于几个维度：收货人信息、配送方式、支付方式和发票等。这个维度的订单是属于用户的，但实际配送的时候还会根据实际情况进行合拆单。合拆单是按照配货逻辑的不同来判断是否可以一次进行配送，即打包成一个包裹，因此这个维度的订单也叫包裹单，这个订单是真正意义上可以追踪的用户订单,在这个维度中用户可以进行售后、评价等行为的处理。理论上商家的配送方式和发货仓都是统一的,因此订单和包裹单一般情况下数量会是相等的,但如果出现同一笔订单有不同的发货方式或发货仓,就会出现一笔订单多个包裹单的情况。我们讲的配货逻辑是针对最终的包裹单来说的。

配货逻辑是根据顾客购买地、购买商品品种和库存计算包裹发出仓和发送方式的逻辑。不同的配货逻辑结果会影响到预计送达时间。配货逻辑的计算基准是收货人信息的五级地址中的第四级,也就是我们通常说的行政区。如果平台在同一个城市有多个仓,则会按区域划分不同的配送方,但如果同一个城市只有一个仓,则可以按照三级城市来进行判断。一个仓库可以对应多个区域或者城市进行配送设置。我们按照收货地址的远近将仓库分为本地仓(或者本区域仓)和外地仓。如果本地仓无法完成全单配送,则需要通过移仓逻辑完成调动,或者判断是否通过外地仓进行配送。仓配模式有以下几种情况。

- 区域子母仓配货;
- 网状仓配货;
- 中央仓直发。

子母仓模式指在全国范围内指定部分母仓来覆盖几个区域,每个区域有子仓。配货时优先查看子仓是否全单满足,如果不满足则从母仓调拨。如果母仓全单满足,则不做调拨而直接从母仓发货。子母仓的结构要确保母仓的商品品类丰富、充足,母仓既可以当作子仓的供应方又可以作为子仓的补充来快速发货,从而减少移仓时间和成本。子母仓的结构在时下比较流行的新零售领域被称为大仓和前置仓,逻辑上是类似的。网状仓指每个母仓都覆盖多个区域,可以为不同区域的子仓进行调拨,满足子仓的订单出库。网状母仓之间覆盖会有一定的区域重合,配送时选择哪个母仓调拨要优先考虑物流成本和时效。中央仓直发,指建立一个全品类的中央仓,中央仓建立在物流较为便利的城市中。通过中央仓直发商品来解决兜底无法配送的问题。在配置仓库时,无论是母仓还是子仓,原则上还是遵从就近原则,尽可能减少运输成本和移仓次数。

确定配货逻辑后,就可以根据配送情况估算配送时效即预计送达时间了。预计送达时间的处理是根据顾客的收货地址、下单时间、发送方式、送货时间、发货仓库、支付方式和截单时间等计算预计送达时间。按照上述发货的方式,订单时间预估分为直发订单时间预估和移仓转发订单时间预估。

- 直发订单:预计送达时间 = 生产时间 + 最长送货时间。

● 移仓订单：预计送达时间 = 移仓时间 + 直发订单发送时间。

交易系统作为购买流程的中枢系统之一，承担着所有订单的计算判断。很多相关业务系统都可以通过调用交易系统的服务来实现交易环节的功能。上述描述的都是交易系统的核心功能，也是交易系统对外提供的服务能力。

2.4.3　订单系统

设计订单系统时，几个大的方向需要考虑，这些内容决定了订单系统的稳定性和可持续性。

1. 订单字段

订单字段包含了订单中需要记录的信息，它的作用主要用于沟通其他系统，为下游系统提供信息依据，其结构如图2-41所示。

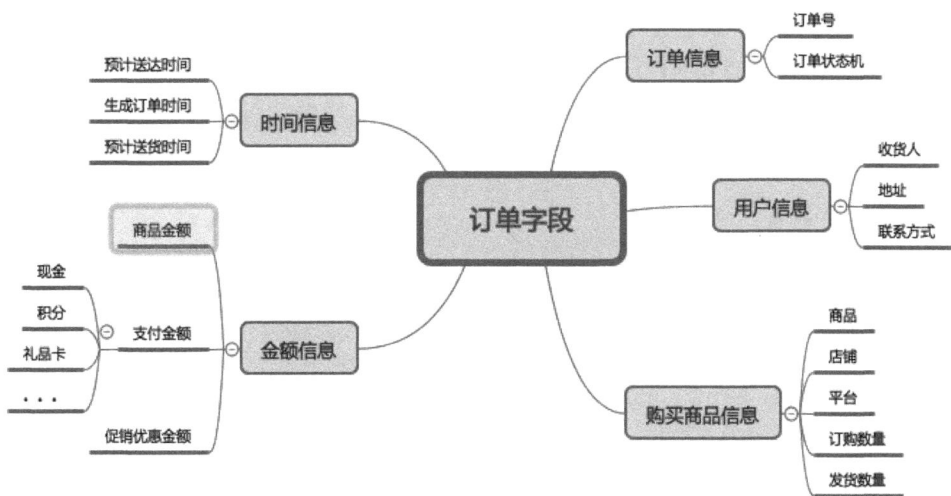

图2-41

订单信息包括订单号和订单状态机。订单号作为订单识别的标识，往往由一串数字组成，根据订单的增加进行自增，也可以在设计订单号的时候考虑订单加密设置（否则别人通过订单编号就能计算出对应的销售量）。订单号用作订单的唯一标识，用于对接WMS和TMS的订单识别。订单状态机在下面章节会详细描述，这里不做展开。

用户信息在这里指购买人的相关信息，主要包括姓名、地址和手机号等。O2O还会多一种情况，就是自提点，这样地址会变为自提点的地址。地址信息在后续会作用在WMS和TMS上，用于区分区域和配送安排。

购买商品信息指购买商品的基本信息和库存，由于金额比较特殊，因此将金额独立在商品信息以外讲，不过逻辑上它们其实都属于商品信息范畴。商品信息主要影响库存更新和WMS生产。

金额信息记录订单产生的商品金额。除了要记录最终的金额，过程金额也需要记录，比如商品分摊的优惠金额、支付金额和应付金额等，它们在后续的订单结算、退换货和财务等环节都需要使用。

时间信息是记录订单每个节点的触发时间。

这里我们特别说一下"订单标识位"的概念。订单标识位，有的地方叫服务标记，有的地方叫SendPay，其实从逻辑上来说都是一样的意义。标识位是一串若干位数的字符串，通过对不同位的定义来表示不同的含义。比如我们在订单中设置一个字段，这个字段具备100位数字，每一位数字可以为0到9的数字，它们代表不同含义，这样我们就可以通过这100位字符串代表订单的不同含义和标记，比如第14位数字代表预售，如果是0则代表正常订单，如果是1代表预售订单。标识位主要用于对订单的特殊逻辑进行标记处理，以便下游系统在接收订单后可以根据标记进行业务处理，比如分拣、仓配类型或是否大小件贵品等。

2. 订单流程

订单流程是指整个订单从产生到完成的整个流转过程，它包括正向流程和逆向流程。

正向流程是从订单正常生成到配送的过程，如图2-42所示。下述列举的模块是一般电商通用的功能，部分可以根据实际业务场景进行增加调整。O2O场景下的出库、合包裹和发票准备等工作由商家进行，部分工作属于线下场景。

整个流程涉及的环节非常多，这里提出几个细节上需要注意的地方。

• 订单生成环节存在超时未支付导致订单自动取消的过程，库存的占用会在订单取消后释放。

• 如果选择COD，则支付环节相应转移到订单配送之后，而过程中所有与款项相关的逻辑变为只操作金额数字，不对结算和账户进行打退款操作。

• 金额分摊需要到商品，这个前面有说明，这里不做赘述。

• 订单系统审核主要对恶意用户或者刷单情况进行处理。系统可根据白名单、黑名单、消费频次和促销品购买量等方面做风控规则。如果后续会进入到人工审核，则规则上可以适当放宽。当触发规则时需要进行订单退订的行为。此处设计时要小心对用户体验的损害，往往前台文案上说明当前节点是审核状态或者是等待接单。

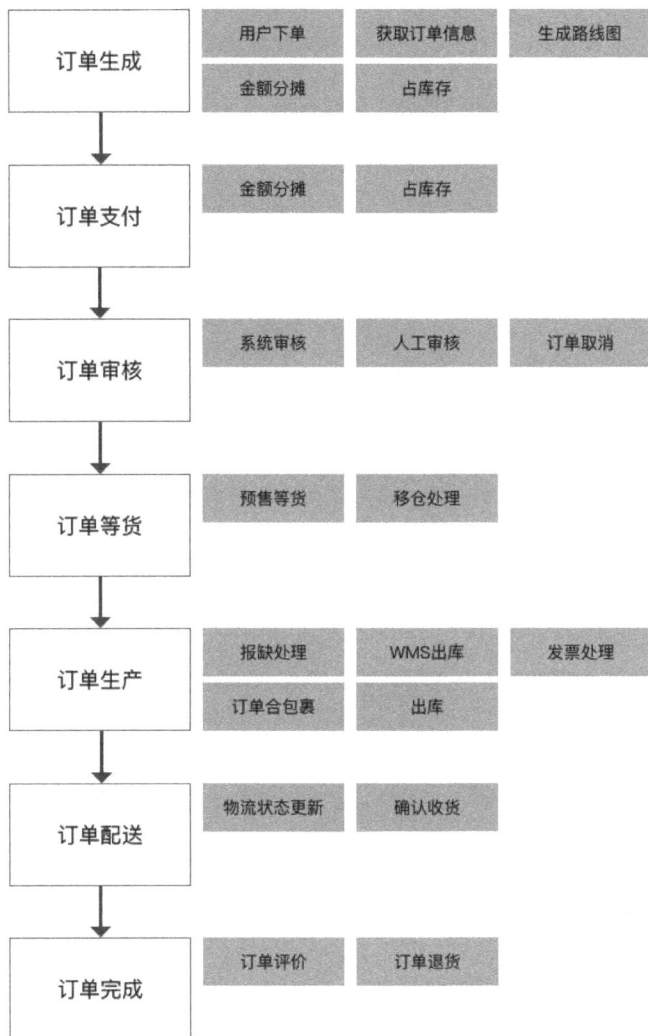

图2-42

● 在O2O领域有催单的概念，而传统电商则是通过关联第三方物流的物流信息进行跟踪。考虑到实际场景，催单触发一般会设定一定的时间间隔，间隔时间内只触发一次催单的请求。

● 预售等货和移仓需要做成SOA服务，以便在交易页面计算预计送达时间。移仓处理依赖仓库的情况，也会涉及后续拆分和合并包裹的逻辑。

● 订单生产时先要判断报缺情况，如果出现报缺问题，则要考虑整单报缺、部分报缺、换货或者换转退的情况（库存、仓促调拨和退款）。报缺情况分为系统报缺和实物报缺，这是有承接关系但相对独立的两个环节。

- 电商系统要考虑7天无理由退货的场景，即订单状态完成后申请退货，此时主要涉及的是金额上的计算以及一些财务程序（如发票等）问题的处理。

逆向流程则指订单取消、退货等情况引发的订单流程过程，如图2-43所示。在设计逆向流程时，建议将它与正向流程分开，通过订单号等信息进行关联，避免耦合过多导致逻辑无法延展设计。

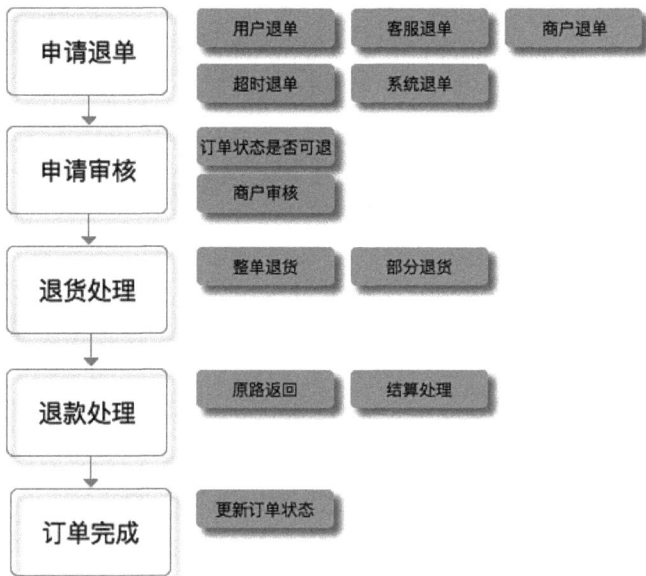

图2-43

逆向流程的触发主要有以下几种情况。

- 用户自主取消订单（整单）；
- 风控系统触发取消订单（整单）；
- 客服接到客诉仲裁后触发取消订单（整单）；
- 超时未支付取消订单（整单）；
- 换货报缺转为退单（整单、部分报缺）。

触发条件应考虑两个方面：

- 订单状态机［某一节点后（如订单生产后）不允许取消订单］；
- 订单生成时间（主要是O2O方面，考虑到配送时间和线下流程的不规范，有可能出现状态机没触发更新但实际流程在流转的情况）。

其他要注意的事项：

- 当退单被商家拒绝后，需要转入客服仲裁的环节。
- 部分退货的订单促销一般保持享用状态，但按照分摊的金额进行退款。

从业务流程上来看，订单流程是按照上述节点进行流转的，但从系统结构来看，订单系统的流程其实拆分成若干的步骤完成。从生成到最终完成，所有相关订单处理后，选定对应的仓库推送给 WMS 进行生产、配送，主要的处理逻辑如图 2-44 所示。

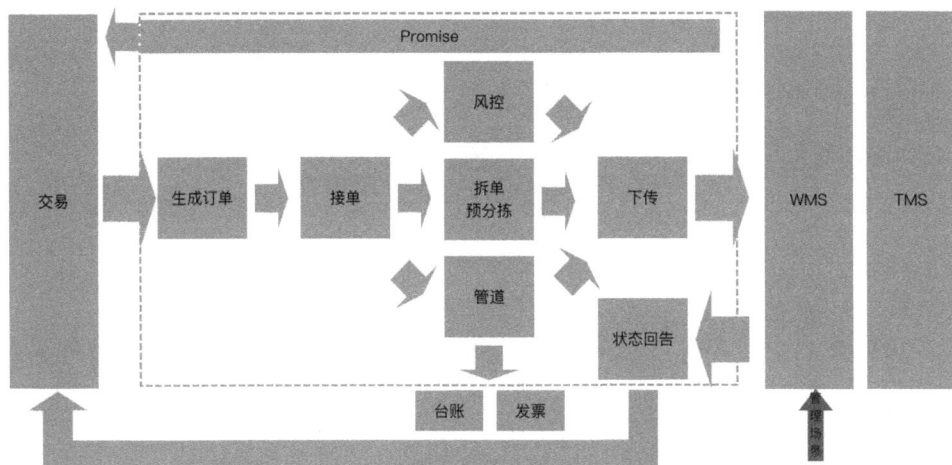

图 2-44

图 2-44 列举的是一些主要的订单功能，而不是所有的功能，每个电商的订单系统都会有一些自己独有的系统拆分，不过逻辑上来说是一样的。首先是生成订单，从交易系统获取基本的数据进行订单生产，订单包括母单和子单。生成的订单信息会提交给订单中心，风控模块首先会判断订单信息是否属于恶意订单，如果属于恶意订单，则申请系统取消订单并回告用户；如果属于非恶意订单，则根据所属仓库、支付方式和订单类型等判断拆单和需要下传的下游信息。同时管道服务会将对应的订单信息同步给相关的非业务系统，比如台账记账、发票等。在拆单和预分拣的时候，有时会出现用户订单生成后却暂时没有匹配到对应的仓库进行下发的情况，那么在订单的状态节点中可以增加一个订单转移的概念，未转移的订单认为还是仅仅完成生成，而转移后的订单会下发仓库进行生产。订单还有两个模块是属于全局性质的，即 Promise 和订单跟踪（或者也叫状态回告）。Promise 主要负责计算预计送达时间，它会根据仓配情况和供应商情况进行整体计算；而订单跟踪

可以理解为对应订单状态机在发生变化时需要通知相关业务系统，订单回告可以通过MQ（Message Queue，消息队列）的方式由业务系统订阅，一旦有变更，则由订单系统主动推送业务系统信息以保证及时性。图2-44中由于篇幅只画了回告交易，其实其他业务系统也可以接受回告信息。

3. 订单状态机

关于状态机，在百度百科的定义为"关于状态机的一个极度确切的描述是它是一个有向图形，由一组节点和一组相应的转移函数组成。状态机通过响应一系列事件而'运行'。每个事件都在属于'当前'节点的转移函数的控制范围内，其中函数的范围是节点的一个子集。函数返回'下一个'（也许是同一个）节点。这些节点中至少有一个必须是终态。当到达终态，状态机停止。"

由上述定义可以看到，状态机是用来表示按照一定的方向通过触发不同节点产生数据流转的过程。在订单中通过情景触发订单状态的变化来表达订单流转的过程，就是订单状态机。图2-45和图2-46所示分别是电商和O2O订单的流转过程。

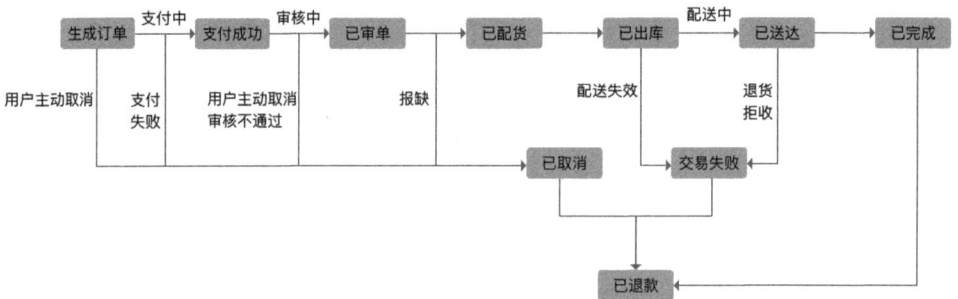

图2-45

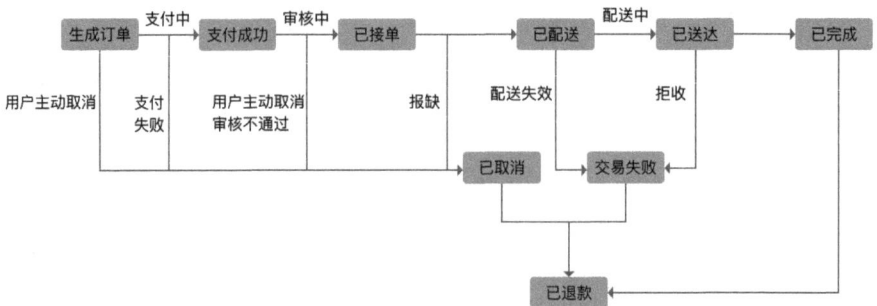

图2-46

电商和O2O的主体流程是相同的，不同的在于物流配送环节，电商较O2O更为复杂。此处只表明了主要的订单状态机，仓储物流内的物流单流转不在此范围内。状态机原则上使用结果值而不使用过程值，比如使用"支付成功"作为节点而不使用"支付中"作为节点。

订单状态机要融合订单流程来设计触发节点，订单流程的逻辑点要多于状态机，一般在当前流程环节完成后更新状态机。

4. 订单推送

当状态机发生变化时，需要将对应的变化情况告知给相关人员，以便相关人员了解当前订单的情况，这就是订单推送的作用。订单推送和回告的区别在于，回告是周知系统，而推送是通过触达手段将信息推送给具体的人。

订单推送的触发依赖于状态机的变化，涉及的信息包括：

- 推送对象（用户、物流人员和商家）；
- 推送方式（push、短信）；
- 推送节点（状态机）。

2.4.4　支付系统

支付系统作为完成营收的最后一个环节，是实现最终收入进账的过程，它既要保证钱款的流通安全，还要保证可以让用户有更好的支付体验，不至于等待时间过长。它相当于公司的"门卫"——看着钱进来，保证钱不会乱跑出去。

在讲支付系统之前，我们先聊一下关于支付、总的流程和运转模式。这里的支付系统指的是电商平台内的支付功能，但实际完成支付的并不是支付系统，其背后还有一套完整的链条在运转。一般意义上我们支付时都是通过对应的银行卡进行支付，包括储蓄卡和信用卡。在用户完成支付后，钱款最多会经历4个机构，即支付网关、收单行、卡组织和发卡行，4个机构会从中扣去一定的费用作为手续费。我们传统意义上说的第三方支付机构大多是属于网关的概念，它并不能直接对接发卡行。

1. 支付模式

支付系统的核心工作就是管钱，负责用户侧资金进出的处理、监控。目前主流的支付模式包括以下几种。

- 第三方对接（主要是支付宝、微信和ApplePay等，其他的视情况而定）：这类公司具有成熟的对接手册和接口规范。如果想要了解细节，可以去对应的平台进行查看。

- 余额支付：一般通过公司内部的用户账户钱款进行支付，支付时直接从公司账目中进行划款。
- 银行卡：可通过绑定银行卡进行支付。
- 预支类：如白条、花呗，效果上同余额＋信用卡的功能。
- 积分、红包：用于抵扣金额，一般不做现金兑换，这部分我们会在促销相关的内容中做详细讲解。

2.支付流程

支付是通过支付机构（一般是第三方支付机构）将用户支付的款项转入公司账户的过程。支付的场景包括普通支付和免密支付。

在线支付系统主要是和第三方的支付机构进行交互，完成支付过程。后面讲的退款也是如此。

支付的基本流程如图2-47所示。

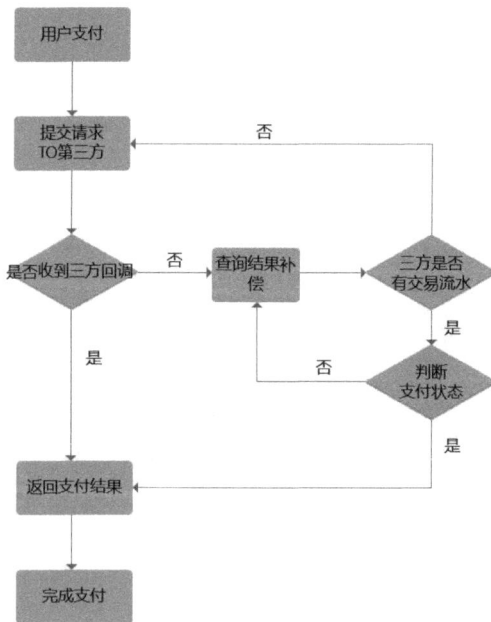

图2-47

支付过程要考虑以下几个事情。

- 请求支付时的补偿机制，避免支付账目核对不上。

● 支付后的回执，确保支付结果可查，以便后续流程根据支付结果进行处理。

● 支付完成后需要更新状态，状态包括支付状态和订单状态。具体的状态机变化我们会在后面进行详细说明。

在线支付除了常规的支付流程外，目前比较流行的还有小额免密支付。免密支付对用户来说既节省了时间，又减少了输入密码的麻烦。不过需要注意的是，支付系统在实现免密支付的时候需要考虑免密的风险问题，限定一定的额度，对于异常的支付请求需要做预警。关于异常支付监控的部分，在后面讲风控系统的时候会一起讲解，这里就不做赘述了。

免密支付的流程较之一般支付流程来说，增加了签约处理的过程，具体的流程如图 2-48 所示。

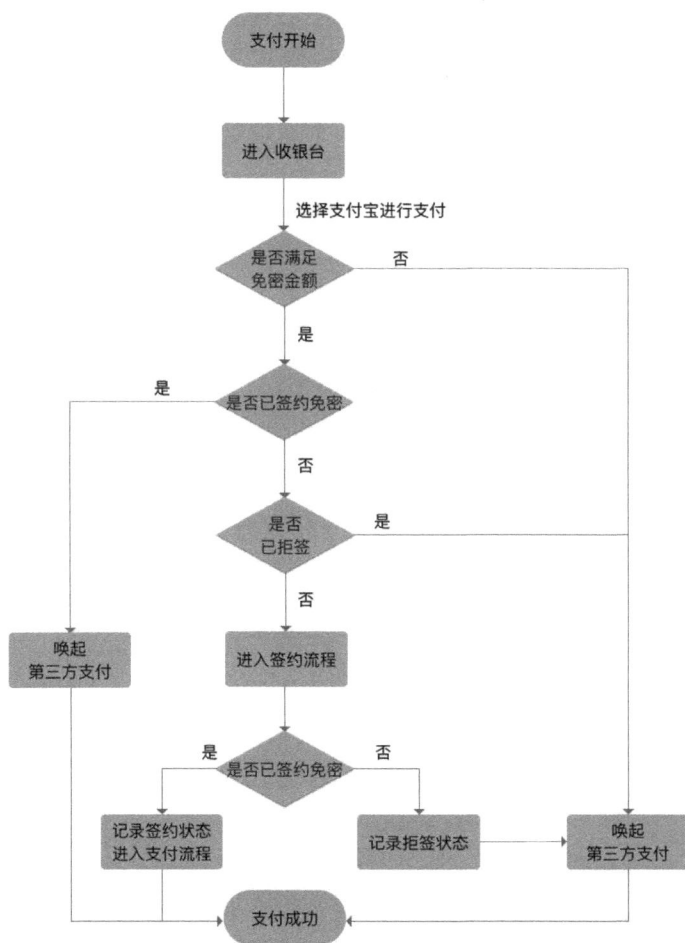

图2-48

3. 退款流程

退款就是未完成交易的订单需要将用户款项退回用户账户，这个过程就是退款的过程。退款流程的发起往往伴随订单的取消或者退货场景，它主要包括订单主动取消、订单被动取消、用户退单、用户部分退单、订单报缺和订单换转退等几种情况。

退款有两种基本流程，一般意义的退款流程和订单重复支付主动退款流程如图2-49所示。

重复支付的退款流程相对要复杂一些。重复支付是指用户为同一个订单支付了多次，需要针对历史记录和订单信息进行比对，根据金额比对结果进行相应的处理。在退款时要根据比对情况判断退款的款项是本次支付还是历史支付款项。

需要注意的是，退款时考虑到与第三方交互可能出现异常，当重试次数到达一定阈值时可以考虑发送邮件预警并转为人工处理退款，具体流程如图2-50所示。

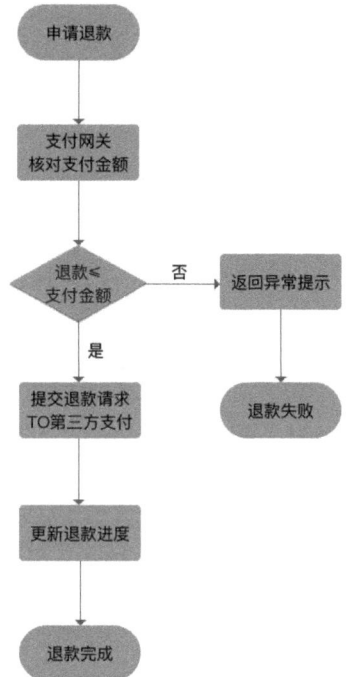

图2-49

4. 状态机

支付系统也有支付系统的状态机。从某种意义上我们也可以把支付的状态机看作订单状态机的二级状态机。

- 正向订单流程：支付状态机在订单待支付和订单支付成功之间。
- 逆向订单流程：发起退单后的退款申请阶段，直到退款完成后订单取消或者退款结束。

支付状态机节点见表2-8。

表2-8 支付状态机节点

状态名称	状态解释	备注
未支付	支付网关接到支付请求，落交易单号并更新状态为"未支付"	终态或中间态
支付成功	用户支付成功	终态
支付关闭	与支付宝小额免密约定，小额免密因额度不足导致扣款失败时的交易单状态	终态或中间态
转入退款	支付成功的订单进入退款流程，定有一笔退款单	终态

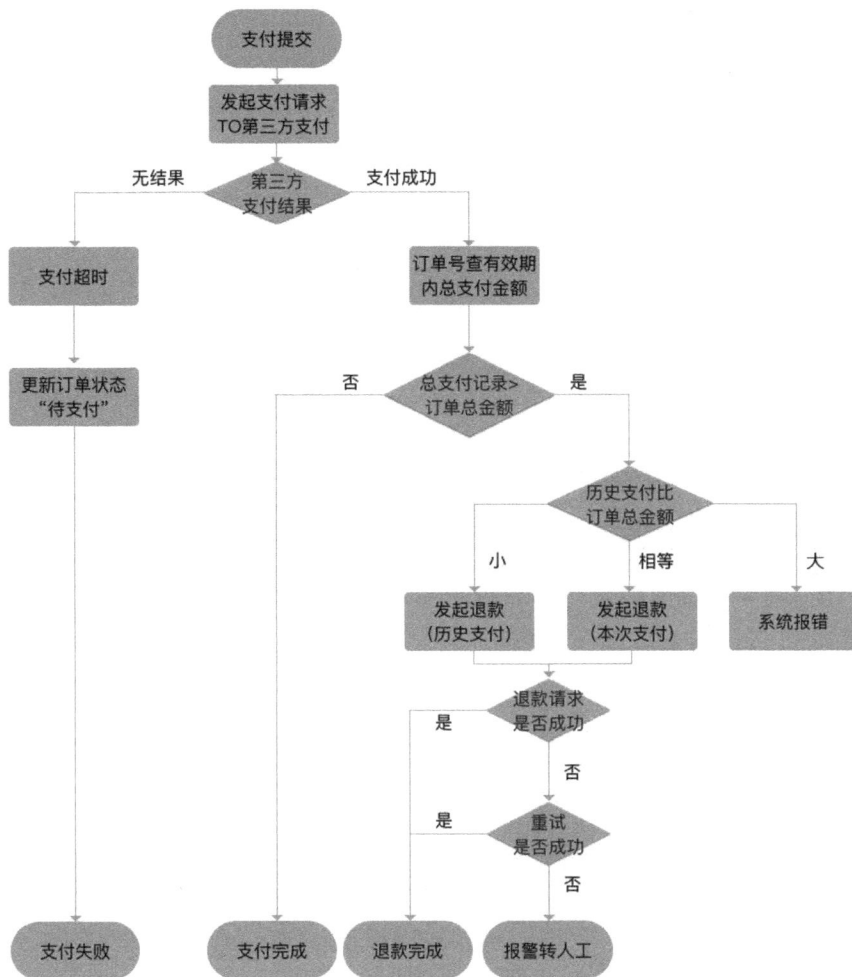

图 2-50

退款状态机节点见表 2-9。

表2-9　　　　　　　　　　　退款状态机节点

状态名称	状态解释	备注
等待退款	系统生成的退款流水的初始状态	初始状态
退款中	第三方回调或者查询结果为"退款中"	中间态
退款成功	该笔款项已经原路退回给用户	终态
退款失败	由于某些原因，此次款项没有退回给用户	终态

2.4.5　系统逻辑交互

　　购买流程主要是用户和订单之间的关系。用户可以下多个订单，每个订单上记录着多个商品。用户按照订单去支付订单款项，会在第三方支付机构对应生成一笔支付流水记录。理论上每个订单都对应着一笔支付流水，当然特殊情况也会出现多笔，比如重复支付。不过这不会是最终状态，最终状态订单和支付流水是一一对应的，如图2-51所示。

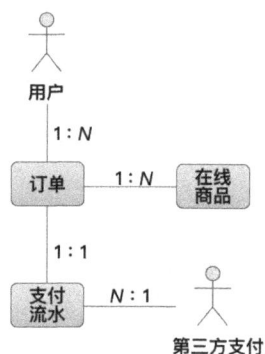

图2-51

2.5　实现物流配送

　　物流配送流程是完成订单从配送中到配送完成的过程，这里订单是指用户订单。但在实际的业务系统中，我们会将订单的商品信息转化成物流配送独有的订单（即运单）。运单会对用户订单进行合单或者分单的操作。完成配送其实是完成运单的过程，负责物流配送的系统叫作TMS。

　　TMS，即运输管理系统，它是Transportation Management System的英文缩写，其主要功能是对物流环节中运输环节的具体管理，包括车辆管理、在运途中的货物管理等。

1. 运输的定义

　　运输从含义上来说主要是做人和物品的空间转移，对运输过程的监控和优化就是运输系统需要做的事情。运输的核心价值在于在做人和物品的空间转移过程中主要保证如下几点。

　　• 保值：能够确保在运输过程中货物价值不发生变化和损失，比如标品不会出现包装破损毁坏不可用的情况，生鲜冻品保持鲜活冷藏，热食保证抵达后温度在可食用范畴等，由于货品的属性不同，因此就会产生不同的运输工具和运输方法。

　　• 成本可控：这里面没有说成本低而是指可控，其原因在于为了保证保值这个条件，有一些成本是必须花销的；成本可控在于如何在保证基础成本的前提下优化现有成本结构，这是运输系统的主要核心工作之一；成本控制主要在于人员管理、设备管理（如车辆）、流程管理和调度安排管理等几个方面。

　　上面说了运输是做人和物的空间转移，转移的过程需要经历若干的节点，通过逐级传递的方式完成最终的运输配送。运输的节点从前到后依次是仓库、分拣中心、站点和客户，这里面的仓库和分拣中心都是WMS中的一部分，仓库属于备货区的存储功能，而分拣中心（DC）负责分拣发货的完成。客户除了个人用户外还包括大客户和商家。我们按照 4 个节点的流转画出一张运输配送的流转图，如图 2-52 所示。

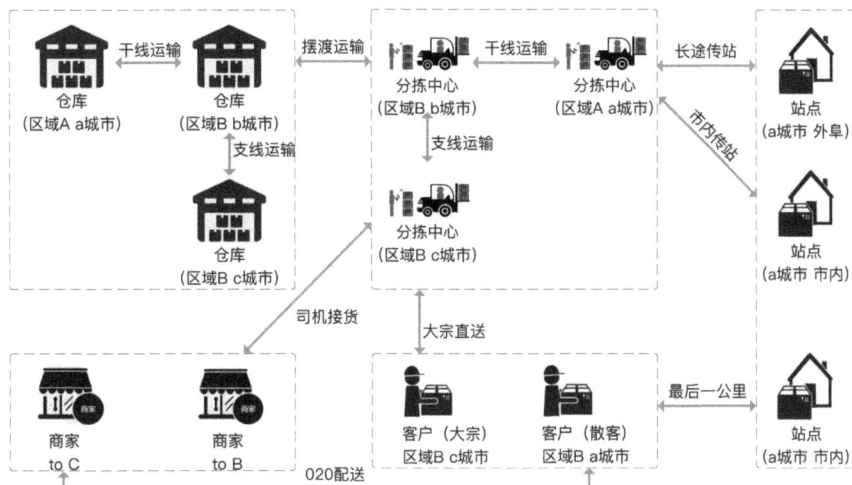

图 2-52

可以看到，电商的场景更多的是多对多的衔接关系，O2O 则相对简单一些。在 4 个节点进行大规模的配送只靠人工是实现不了的，需要有更精细化的系统来实现，TMS 就是负责配送、调度的。在这 4 个节点中，业务的角色包括仓库/DC、物流调度、配送司机 3 种，它们和仓库、采购一样，都是通过单据实现确认、交接等工作的。既然是通过单据，我们看一下单据产生和流转的过程是什么样的，如图 2-53 所示。

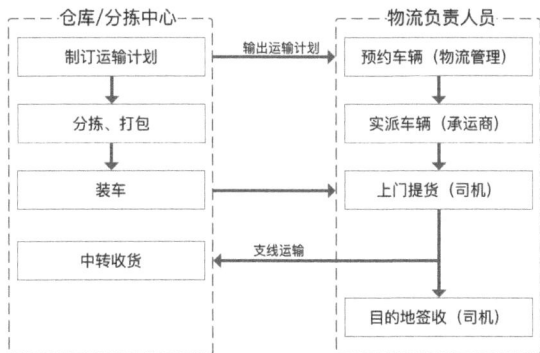

图 2-53

所有的配送都是根据订单情况制订运输计划来进行的。物流运营部门拿到运输计划后会和相关承运商进行车辆的预约，对应生成相关的预约单。承运商根据运营的预约单进行车辆的实际指派，生成派车单，与此同时，仓库/分拣中心将要运输的货物进行分拣打包，同时生成出库单。被指派的司机根据派车任务来到仓库/分拣中心提货、装车，对货品进行运输，如果当前运输是支线运输，那么货品会被配送到下一个中转地收货，如果是直送，则直接运输到目的地完成签收。需要注意的是，这里的运输不包括最后一公里的配送，最后一公里配送是通过快递人员从站点直接配送。上面提到了支线运输，运输类型按距离分为干线运输、支线运输、摆渡运输和最后一公里。干线运输指长远距离的运输，一般为跨区域或者长距离跨城市的运输调拨，主要行驶的路段为高速公路或者城市主要干线公路，一般运输的周期比之其他类型会较长。支线运输指中距离的运输，一般为城市与城市之间。摆渡运输为城市内中转站间的调度运输。"最后一公里"中的"一公里"是一个概念而不是具体的距离，一般特指最后一段配送的路程，范围一般在5千米以内。

在上述流程中出现了几种单据：运输计划、预约单、派车单、派车任务和出库单。这里面出库单属于WMS的部分，这里不做详述，其他几种都属于运输配送的单据。除此以外，对于出车以后的异常情况报备也需要进行单据任务管理。下面看看这几种单据具体都在管理什么事情。

2. 计划与预约

运输计划和预约单是成对出现的。运输计划共有4个状态：已创建、已确认、已约车和已作废。计划创建以后运输计划状态为已创建，人工确认后状态变为已确认，这时候的运输计划同步给物流管理部门，它们可以进行预约单的生成。预约单的状态为已创建、已确认、已派车和已作废。

例如，有一批货要从A仓库运送到B仓库，包含的商品很多。运输计划中会包含货物的总体积、重量、箱数和商品数量明细等。按照这个计划的情况，物流部门创建预约单，一个运输计划可以关联多个预约单，每个预约单主要记录根据运输计划预计派出的车辆情况，如车型、承运商和运输方式等。需要说明的是，运输方式决定结算费用，不同方式的计费不太一样，比如整车运输、贵品运输、退货运输、干线和支线等方式的运费是不同的。预约单能够确定负责的承运商和计划安排的车辆情况，但没有确定具体车辆信息。预约单确认后，运输计划会变为"已派车"状态，而运输计划作废则预约单同步作废，不过预约单为"已派车"的则不能作废。

3. 派车

预约完成以后，承运商就会根据预约单情况安排派车。派车根据实际情况分为计划派和临时派车两种。计划派车主要是根据预约单进行派车。派车时会同步生成派车单和派车任务，派车单记录车辆信息，派车任务记录流转情况和最后用户结算使用。只有已确认的预约单才可以安排派车，理论上派车单和预约单是多对多的关系，既可以一个预约单关联多个派车单，又可以一个派车单关联多个预约单。派车任务和派车单是一对多的对应关系。当派车单变成"已确认"状态时，对应的预约单也需要变为"已派车"状态。简单地说就是我们认为有多个需要预约的事情，指派一辆车按照派车任务的分配逐步完成每个预约单子。

4. 资源管理

运输都是由资源进行支撑的，这里重点讲一下两种资源的管理：车辆和运力。车辆管理比较好理解，每个车辆都需要进行跟踪、监控，车辆的车况和运输的核销是车辆管理的重点。每辆车都是有损耗的，为了能够最大限度地使用车辆，以降低成本，我们需要对车辆的所有情况进行监控，包括以下内容。

- 车辆人员管理：指对车辆分配的驾驶员、班组和行驶证等信息进行管理。
- 车辆运营资源管理：这里是说对于车辆运营过程中需要使用的资源（包括 ETC、加油卡等）进行管理。
- 车辆安全管理：车辆日常行驶过程中的安全情况记录，包括事故情况、理赔情况等。
- 车辆运行日志：包括日常出车记录及异常情况报备。
- 车辆维修管理：记录车辆维修记录和保养情况。
- 车务管理：对于车辆的日常事务进行管理，包括保险、年检、税费和违章等。

"运力"的概念可以理解为是承包运输线路的承运商。我们认为每条线路需要在有足够运力的情况下才能按需完成运输计划，因此运力的管理和监控也是非常重要的。同一个运输线路上可以允许出现多个运力组织。打一个比方，车辆就如同火车站的火车，而运力就是车组（如北京到上海），不同的车组可以通过同一线路将旅客从一个站点运送到另一个站点，而车组可能属于多个运营铁路局，运力和线路是多对一的关系。通过对承运商的招标管理可以最大限度地优化成本，在成本计算时会基于多个资源的情况进行综合计算，包括对车辆类型、司机成本、装载量和行驶路程等多个维度的价格进行成本计算。所有的承运商要通过审核完成资源的进场使用，包括对承运商的资质、承运能力和规模等信息进行综合评估。

5. TMS 系统解构

运输业务的概念已经介绍完毕，接下来看看系统应该如何设计，以及按照业务流程和节点来进行划分的TMS系统应该是什么样的职能范围。TMS主要负责运输,那么运输的准备工作就需要通过TMS来完成。TMS系统的上游系统主要是WMS,它们之间的界限一般是根据出仓来切分的。此外TMS流转的单据是运单,运单是指在运输过程中用于进行管理跟进的单据。运单信息是根据订单信息拆分而成的(注意,运单信息一般与订单子单信息相同,但不是订单的子单),所以订单系统需要根据仓库、商品和商家等维度进行拆单和预分拣,而预分拣的处理逻辑则属于TMS系统的子系统预分拣系统。预分拣系统会将预分拣的结果提供给订单,由订单下传给WMS进行生产。出库的单据一般默认是按照预分拣的结果出库分配的,发运过程则由TMS的另一个子系统DC(Distribution Center,发运中心)完成。考虑到配送过程不是所有的运单都是自营配送的,大多会转包给第三方的快递公司,如申通、顺丰等,这时就需要我们能够对快递公司进行监控、管理和结算。当然从大家的传统认知来看,发运系统一般等同于TMS,但实际上,TMS系统的范畴更广一些。

整体来看,TMS系统的核心模块主要包括预分拣、发运管理和快递承运商结算等3块,我们来分别说下这3块的核心逻辑。

预分拣指的是将订单按照分拣规则进行拆单,这里的分拣不是指仓内的"分拣"概念。拆单后的子单在TMS生成运单时基本可以做到一一对应。预分拣的处理流程是在审单完成后,订单系统将待分拣的订单提交给预分拣系统,由预分拣系统根据规则进行判断,如果无法完成系统预分拣则转为人工分单,最终会将分单结果回告订单系统,由OMC订单中心统一下发给WMS进行生产。按照拆分后的订单生产完毕后,会在出库的时候根据子单出库,TMS根据出库单情况生成运单,进行配送,大致流程如图2-54所示。

预分拣以后的订单会根据实际业务场景进行发货配送,配送的流程各家平台相对来说都是标准化的,这里面我们讲一下几种不同的发运模式,包括商家直配、在库统配和在库中转等。商家直配指的是商家通过自身物流体系完成配送工作,商品不进入平台的仓库中进行存储分拣。在库统配指的是供应商将商品运抵平台仓库,在仓库中存放,通过平台的WMS和TMS进行统一配送。在库统配除了使用平台仓配的第三方商家外,自营发货也属于这个模式的一种。而在库中转则是每次发单由供应商将商品送至仓库,然后直接通过分拣完成发货的指令,也就是我们在WMS中讲到的越库模式。

发运过程则是根据前面图2-53所示的流转图,将仓库的货物通过各个节点完成发货配送的工作。特别说一下快递公司的分配。一般会按照快递公司的区域、仓库设置对应的关系映射,对多个快递公司进行优先级排序选择。

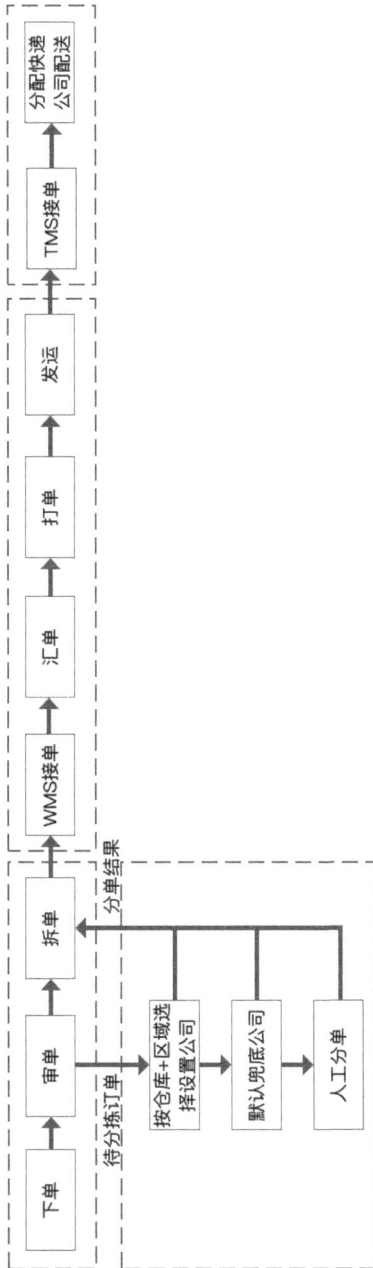

图 2-54

快递运送完成后，我们需要根据情况对快递进行结算，大致的结算关系如下。

- 快递正向配送后，平台将运费结算给第三方快递。

- COD的正向配送，由顾客给第三方快递费用。

- 销退时平台需要支付第三方快递费用。

- 上门退货时，运费由平台方支付给第三方快递，该费用根据情况可以由平台承担，也可以由顾客承担。退货的商品费用需要原路返回用户账户。

结算账目为以下内容。

- 快递结算：支"运费"。

- 客户结算：收"运费"，支"代收款"。

- 承运商结算：支"干线费"。

- 网点结算：支"取件费""派件费"，收"代收款"。

- 小件员结算：支"提成（取、派）"，收"代收款"。

- 干线结算：收"干线费"。

- 客户结算：收"运费"。

- 网点结算：支"分摊的运输费"。

6. TMS系统交互

TMS虽然是最下游的系统，但其交互系统并不少，除了前面提到的WMS、订单以外，还会和支付系统进行传输对接，对于COD的用户则会进行POS支付。此外，商家还可以通过开放平台获取TMS的物流信息。TMS和3PL也会进行订单数据同步和状态获取。这里面的3PL（Third-Part Logistics）是指第三方物流公司。关系如图2-55所示。

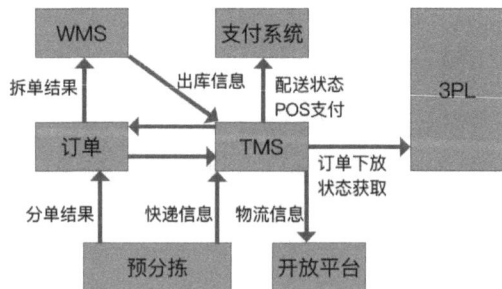

图2-55

2.6　阶段总结

经过加班加点，终于初步搭建起了我们的电商平台，业务同事可以在平台上进行商品的销售，仓库也可以按时发货配送。

平台现在的角色和实体关系如图 2-56 所示。

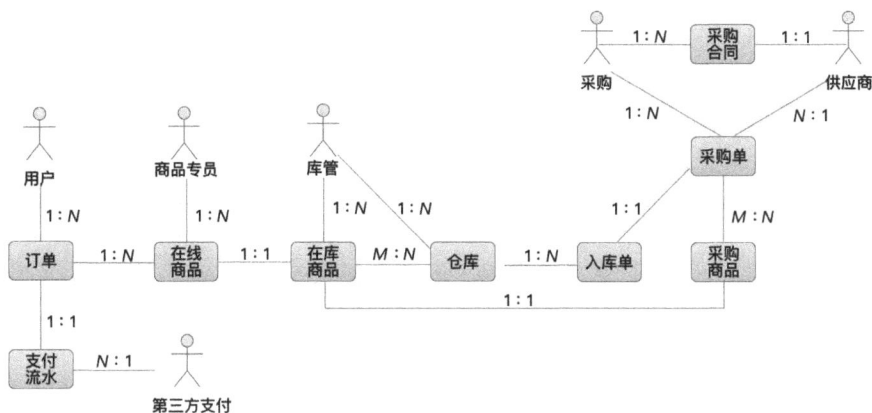

图 2-56

但目前的平台也仅仅能够支持销售而已，在运营、管理等方面还无法支持太多功能。随着我们业务的蓬勃发展，用户群体也逐步提升，达到了十万量级以上，平台也进化到下一个阶段。

第 **3** 章

完善中台架构，实现业务流程闭环

3.1　业务情况分析

随着业务平台的搭建和业务的快速发展，公司整体进入了快速扩大的阶段，越来越多的人员加入公司造成管理成本增加，基础的业务流程已经不能满足业务需要。如何增加更多的销售模式、提高用户的复购率是平台需要关心的核心问题，缩短销售路径、提高商品对用户的吸引力是当前阶段的核心诉求。公司围绕着这个开始逐步业务发力，而平台也需要进一步地完善支撑能力。

随着业务扩展，人员也显得捉襟见肘，需要进一步调整组织结构。首先为提高运营效率，增加拉新、促活和复购的效果，运营部增加对应的运营专员（红包、促销和会员等），每个人都专注自己的领域。为解决越来越多的用户问题，需要增加客服部，由客服人员直接解答客户的问题。接下来，采仓配也面临着工种扩充的需求。逐步增加品类分类，需要扩充更多品类的采购人员。配送面积扩大，为减少物流成本，需要增加二级分拣中心提高配送和运输的效率。同时建立质量管控部，监管仓配作业中的流程规范和质量安全等工作。

最后，为了支撑业务运营，技术团队也进一步细分。按照业务流程，产研团队分成用户端、运营后台、物流三大部分。产品和测试不再由单一人员完成，成立产品部和测试部，进一步细分产品线。增加运维部门，加强对硬件服务器的管理和运维。组织结构图如图3-1所示。

3.1.1　业务场景分析

当前阶段的核心是提高GMV（Gross Merchandise Volume，成交总额），强化订单转化的销售能力，同时相应的手段和工具需要尽快完善。物流方面，继续补足供应链的功能和流程，提供更完善的仓配作业能力。

首先让我们先来看一下用户在平台完整的决策路径是什么样的，如图3-2所示。

由图3-2可以看到，对于用户来说，做决策主要是商品比较的过程，通过比较完成购买决策，而浏览是为了提供有力的信息支撑。因此，是否能够提高购买频率，这两个环节是核心。在这里我们把用户决策的过程细化一下，

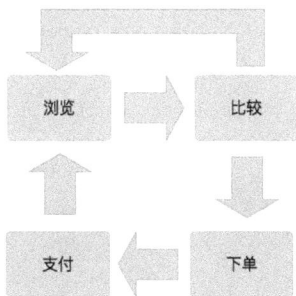

图3-2

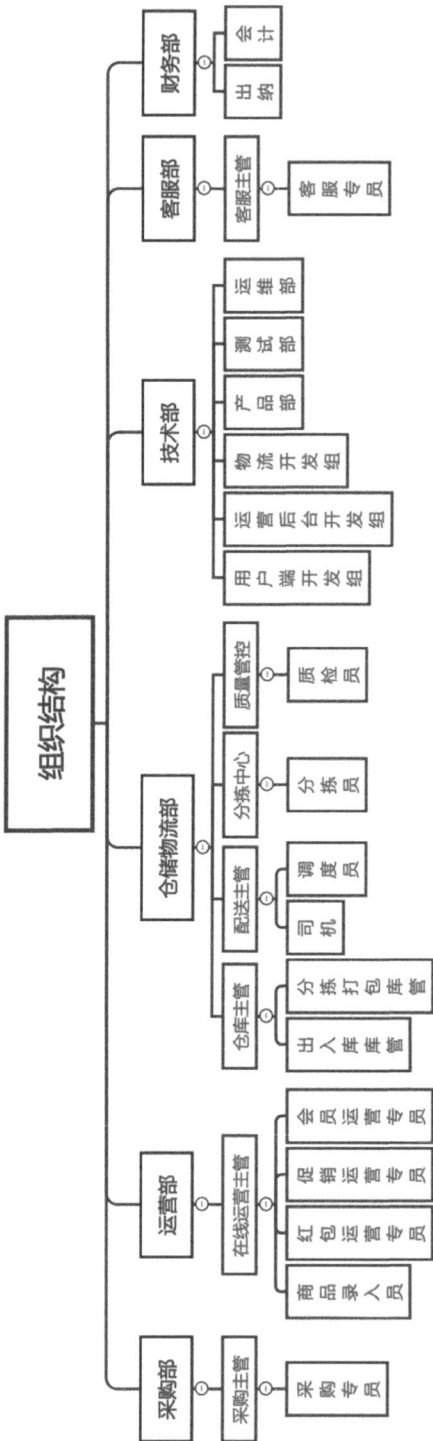

图3-1

看看用户判断过程中经历了哪些过程，如图3-3所示。

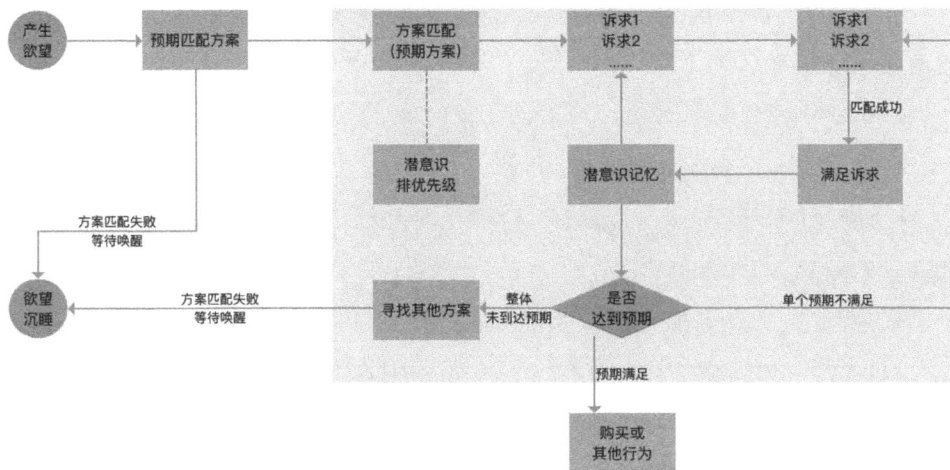

图3-3

按照分解的过程来看，用户决策主要是以下几个步骤。

（1）产生/唤起欲望

（2）预期匹配方案（商品）

● 排优先级；

● 基本诉求满足（价钱、用处和性价比等）；

● 其他诉求满足（满足感、外形美观和使用频次等）；

● 方案（商品）匹配是否满足预期。

在整个过程中，可以通过运营和技术手段提高的环节包括：

● 浏览时刺激和引导用户产生或者唤起欲望（加强宣传的感官刺激，提供文案引导）；

● 对比决策时提高用户基本诉求的满足度（如高性价比等）；

● 对比决策时提高用户其他诉求的满足度（放大满足感等）。

而确定后的下单和支付则是完成合约（订单即合约）和付款的流程，对购买决策影响主要是价格的减免（促销计算、红包计算等）。

由此看来，想要提高GMV、订单转化能力，需要加强对于用户诉求的满足，进一步提高平台对于用户的亲和度和体验，增加黏性。我们把整个需求分成两部分，一个是用户提效、体验提高，另一个是丰富玩法，满足诉求。

（3）提效、用户体验

● 提高下单效率：精准定位用户购买需求，提高用户寻找商品的效率，避免用户在寻品的过程中产生倦怠感。

● 可以快速搜索定位。

● 可以根据用户选品情况提供商品推荐。

● 加强用户体验：这里说的不仅仅是界面上的优化，还包括增加更多商品展示形式，提高与用户互动的方式和频率。

● 提供更多页面展示形式，如轮播图、展位和专题页等。

● 提高用户互动频率，提供短信、消息推送，增加客服沟通机制。

● 提供会员机制，进一步加强消费能力强的用户的体验。

（4）丰富玩法、满足诉求

● 促销玩法：提供更多活动、优惠的玩法。

● 满减；

● 满赠；

● 直减；

● 限量购；

● 秒杀；

● ……

● 优惠券：

● 满减券和直减券；

● 品类券和全场通用券；

● 充值卡；

● 红包。

● 会员：

● 会员价/折扣；

● 增值服务。

3.1.2　业务角色分析

加强运营能力是本阶段的主题，所以需要提高现有运营人员精细化运营能力。原有的商品维护人员已经不能满足现有的需求了。需要在原有的运营部门下面增加不同细分的运营人员，专门负责相关的业务线。同时为了改善客户的体验，也需要增加客服专员负责跟进，并回复客户的问题。

1. 用户体验提升

缩短用户的选品路径，本阶段的需求主要是通过系统优化升级进行提升的，运营角色上不需要增加新的人员。

2. 营销运营

促销运营专员

负责建立促销活动，根据活动主题选择商品，并设置好参加活动的价格和库存数量，如图3-4所示。

优惠券运营专员

负责配置优惠券的基本信息（金额、门槛和投放区域等），这里优惠券包括红包、优惠券和充值卡等。完成配置后，根据运营的规划投放给指定类型或者指定区域的人群，如图3-5所示。

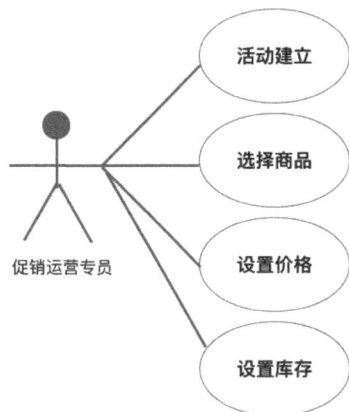 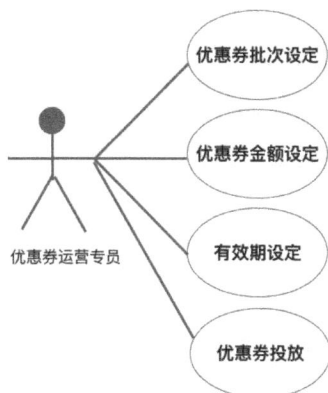

图3-4　　　　　　　　　　　　　　　图3-5

3. 用户运营

用户运营专员

负责规划运营用户的相关内容，包括商品用户收费规则制订、用户体系权益的制订和用户成长体系的制订等，如图3-6所示。

客服专员

负责沟通解决用户的问题。这里只说明了跟用户直接相关的客服人员，而实际工作中也会有一些二线客服人员辅助处理问题，比如质检客服专员、培训客服专员等。这里就不展开描述了，后续客服章节会提到相关工种的情况。客服专员的职责范围如图3-7所示。

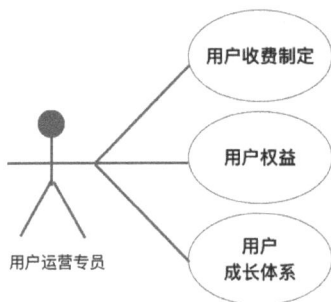

图3-6

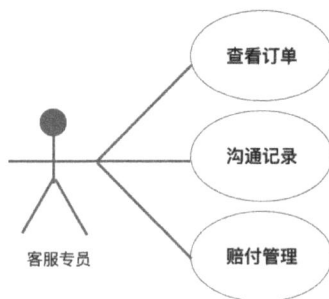

图3-7

3.1.3　分析结论

按照前面分析的角色划分和本期工作重点，我们树立下相关的主要业务流程。

1. 用户体验提升

增加搜索和推荐方式提供给用户进行选品，用户通过搜索推荐快速定位商品并加入购物车，提高选品的效率，如图3-8所示。此内容为通过系统升级对面向用户的流程进行优化，业务运营侧则不需要进行流程和人员角色上的调整。

图3-8

2. 营销运营

促销活动配置

促销运营专员根据促销计划建立促销活动，完善促销相关的基本信息，如名称、图片和时间等。然后进行促销商品的选择，如果活动中包含赠品，则需要选择对应的赠品。完成选择后设定促销的价格、库存，如图3-9所示。

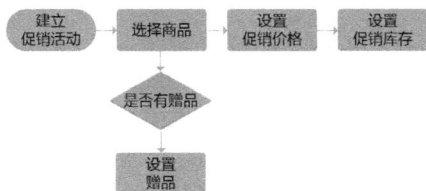

图3-9

优惠券配置

优惠券专员根据指定的优惠券发放机会进行优惠券的设定，包括批次设定、金额设定和投放人群设定等，完成后根据时间计划进行投放，如图3-10所示。

图3-10

3. 用户运营

会员配置

会员运营专员根据指定的会员体系制订会员权益、会员费用和会员的成长体系，其中会员的成长体系是线下沟通，通过系统设计完成的，而不是直接在后台配置，如图3-11所示。

图3-11

客服流程

客服主要对用户的日常问题进行解答。客服日常需要处理的问题类型有很多，主要的业务流程就是订单问题，我们以订单问题来梳理流程图，如图3-12所示，其他问题与此类似。客服接听电话或者在线客服时，根据订单编号进行查找，定位问题并给予用户指引或解答，当遇到需要理赔的情况时，在后台操作理赔并完成赔付。

图3-12

3.2 丰富用户选品方式

3.2.1 搜索系统

搜索系统，顾名思义就是提供大数据查找筛选功能的系统。在电商和O2O领域，搜索作为一个主要的流量入口，起到了至关重要的作用。

1. 基本指标

对于搜索来说，主要的指标为准确率和召回率。我们以图3-9为例解释一下什么叫作准确率和召回率。图中的整体部分为商品数据的全集，其中包括不相关和相关的内容，如图3-13所示。

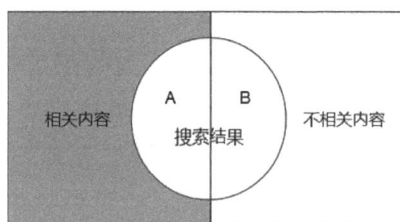

图3-13

- 准确率：搜索结果中相关内容的比例，即图中A的部分。

- 召回率：搜索结果占整体内容的比例，即A+B。

由此可以看出，最完美的结果是A足够大且B足够小，但在实际实现中我们会发现上述两个指标是相反的（召回率越高，准确率会越低），需要通过规则来平衡这部分。

2. 基础结构

搜索系统主要的组成部分有以下几块：

- 切词逻辑；
- 词库；
- 基础信息；
- 加权规则；
- 排序展示逻辑。

整体流程如图3-14所示。

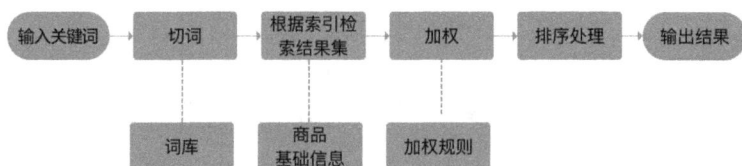

图3-14

名词解释：

- 关键词（query）：指用户在搜索框中输入的内容。
- 切词：又叫分词，是根据词库/词典将一段文本进行切分，以便机器识别的过程。
- 分词：指用于切词的分词。
- 加权：将检索结果集按照一定的维度、规则进行打分叫作加权。
- 索引：商品信息存储时需要建立索引，索引为每个商品的标识，方便在大数据量的情况下快速查找筛选。

3. 应用场景

搜索的应用一般有两种：全文检索和Suggest（推荐）。其中，Suggest的规则比全文检索要简单一些。由于Suggest一般支持模糊查询，因此要考虑服务上是独立还是共用一套。

4. 流程解构

切词

切词，又叫"分词"，用于将用户输入的非结构化字符变成机器可识别的词组。市面上有很多成熟的切词组件。切词逻辑有很多种，如根据字符、概率等切词，电商和O2O一般使用字符串切词的方式进行处理。关于切词的方法，最基础的有最大正相匹配、最大逆向匹配和双向匹配等，具体的内容可以百度查询。切词工具是根据词库中的词典将字符进行切分，一般开源的切词工具都有默认的词库和自定义词库两种，用户可通过添加自定义词库来完善补充。

这里面需要强调的是切词时候的过滤，尤其生鲜类、非标品情况下特别需要注意。

- 单字词、助词之类的是否要过滤掉，如米、面和油等。
- 别名情况的处理，尤其是生鲜类。比如北京的油菜，在上海叫上海青，在重庆叫漂儿白。

检索

接下来就需要匹配检索结果集了。根据切出的词语进行匹配，匹配到的商品信息集合为检索结果集。结果集需要做检索、过滤和标记3个步骤。

检索项包括但不限于：

- 商品名称；
- 商品标题、副标题；

- 商品描述；

- 商品参数、规格；

- 商品品牌（生鲜、副食品类尤为重要，比如五得利面粉、鹏程五花肉）；

- 商品品类（一级类、二级类）；

- 别名关联商品；

- 促销类型。

成熟的电商系统不仅仅能实现用户的基本商品检索，还会根据关键词进行意图分析并进行查询转换。以生鲜电商举例，当用户搜索"猪肉"时，用户希望获得的不是含有"猪肉"词语的商品，而是猪肉的各个部位、猪肉级别等信息，这时应该将其转化为"后臀尖""前臀尖""里脊""一级白条"等词语进行检索，而不是匹配"猪肉"。意图分析主要有以下两个方面：

- 行为模式分析；

- 用户画像分类。

去重和过滤

获取的结果集需要经过去重、过滤的处理。此部分可以在加权打分后进行处理，也可以安排在初选结果后处理。

- 同一个商品被多个词语命中，则需要去重。

- 现实中的电商搜索可能会根据不同的场景构建所谓的"小搜索"，如按照类目、品类和定制化场景等搜索。因此，针对不同的搜索场景，可能会有不同的过滤、去重条件，也可以在构建数据的时候使用不同的库进行处理。

- O2O场景需要按照一定区域概念（城市、商圈等）进行过滤。

- 售罄商品需要过滤。

- 下线商品需要过滤。

标记和加权

在检索完成后需要对数据进行标记，以便后续做加权时使用。此步也可以在做加权处理的时候同步进行。

加权是整个流程中最重要的步骤。加权的目的是根据模型确定结果集中各个商品的排序优先级。加权的维度有很多，根据不同的场景考虑会有所区别。

加权因子主要分为以下几个维度：

- 相关度；

- 商业化因素；

- 个性化因素；

- 人为因素；

- 数据模型统计。

计算相关度

最后是计算相关度，这里指的是分词的相关度，包括文本匹配、词间距、是否是中心词和品牌词等。中心词的概念是是否命中了核心的词语，中心词和品牌词也需要有对应的词库进行维护更新。词间距是计算相关性的一个维度，比如一段文本中包含清华、大学，"清华大学××××××"与"清华×××××× 大学"相比，肯定是前者相关性更高一些。

这里面有几点需要注意。

- 关键词被完整匹配和部分匹配的权重是不同的；

- 单词命中和多词命中同一商品也需要考虑权重情况。

5. 商业化因素

业务场景下需要关注的因素称为商业化因素。

- 商品库存；

- 是否新品（考虑到新品的特殊性，也可以将此权重独立打分）；

- 商品销量；

- 是否促销商品；

- 销售额；

- 商品分类；

- 商品品牌；

- CTR（Click-Through Rate，点击率，广告类的商品要考量）；

- 所属平台（POP、自营）；

- 区域（O2O 属性）；

- 终端情况（手机、PC）。

6. 个性化因素

按照个人使用的情况进行个性化排序，做到所谓的"千人千面"，包括下单数据分析等。这部分与意图分析的情况类似。

7. 人为因素

在日常运营过程中，有很多需要做强制人为干预的事情（如人工置顶），因此在加权的时候需要考虑此类行为。

8. 数据模型统计

可以根据用户的一些行为数据或者埋点数据进行分析，提供综合排名靠前的商品或者分类做单独加权权重。主要包括：

- 用户点击；
- 用户收藏；
- 购买数。

最后，需要根据加权的情况和一些特殊的处理，对最终输出的结果做排序调整。这里提供两种方法供大家参考。

- 可以按照加权打分的分值之和的高低做排序。这样做比较直接，但在后续调整的过程中，验证规则时容易混淆不清。
- 按不同的权重维度单独计算，生成一个长位数的标识符，每个权重在标识符上有它自己的位置。按照优先级的顺序从左到右依次排列。考虑到机器计算的易用性，可以在加权时使用十进制，然后统计时转换成二进制。位数和排序可以根据具体业务场景制订，如图3-15所示。

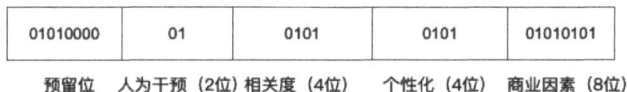

01010000	01	0101	0101	01010101
预留位	人为干预（2位）	相关度（4位）	个性化（4位）	商业因素（8位）

图3-15

最后，在算法中要考虑相同因子下的打散，比如同一个商家店铺下的商品排序需要按照一定比例分布在不同地方，避免一次性展示过多同类商品。

如果系统能力富足，也可以增加单独的反作弊模块来处理一些恶意刷单、刷榜的情况。

9. 各系统关联

搜索系统主要为用户端提供搜索结果的输出，输入来自于相关的下游系统。当搜索场景进一步细分时，要考虑更多数据的对接和分类，结构如图3-16所示。

在设计时有几个需要注意的地方。

- 搜索数据比较庞大，直接使用API调用实时数据对系统压力过大，一般可采取搜索自建索引库、定时（比如15分钟）从相关系统拉取数据的方式。

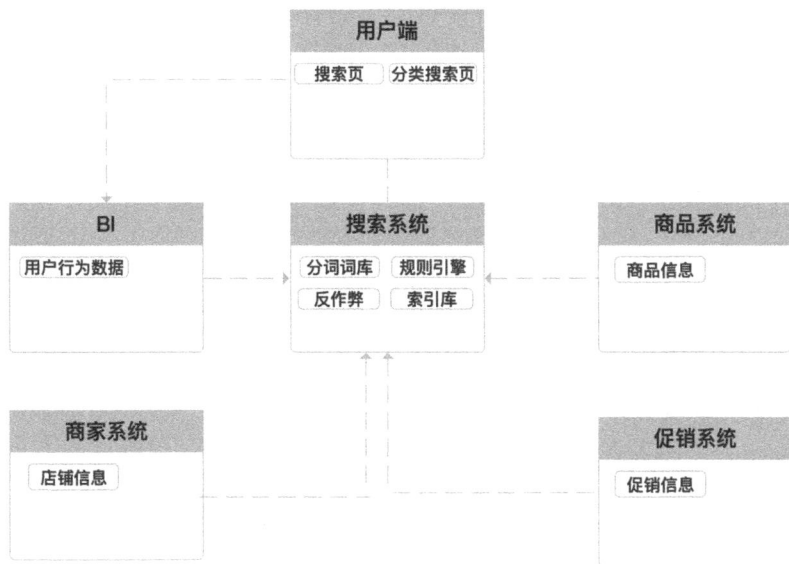

图3-16

- 可以基于不同的场景提供不同的索引库来实现，避免逻辑耦合不好分离而导致无法做个性化。
- 考虑到服务压力，用户端在调用suggest时，建议延迟几秒请求数据。
- 分词词库的维护也依赖于定期从相关系统中获取补充。

3.2.2　推荐

随着生活水平的日益提高，人们对于商品的要求也都趋于个性化。每个人对于商品都有自己的喜好和习惯，而抓住并养成习惯也是电商平台推广宣传的有效手段，就这样，推荐系统应运而生。

推荐，顾名思义，按照用户的喜好和行为推荐，可以满足用户诉求和需要的商品，以求达到用户购买的目的。从广义上来讲，所有主动推送给用户的商品信息都可以视作推荐的范畴，而这里面具有商业变现能力的商品推荐又叫作广告。广告的管理一般会由单独的广告系统负责，下面讲述的推荐主要指除广告以外的商品推荐内容。

1. 推荐系统的评估指标

推荐系统从根本上是为了解决营销选品决策的问题，因此就需要有一些指标来衡量和评估效果，为后续的推荐策略参数调整和推荐方式优化提供依据。常见推荐系统的指标和搜索的指标比较类似，包括准确率、召回率和新颖度等。

- 准确率（Precision）：表示召回的商品中推荐正确的商品占整体召回商品的百分比。
- 召回率（Recall）：表示召回的商品占整体商品的百分比。
- 新颖度：表示推荐长尾区间的商品情况，如果推荐商品都是热门商品，即新颖度很低，反之则新颖度较高。
- CTR：点击率，也是广告系统的衡量指标之一。
- CVR：转化率，指从用户点击推荐商品到完成购买的转化率，公式为CVR=（转化量/点击量）×100%。

2. 推荐场景差异化

接下来看一下推荐系统在电商平台用户端都有哪些常见展现形式，如图3-17所示。

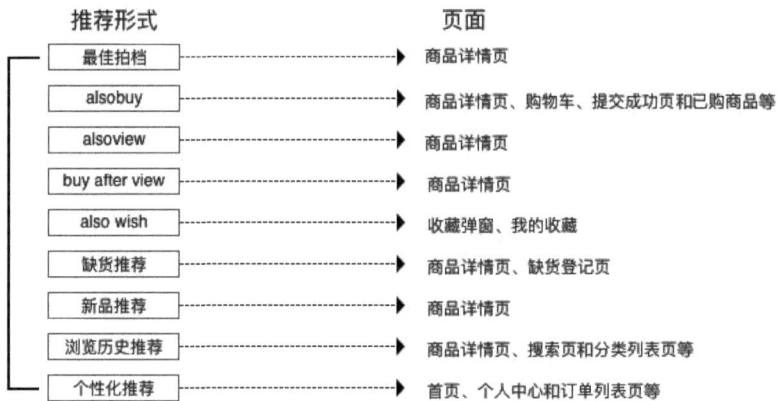

图3-17

推荐的使用一般放在售前环节，通过浏览时的推荐提高用户的购买率，少部分会在购买完成后提示用户，增加二次消费的概率。电商是全天候的售卖平台，但在实际消费的时候用户会有不同的购买场景，不同的购买场景对于推荐的要求也是有差异的。

- 时间维度：包括节假期、促销周期等，对于O2O甚至还需要更细致的时间划分，比如早中晚、加班等。不同的时间维度用户对于购买的诉求不一样，推荐给用户的商品也不应该完全相同。
- 地点维度：地点维度更多会影响到发货的周期，本地仓库/商家是否有货，决定是否可以早一点将货送到用户的手里。

推荐系统要达到场景推荐差异化，就要根据不同情况下获取的不同数据进行分析处理。推荐系统的底层数据源和搜索一样，都是来自于各个业务系统的，推荐系统本身并不会产生业务数据。推荐系统主要是分析人与物之间的关系，因此数据都是围绕这两个点进行延伸的。

人指的就是用户本身的信息，包括用户自身的基础信息，比如用户名、联系方式、地址和收藏等，还有消费信息，比如订单信息、会员信息等。这些信息可以对用户在系统中的实体进行初步的构建，以便推荐系统可以通过这些信息分析出人的"特性"。而物品也就是商品信息，商品数据主要是商品的基础信息、促销信息。除此之外，对于埋点的数据也需要进行统计，结合上述内容一起分析。埋点信息包括访问数据、点击数据等。

很多时候，一些新的用户和新上架商品并没有历史数据可以追溯，这样就无法提取特征，也就是我们常说的"冷启动"。冷启动的问题也会影响到使用哪种推荐策略，因为不同的推荐策略可能对于数据量的要求也不一样。某些策略依赖于大量的数据进行分析，这个时候不处理冷启动的问题就无法积累数据。为了应对冷启动的问题，人们也找到了一些方法，根本思路就是通过变形或者转化来获取特殊的数据源，以解决无数据的问题。

第一种方式提供相对稳定的数据筛选结果，最为常见的例子就是热销排行榜。这种方式是假定所有用户属于一个整体的集合，在这个集合下最关注的商品就是热销品。考虑到人群的从众心理，给新用户推荐热销商品其实是一种相对稳妥的方式，实际证明新用户在冷启动阶段对于热销品有更大的购买动力，而老用户则会更多考虑长尾推荐。数据收集到一定程度后，再将推荐数据转化为更为精细的个性化推荐内容。很多平台的发现页面就是通过这种方式去处理早期数据不全的情况。

第二种则是利用用户前期注册时留下的信息进行判断。目前很多平台都会在初始阶段让用户填写一些个人信息和兴趣爱好，这种手段在音乐或阅读类平台用的比较多。通过用户填写的信息来初步构建特征，进行商品推荐的匹配。除了用户本身在平台填写的信息外，目前绝大多数都会使用第三方账户登录，如微信、支付宝等。通过第三方账户登录，在用户授权的情况下也可以导入部分用户行为数据辅助分析用户特征。但由于信息的匮乏，这种推荐会造成颗粒度很粗，可能导致很大一部分用户看到的商品是完全一样的，但实际上他们还是有一定区别的。

此外也可以结合上面两种情况来获取信息，比如提供一些特定分类，如热销的商品，让用户进行喜好选择，根据用户的选择匹配相似的商品数据。这样冷启动时可以更好地提

供相对精准的推荐数据。不过这个方法对于前期提供
选择的商品集合有一定的要求，不能过分地从单一的
分类中获取商品，平台要提供品类更丰富的选项，以
便后续分析时可以更加准确。

上面讲到的是新用户冷启动的数据获取方案，除
了用户的冷启动，还有商品的冷启动。对于上新的商
品，我们缺乏对于商品购买人群的数据特征，这就需
要通过冷启动获取关联数据，如图3-18所示。获取

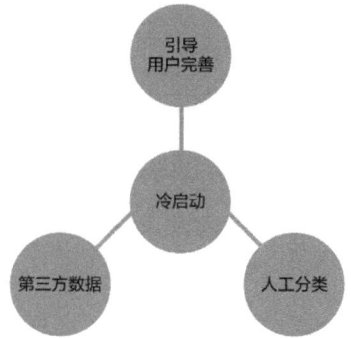

图3-18

数据的思路和用户冷启动所获取数据类似，最基础的方式就是提供特殊标签，如"新品"。
通过标签提高权重以达到展示推荐的目的。此外，由于商品的信息是由内部运营人员进行
录入的，因此我们可以通过人为的方式获取到更多商品的基础信息。推荐系统可以通过关
键词或者标签（Tag）的方式获取商品的关键信息，计算新品与老品之间的相似度来进行
推荐。

同时我们也可以通过获取第三方的数据来判断用户情况，如获取已安装应用情况，判
断性别、年龄和爱好等信息。总结下来，冷启动主要是通过3个方向获取数据：引导用户
自填、运营人工分类和第三方获取。

3. 推荐策略的"演变"

判断用户喜欢的商品并进行推荐就是建立人与商品的关系。以上提到的所有元数据
（包括人的信息和商品的信息）都需要根据推荐策略进行关联。推荐的策略发展至今，已
经由简单的概率分析延伸为现在比较流行的深度学习。我们讲到，推荐的核心就是建立人
与商品的关系，关系较近的则认为它们相关度较高，关系较远则认为相关度较低。在人与
商品的关系中还包含人与人、商品与商品的关系，由此构建出一个关系图谱。比如我们常
说的用户画像，就是设定人与人关系的基础数据。按照人和商品的维度，我们可以建立一
个二维的坐标系，根据坐标远近来判断相关度进而产生推荐的商品信息。由于推荐系统对
于算法的要求比一般的电商业务系统要高，因此这里更多从产品维度来介绍推荐策略和算
法的一些情况。如果大家想深入了解一些算法，可以自行研究。

上面说到，推荐策略即是判断人与商品之间的各种关系，关系越近则认为匹配度越高。
那如何去判断关系的远近呢？对于这个核心的问题的解决，推荐系统也一直在进行发展演
变，随着技术的提升，推荐系统也变得越来越智能化。

无系统推荐

在没有系统推荐的时候，推荐系统更多的是完成人工配置商品的过程。通过人工设定固定商品进行推荐，目前一些不具备推荐算法能力的平台依然会使用此类方法。这样的方式固然可以实现推荐商品，但效率和效果不佳，于是就出现了基于内容的推荐策略。

基于内容推荐

基于内容推荐的思路是将所有的商品、内容和人等基础实体进行标签标记，系统通过标记的商品属性特征进行分类，当用户进行购买时，系统通过购买的商品判断具备相同属性或者相似属性的商品集合，再通过消重、过滤等规则，完成最终的推荐列表。基于内容的推荐实际上是判断商品与商品的固定关系，我们以一个实例看一下策略的处理方式。假定平台上有一个图书商品库（包括商品 A、B 和 C 3 个商品），我们基于图书的相关信息为所有图书制订标签特征，包括但不限于图书名称、关键词、图书作者、图书分类、图书定价和图书关键字等。通过标签整理，我们能得到 3 个商品的特征集，见表 3-1。

表 3-1　　　　　　　　　　　　商品的特征集

商品	书名关键词	作者	分类	定价（元）	图书关键词
商品 A	经济、管理	张三	经济管理	10.3	经济危机、金融、股票
商品 B	经济、经济学、讲义	张三	经济管理	29.1	经济学、经济学原理
商品 C	幼儿、绘本	李四	启蒙读物	35.0	幼儿、绘本

如果用户购买商品 B，则购买完成以后可以推荐商品 A 给用户，因为商品 A 和商品 B 具备相同或相似的属性（包括书名、关键词、作者和分类等），而商品 C 则和商品 B 相差较远，因此不进行推荐。这里面一般是通过加权的方式来判断多个属性是否和购买商品的特征相似或相同，其中，加权以及消重等规则与搜索使用的方法类似。特别说明一下，推荐策略做加权同样需要考虑词频的因素，一般使用的概念是 TF-IDF（Term Frequency-Inverse Document Frequency）。TF 为词频，即关键词在当前文本中出现的次数，这里包括所有特征属性；IDF 为逆文本频率指数，指在所有文本属性中出现次数的倒数。计算方式是 TF×IDF，这项指标表示我们认为在当前文本中出现的高频词是高权重的，但如果该关键词在所有文档中出现频率都高，则认为该词不具备特殊意义，故而权重是很低的。如表 3-1 中的 "经济" 词汇，如果只在当前文本特征中出现次数较高，则属于高权重；如果在所有语料文本中都出现很多次，则认为它不应该代表特定意义，只是一个通用的词汇，权重应该降低。

基于内容过滤的规则比较简单，初期搭建时可以快速实现推荐功能的自动化，节省人力。但问题也是明显的,首先需要对所有的商品构建特征标签,工作量巨大,同时,由于推荐策略的颗粒度和构建特征的多少有直接关系,因此会造成颗粒度过于粗糙、推荐商品不准确的问题。如果平台本身不具备太多推荐算法的能力,可以通过人工配置加基于内容推荐的方式获取推荐的基本自动化能力。

基于用户行为推荐

基于固定的内容无法获取更加精准的推荐商品,那么我们可以换个角度来看待这个问题。我们把基于商品与商品的固定关系转变成参考人和商品、商品和商品之间的关系来进行推荐策略的构建,即基于用户的行为来判断商品的关系。

用户的行为具有复杂多变的特性,但不代表它没有规律可循。常见的基于用户行为的策略主要分为关联规则和协同过滤。

◀ 关联规则

关联规则是指通过收集的每个用户的一段购买数据,可以得出买过商品A的所有用户以及这些用户同时买了哪些其他商品,然后将这些商品合并就得出了一个同时被购买商品列表的排序。基于商品列表进行消重、去除低关联商品等,最终实现推荐商品列表输出。关联规则的核心策略就是计算关联度。关联度有两个常用指标:支持度和置信度。

- 支持度(Support):买过商品A、同时买过商品B的人数/总的人数。
- 置信度(Confidence):买过商品A、同时买过商品B的人数/买过商品A的人数。

计算公式:关联度=Support×Confidence。下面我们举一个例子,看一下算法是如何运行的。Alice购买了商品item1,这个时候我们想计算item5是否应该推荐。根据公式,我们来计算一下支持度和置信度。支持度Support=2/4,置信度Confidence=2/2,需要说明的是,计算时要除去Alice本人。这样我们可以得到Support=0.5,Confidence=1,因此item5对于item1的关联度就是0.5×1=0.5,见表3-2。

表3-2   计算关联度

	Item1	Item2	Item3	Item4	Item5
Alice	1	0	0	0	?
User1	1	0	1	0	1
User2	1	0	1	0	1
User3	0	0	0	1	1
User4	0	1	1	0	0

从上面的例子我们可以看到，通过关联度可以发现人们最常用的购买组合是哪些。这对于一些品类单一的商品结构是非常适用的，策略的逻辑本身并不复杂，对技术的要求也不会特别高。但从计算量上来看，它需要对所有的商品进行遍历计算才能获取所有的指标，这对于离线的数据挖掘成本来说过大了。

◁ 协同过滤

显而易见，将关联规则作为主要的算法是有些不合适的，我们需要寻找一个效率更高、成本更低的算法来作为主要的推荐算法，协同过滤就是目前主流的推荐算法。协同过滤的主要原理是运用群体的协同智慧，旨在通过一个群体的喜好判断来确定单体的特征和情况。这个群体既可以是用户群体，也可以是商品群体。

协同过滤有几个基本的假设：

- 用户会对物品给出评价（隐性或显性）；
- 用户偏好一定时间内不会发生变化。

协同过滤的处理主要包括两个部分：评测和群体搜索。我们来看一下协同过滤的处理流程，如图3-19所示。

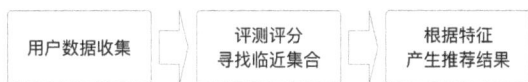

用户数据收集 ⇒ 评测评分 寻找临近集合 ⇒ 根据特征 产生推荐结果

图3-19

获取所有的用户信息，用户信息包括用户自行填写的内容、评价和消费记录等信息。对于新用户，可以通过冷启动的方式获取数据。同时要对用户的数据进行一些基本的预处理，主要的预处理为降噪和归一化。降噪主要是剔除一些异常数据，比如用户的误操作、未支付订单等；而归一化的目的是保证推荐结果在进行推荐计算的时候不会受到极值的影响而出现过大偏差。比如，订单的数量就远大于收藏的数量，需要将这样的信息通过处理变为一个相对合理的区间范围，一般会将归一化的数据分布变为［0，1］区间。常用的归一化方法有很多，比如对数归一、指数归一等。归一化的概念和地图的比例尺有些相似，其目的是在保证相对关系的情况下，将所有样本缩放到一定范围内，以便进行计算。

数据处理完毕后，推荐系统就会根据信息对用户或商品进行评估打分。这里面主要是基于已知的用户或者商品集合的信息，判断与当前用户或商品的相似度。推荐算法基于不同的相似度得到每个集合的分值，根据计算的分值判断与当前用户或商品的邻近群体。通过将邻近群体和当前商品或用户进行比对，完成推荐结果的输出。

相似度的计算也是推荐算法的核心，相似度主要是指当前群体和已知群体之间的邻近程度。邻近算法也是随着技术发展逐步发展起来的，这里我们以KNN算法为例来看一下邻近算法的原理。KNN（全称K-NearestNeighbor，K-邻近算法）意思是K个最近的邻居，指的是每个样本都可以用它最接近的K个邻居来代表。该策略的思路是通过指定一个数量范围K，判断最相似的K个商品具备的共有特征，则认为查询的商品或用户本身也具有这个特征。简单地说，就是认为你跟你附近K个最近的群体具有相同特征。

如图3-20所示，首先我们将所有的样本数据与当前需要比对的样本进行距离测算，根据测算距离生成一个由近及远的列表。所有样本比对完毕后，从当前列表中选取K个样本并判断当前样本中多数项的属性特征，将该属性特征赋予被比对的商品，完成推荐结果输出。我们通过图3-16来看一下邻近算法的运行原理。当范围K选取的是值C1时，我们认为当前比对样本的特征应该是圆形，因为在范围内圆形占多数项；而当我们把范围K的值调整为C2

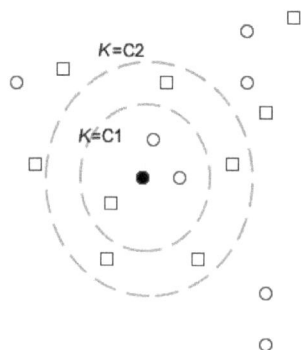

图3-20

时，我们发现比对样的特征变为了正方形，因此KNN的邻近算法会因为K的选取范围而使结果产生巨大变化。

虽然目前的主流协同过滤还是使用计算相似度来进行推荐，但策略上已经发生了变化。协同过滤按维度分为基于用户维度和基于商品维度。基于用户维度（User-Based：Row Similarity）是指以用户为参照物来判断和当前用户相似的用户群体的喜好，从而向当前用户推荐相似用户群体喜好且当前用户未曾购买的商品。如果我们把用户和商品的关系列为一个矩阵，则按用户维度来看，它也可以看做是行相似性。从表3-3中可以看到，用户A购买时，通过查询比对，发现用户A和用户C是相似群体，因此根据用户C的特征推荐商品D给用户A。

表3-3　　　　　　　　　　　　　　基于用户维度推荐商品

用户/物品	物品A	物品B	物品C	物品D
用户A	√		√	推荐
用户B		√		
用户C	√		√	√

基于商品维度（Item-Based：Column Similarity）也叫作基于项目维度，项目通常

指除人以外的实体，在电商平台中，则代表商品维度，而在新闻、音乐类平台中则代表其他的实体。与基于用户维度不同的是，基于项目维度是以商品（下面将"项目"统一称作"商品"）为参照物来判断找到和当前物品偏好相似的物品，然后根据用户历史的喜好情况推荐相似品。我们还用上述的这个关系矩阵来看基于商品维度的处理方式。购买商品 A 的用户和购买商品 D 的人群很相似，因此当用户购买 A 时，我们可以推荐商品 D 给用户，见表3-4。因此基于商品维度又叫作列相似性。

表3-4 基于商品维度推荐商品

用户/物品	物品A	物品B	物品C	物品D
用户A	√		√	推荐
用户B	√	√		√
用户C	√		√	√

两种维度的算法各有优缺点，衡量使用哪个算法的标准主要是选取参照物较少的维度。例如，电商平台相对于庞大的用户群体来说，商品相对固定，商品之间的关系变化也较少，因此以商品为参照物可以大大减少计算的量级和复杂度；而新闻类则相反，用户相对于内容来说更为稳定，则使用用户为参照物，处理起来更为便捷。同时，基于商品维度的算法相对于基于用户维度的算法，其结果集更为稳定，但丰富性相对较低。因此，如何取舍要依赖于平台对推荐的实际业务要求。更多的时候可以使用混合算法，即按照一定的配比，从多种算法中获取商品，并进行去重、加权和排序等。

一般来说，在使用协同过滤算法的时候有几个技巧。

- 低频的物品可以过滤，减少杂质对整体计算的影响。
- 降低高频热门物品的权重，避免出现大量重复推荐、显示高频商品的问题。
- 打分的分值可以随着时间的递进而衰减，即越靠近当前越高。

这里简单介绍几种算法的公式，具体的算法细节可以自行搜索了解。

Cosine-based Similarity（余弦相似度）：常用于计算文档数据相似度。

$$\text{sim}(\boldsymbol{i},\boldsymbol{j})=\cos(\boldsymbol{i},\boldsymbol{j})=\frac{\boldsymbol{i}\cdot\boldsymbol{j}}{\|\boldsymbol{i}\|_2\cdot\|\boldsymbol{j}\|_2}$$

Pearson Correlation Similarity（皮尔逊相似度）：计算两个定距变量的相似度。

$$\text{sim}(\boldsymbol{i},\boldsymbol{j})=\frac{\sum_{u\in U}(R_{u,i}-\bar{R}_i)(R_{u,j}-\bar{R}_j)}{\sqrt{\sum_{u\in U}(R_{u,i}-\bar{R}_i)^2}\sqrt{\sum_{u\in U}(R_{u,j}-\bar{R}_j)^2}}$$

Adjusted Cosine Similarity（校正余弦相似度）：修正了余弦相似度算法对于绝对数值不敏感的问题。

$$\text{sim}(\boldsymbol{i},\boldsymbol{j}) = \frac{\sum_{u \in U}(R_{u,i} - \overline{R}_u)(R_{u,j} - \overline{R}_u)}{\sqrt{\sum_{u \in U}(R_{u,i} - \overline{R}_u)^2}\sqrt{\sum_{u \in U}(R_{u,j} - \overline{R}_u)^2}}$$

4. 推荐系统架构

推荐系统按照处理流程可划分为若干层。从效果来看，业务特征加特殊特征的精细度决定效果的最终上限，结构如图3-21所示。

- 特征层：负责沉淀所有特征内容。
- 样本层：提供样本选取和训练。
- 模型层：提供模型算法。
- 召回层：负责召回数据。
- 排序层：提供打分、排序和去重等功能。

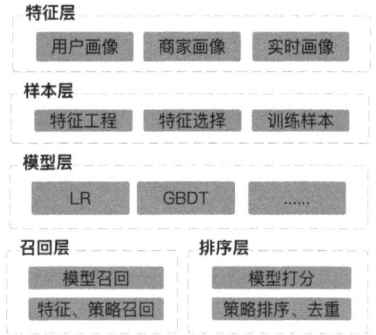

图3-21

3.2.3 本期系统交互情况

由于引入了搜索和推荐系统，用户在查找商品时，平台能够更精确地提供用户想要的商品信息，有效地提高了用户选品的效率。搜索对所有相关商品数据（包括但不限于商品，还有订单、促销和访问统计等）进行遍历计算，完成后存入搜索库中，当前台用户从相关页面访问时，判断用户身份，根据用户情况对搜索的关键词和内容进行处理加工并返回最终的搜索结果。

推荐的流程也大致相同，根据商品的基础信息分析用户的购买习惯和倾向，根据前台用户端返回的浏览信息进行判断。用户端根据返回的推荐信息进行展示，引导用户购买。

这里，搜索推荐的商品主要考虑系统计算的逻辑，图3-22中没有涉及人为调控管理的后台，因此从使用角色上看，并没有增加额外的人员编制。但如果业务需要，可以根据情况提供后台，以便运营专员进行人为的调控（比如搜索置顶）。另外，广告的行为也没有涵盖在当前图中，原则上由广告系统提供商品信息，按照约定的权重展示广告并统计流量。

结构变化后如图3-22所示。

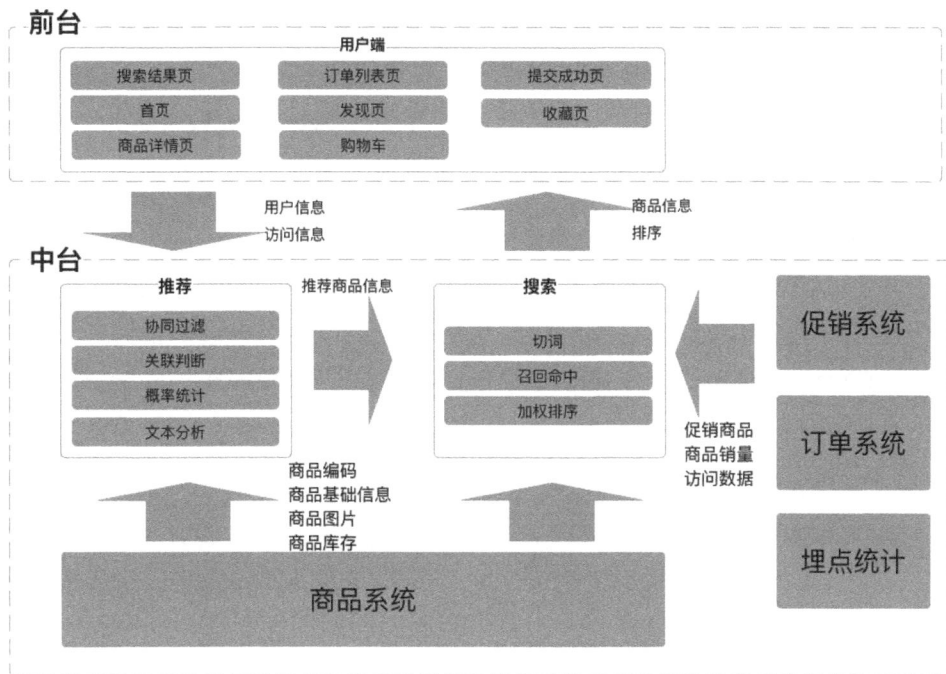

图 3-22

3.3　增加商品售卖形式

3.3.1　促销系统

从百度百科上可以搜索到，促销的定义是这样的：促销实质上是一种沟通活动，即营销者（信息提供者或发送者）发出作为刺激消费的各种信息，把信息传递到一个或更多的目标对象（即信息接收者，如听众、观众、读者、消费者或用户等），以影响其态度和行为。

根据定义，我们利用 5W2H 方法对促销进行拆解，促销的元素主要有几个部分：

- 商品信息（What）；
- 促销规则（How，Why）；
- 定向用户（Who）；
- 发放渠道（Where）；
- 活动计划（When）；

- 投入成本（How Much）。

这里面和促销系统紧密相关的主要是商品信息、促销规则和定向用户，发放渠道、活动计划、投入成本因为涉及较多系统和角色的参与，这里不做展开说明，下面说的主要是商品信息、促销规则和定向用户。

1. 促销系统的核心功能

根据上述分析，促销系统是解决将商品按照一定的方式和玩法售卖并告知用户，刺激用户加大消费力度的管理系统。将促销系统按模块拆分，它主要分为3部分。

- 促销活动：活动投放的设置管理，负责提供活动方式和商品内容。
- 促销规则：促销规则的设置管理，负责提供促销玩法。
- 优惠券：负责优惠券管理，提供一种相对独立的促销形式。

从大的维度来看，优惠券也是促销的一种方式，促销规则也和优惠券的使用有一定关联。这里我们把优惠券也归类到促销系统中，在实际功能设计时，优惠券也可以独立于促销系统进行单独处理。

2. 促销活动

促销活动的基本属性管理，主要功能包括以下几种。

- 商品选择：参加促销的商品，分为活动商品和赠品两种。
- 促销类型：何种促销方式。
- 规则选择：具体促销规则的参数。
- 投放时间选择。
- 投放区域选择（O2O必选项）。
- 打标签：商品数据打促销标识，前端显示促销标签。

3. 促销规则

促销规则是促销系统核心中的核心，也就是俗称的VIP中的P。一个促销系统的好坏取决于促销规则设计是否合理，促销规则又间接受其他相关系统的制约。

促销规则有几个维度的划分：平台、商品种数和促销方式。

以平台为维度划分为：自营促销、POP平台促销。

以促销类型为维度划分为：单品促销、集合促销和店铺级促销。

单品促销：以单个商品为维度进行的促销叫单品促销，例如限时抢。

集合促销：通过商品集合来满足促销规则的促销叫集合促销，例如满额减。

店铺级促销：以商家店铺为维度进行的促销叫店铺级促销，例如店铺级满额折。

以促销方式为维度划分为以下几类。

- 直减类：限时抢、直减、多买多折、VIP专享价和手机专享价等。
- 送赠品类：满赠。
- 换购类：加价购、凑单等。
- 满额类：满额减、满额折等。
- 返券类：满额返券。
- 组合优惠类：套餐。
- 预订类：团购。

这里优惠券形式和其他促销规则有共同的地方，就不单独列出来了，具体优惠券系统我们会在后续章节详细介绍，这里简单提一下需要注意的内容。首先，在制订规则时要考虑购买时活动之间的共享与互斥，原则上所有的商品不可以同一时间参加两项活动，应按照一定的优先级完成用户的优惠享用 [例如单品 > 组合 > 品类 > 整单（或店铺），满减优先级大于代金券，优惠金额多的规则优先，等等]。但有两种情况可以例外：

（1）价格类直减和满额促销可以共享，可以使用优惠后的价格来计算满足金额；

（2）优惠券和部分促销类型可以共享，具体的情况要看业务实际过程中毛利的情况和考虑来决定。

优惠券是以券的方式实行促销优惠的，优惠券管理需要设置生效时间、使用次数和发放方式等优惠券优惠形式。

优惠券也有几个维度的划分：品类、平台和促销类型。

- 品类：按照类目品类区分。
- 平台：分为自营和店铺、全场。
- 促销类型：满减、直减。

关于优惠券，有几个需要注意的事项。

（1）优惠券的"使用"定义，一般情况下会在生成订单后去绑定优惠券使用，在退单时退回优惠券。

（2）优惠券回退情况分为部分退和整单退。部分退是只退回分摊在商品上的金额，当不满足优惠券使用门槛时，考虑到用户体验，一般不会重新计算订单金额，还是允许用户继续使用优惠券。

（3）分摊金额除不尽时，一般会有一个商品比其他的多分摊少量金额，取小数两位即可，四舍五入还是直接舍去，需要同后端报表等金额规则一致。

4. 促销的关系图谱

促销系统作为电商、O2O的核心系统，和各个系统之间的关联甚密。这里我们列举了一些和促销有关系的主要模块和系统体系。在有些公司，可能部分模块不属于同一体系，这里为了方便归类认知，将它们放在了一起（比如订单结算）。可以看到，订单、商品是和促销关联最紧密的，用户端则通过API获取到促销的信息。几乎前端大多数主流程页面都需要和促销系统做联动。

接下来，我们就模拟一下一个公司发展过程中逐步完善促销功能的"进化"过程。

5. 初步搭建

电商或O2O搭建之初，能够支持的促销形式比较单一，一般会选择直减类型的限量购，比如特价商品，这时促销系统需要支持以下功能。

（1）商品

- 促销商品的选择。
- 促销价格的设置。

（2）库存

- 锁定促销库存还是和普通价格的商品共享库存（促销系统、库存系统/商品系统）。
- 库存管理是在库存系统中还是在商品系统中。

（3）活动

- 促销活动的投放设置。
- 适用群体设置：新用户、老用户，初期可不做限制。
- 促销规则关联。
- 促销展现形式的处理。

（4）促销规则

- 支持商品直减促销价。
- 支持限量购，超出部分恢复原价。

上述功能实现了初期促销系统的雏形，在实际实现过程中，考虑到一些客观因素，会有一些折中的情况。

- 活动设置时只支持全场概念，初期可不区分过多区域。O2O可以考虑只支持单店模式，不支持全场模式。

- 商品系统如果不完善，可以考虑部分信息放在促销系统中设置（比如价格）。管理多个商品的时候，初期可以考虑用 Excel 上传的方式。

- 业务上考虑避免 SKU 毛利过低，直减促销形式搭配限量购（如特价商品限售一份），规则设计时要考虑是否将两种规则融合成一种规则，避免后期扩展时交叉逻辑特别多。

- 适用用户在前期可只区分新、老用户两种，如果工期较紧，可以不做区分，后期补足。

- 促销规则方面，电商系统一般会将每种促销功能单独定制，O2O 逻辑相对简单，也可以考虑做一个通用的规则库来选择。

6. 升级改造

初步尝鲜后，业务人员尝到了甜头，希望进一步扩大可以操作的促销玩法，提高订单的 SKU 数，满额类促销的需求随之到来。相对于之前做的直减和限量购这些单品级促销来说，满减属于集合促销，逻辑上更为复杂。为了满足这个需求，功能上需要升级为 2.0 版本。

（1）活动

- 活动上增加规则优先级制订：共享、互斥的逻辑。

- 考虑毛利和业务场景等因素，集合促销需要关注可选商品的适用范围：品类、平台等。

（2）促销规则

增加满减规则。

（3）订单

- 集合级促销订单的优惠金额需要分摊到品。

- 退单时考虑按品分摊金额进行退款。

（4）用户端

在购物车、结算页增加集合促销享受提示，独立于商品之外。

7. 优惠券出现

平台进入了高速发展时期，为了能够进一步提高拉新的效果，业务人员提出了优惠券（也叫红包）的诉求。同时，为了配合优惠券的站内推广和提高复购率，增加满返促销的形式。

（1）优惠券

- 增加优惠券：满减券、直减券等。
- 添加生成规则：门槛、区域、优惠券金额、适用品类和平台等。
- 添加发放规则：放发渠道（直投用户账户、兑换码和微信红包等）和领取规则等。

（2）促销规则

增加满返促销规则，返优惠券。

（3）订单

- 增加优惠券金额分摊。
- 退单时退还优惠券使用。

（4）用户端

支持分享功能，提供微信红包分享。

（5）商家

- 考虑平台券和自营券的区分。
- 支持店铺设置发券。

由于优惠券的引入和商家概念的增加，促销系统变得复杂起来。这里简单介绍一下优惠券和促销的关系和相关考量，详细内容会在后面的章节重点介绍。

- 优惠券使用范围的确定要考虑全场券和商家、自营的互斥使用，优惠券和部分促销活动的互斥使用（如满减和优惠券等）。
- 在退单时，部分退和整单退的情况下，优惠券金额如何处理原则上部分退后，即使不满足门槛，也不会取消未退商品的满减金额。
- 红包的发放要考虑领取数量限制，门槛的设置也要考虑到风控的因素，避免出现减完金额变成0这种情况。

8. 从让利到赠送

过了一段"平静"的时间，业务人员又有了新的想法：满赠需求。不过现在的促销系统在结构上已经比较完善了，"哪里没有加哪里，so easy"。

- 促销规则：增加满赠促销方式。
- 商品：增加赠品属性，促销活动可以选择赠品类型商品。
- 库存：增加赠品库存管理。
- 订单：退单时退还赠品。

• 用户端：显示赠品提示。

需要考虑的是，当赠品赠完时，满赠活动应该下线，此时享受满赠的商品是否还继续售卖。

3.3.2　优惠券系统

优惠券指的是以纸质或者电子的方式进行发放，用户领取后使用它可以降低产品价格的券种。这里讲的优惠券也可以叫作促销券，是一种泛泛的叫法，通常意义上，红包、代金券等都可以归为优惠券。

作为主要的营销手段和方式，优惠券在电商平台中有着举足轻重的作用。领券下单已经成为用户购买行为的一个固定模式，因此优惠券相当于营销的"引路人"。从逻辑上来看，优惠券其实是促销活动的简易版本，虽然不像促销一样多种多样，灵活多变，但其优点也是显而易见的。优惠券具有推广传播性强、营销方式通俗易懂和优惠简单直接等特点，一直是众多运营人员最常使用的拉新、促活手段。接下来我们看一下完整的优惠券系统都具备哪些组成部分。

1. 优惠券属性解构

优惠券在发放前要进行基础属性的配置，合理的优惠券发放系统不只是配置优惠券的数量和金额即可，还需要设置很多相关的参数。我们接下来看一下优惠券都有哪些属性，如图3-23所示。

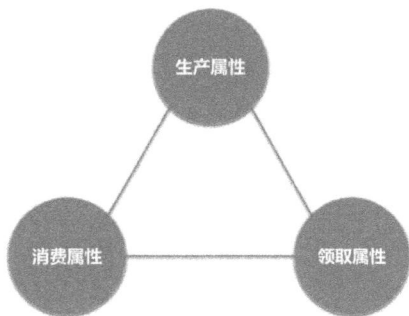

图3-23

• 生产属性：批量生产优惠券的属性，包括预算方、优惠券名称、优惠券发放张数、优惠券有限期和优惠券种类等。

• 领取属性：用户领取时需要满足的条件和要求，包括用户类型、新老客、领取限量和领取时间等。

• 消费属性：用户消费时进行订单优惠，包括优惠券金额、优惠券使用范围和优惠券有限期等。

3种不同类型的属性在不同场景中使用，比如生产属性主要在生产优惠券时使用，领取属性主要在用户领取发放时做判断使用，而消费属性主要是用户在下单消费时判断使用。当然有一些属性可能属于多种类型，在不同场景下会重复使用。

2. 优惠券的分类

优惠券的种类是多种属性的集合，通过种类可以判断出它具体如何使用。优惠券按照不同的维度有若干种分类方法。

按优惠方式分为以下几种。

- 直减：减 X 元。
- 满减：满 X 元优惠 Y 元。
- 满折：满 X 元打 Y 折。
- 满返：满 X 元返 Y 元优惠券。
- 随机红包：设定红包优惠金额范围，用户领取时随机直减 X 元。

按使用范围分为以下几种。

- 订单型优惠券：按照订单维度进行优惠判断，即单个订单满足条件即可使用。
- 商品型优惠券：按照商品、品类进行优惠判断，即满足优惠券使用的商品或者品类范围才可以使用。
- 其他用途优惠券：非订单商品的优惠都是该范畴，如运费减免券。

按平台分为以下几种。

- 全场通用券：所有商品都可以使用。
- 自营优惠券：只有自营商品才可以使用。
- 商家优惠券：只有具体商家的商品才可以使用。

按用户属性分为以下几种。

- 新客优惠券：只有第一次消费的用户可以领取和使用的优惠券，主要用来拉新。
- 首单优惠券：用户第一单使用的优惠券，这里区别于新客的概念，首单用户是指注册以后一直没有下单的用户，新客则可能是某个店铺的新客。

不同维度、不同类型的优惠券在实际使用中是叠加出现的，比如自营商品的直减券可以按照订单维度设置条件使用。

3. 优惠券营销行为解构

优惠券的运营过程

想要了解优惠券系统，首先要明白优惠券的整个运营过程。在每次发放优惠券的过程中都要经历几个步骤，如图3-24所示。

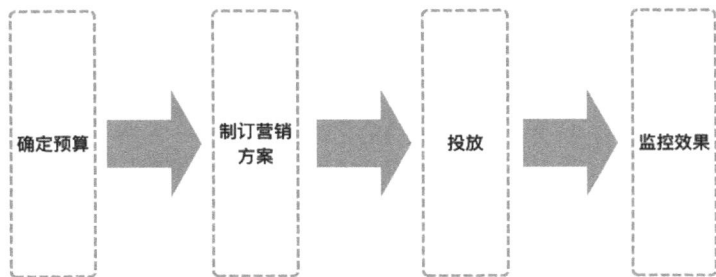

图3-24

● 确定预算：确定本次投放的营销行为预计花费的资金和资源情况，理论上每次营销活动都需要按照固定预算进行，超出预算的营销活动申请将不被授权执行。

● 制订方案：根据预算的情况制订对应的营销方案，包括时间、地点和人群等。

● 投放：按照指定的方案将优惠券投放到不同的渠道中，并对每个渠道建立监管机制。

● 监控效果：对营销的数据（包括但不限于订单、人数等）进行监控，并根据监控情况作出预警和评估，以便下次活动参考。

将流程细化后，我们可以归纳出几个模块，如图3-25所示。

● 预算管控：负责预算环节的所有审批、管理工作，方便运营人员掌握和操作自己部门的经费。

● 营销管理：负责制订各种营销活动的基础信息和策略，作为投放时的标准和用户使用的方法。

● 渠道投放管理：负责管理各个渠道的情况，由于不同渠道可能对营销策略和基础信息有一定的要求，因此渠道投放也会衍生出不同的玩法和规则。

● 效果监控：对活动生效期间所有的数据进行监控，确保不会超量，活动结束时对效果进行评估。

预算管控

预算管控主要有两个部分：预算的分配和消耗管理。在每个财年或者季度开始前，需要将各个部门确定的预算分配到对应部门的账户中，同时可以对预算消耗的情况进行监控。原则上，优惠券的预算属于用户补贴范畴，即将现金补贴给用户，在计算时应按照折算的补贴金额扣减预余额。预算对应的内容主要包括：

● 预算所属部门；

● 预算金额；

- 预算开始时间；

- 预算结束时间；

- 预算余额。

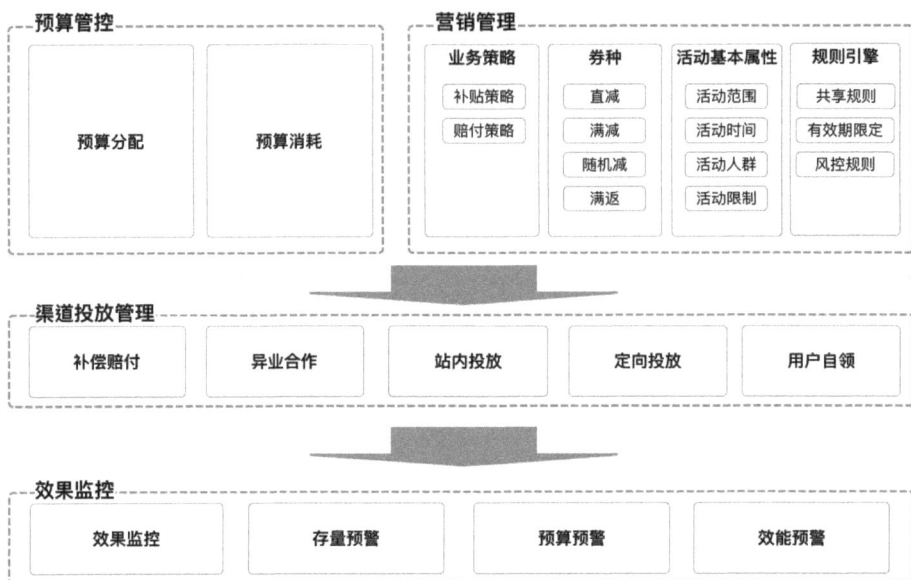

图3-25

营销管理

营销方案的确定是优惠券投放的关键，如何生产优惠券依赖于方案的规则。我们在讲具体模块之前先讲解一下优惠券生产的过程。优惠券的生产通常是按照批次进行的，每个批次对应着创建的活动。而所有的营销方案制订都是落在活动上进行管理的，通过对批次的优惠券进行跟踪来判断当前活动执行的效果。同一批次下的优惠券类型是一致的。而根据制订的不同活动方案，系统可以根据实际业务场景的需要，以自动或手动的方式生产优惠券，处理的流程如图3-26所示。

这里需要说明的是，规则判定和业务策略这两个模块主要用来保证发券的有效性和合理性，起到合规的作用。

◄ 规则判定

我们先来看一下规则判定，规则判定是指对发券过程的校验和规范，所有的规则和规范都是基于券种进行的。首先，由于用户在进行一次购买时可以同时享受优惠券、促销等多种优惠，考虑到成本和用户体验，一般不同种类的优惠行为会遵守互斥和共享的规范约定，避免出现毛利低或为负的情况。原则上同一笔订单只允许使用一张优惠券，一旦选定后则无法使用其他优惠券（包括所有类型）。而优惠券和促销之间则是共享的关系，互相不冲突。

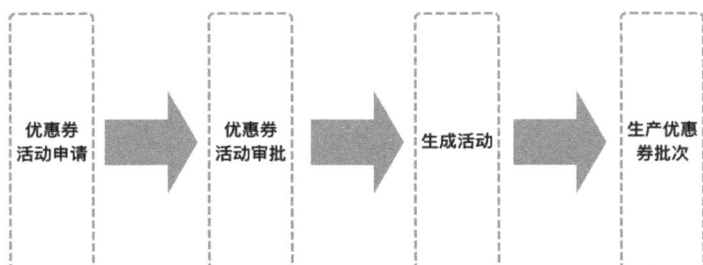

图3-26

其次是有效期，所有发放出去的优惠券都有固定的有效期。有效期包括两个，一个是发放领取的有效期，即用户什么时间可以领取优惠券，这个时间是运营人员在后台设置的，原则上不应该过长，一般不大于90天；另一个则是优惠券的使用有效期，即在什么时间用户消费时可以使用该优惠券，它也是可以在后台设置的，一般不大于7天或为固定的促销周期（如双十一期间）。

最后，优惠券在交易时等同于平台补贴，是真真切切的真金白银，因此对恶意套现的行为要进行严格的把控和限制。在后台设置优惠券减免金额时，要对毛利进行判断，避免出现减免为0元或者负毛利的优惠券。配置领取时用户需要遵循限量的规则，包括同一批次的券限领几张或者每人每天限领几张。

◀ 业务策略

相比规则判定，业务策略则更偏向业务运营时的考量。业务策略主要是补贴策略和赔付策略。

补贴策略主要指为了向用户让利，相关方提供金额补贴，最终确定优惠力度的方案。补贴出资方包括平台、商家和代理商等。补贴的好与坏决定毛利、GMV等诸多核心指标。电商公司大多是由代理商或者商家进行补贴发券或者开展促销活动，而O2O由于行业特性，会出现较多平台自身提供补助的情况。目前很多平台都支持营销托管，因此，如何合理制订补贴策略也是营销成败的一个关键因素。

补贴策略的核心就是提高营收，我们以新客补贴为例来看一下策略的逻辑。新客补贴的目的是拉新，其主要手段就是新客优惠券。拉新的目的是让新用户带来整体平台的收入流水增加。收入流水的计算公式是：

$$销售额 = 购买人数 × 客单价 = 访问人数 UV × 转化率 × 客单价$$

由此我们可以看到，提高整体平台的新客收入，主要决定于 3 个方面——人数、频次和消费能力，而补贴也是通过这 3 个指标来判断是否合理。

人数主要是看来访的 UV 基数是否足够，这个环节可以通过提高曝光率来进行调整修正。频次代表购买的频率，包括单日购买人次和单人复购次数，即转化率和复购率。消费能力则是单个用户平均购买金额，即客单价。

转化率指新客下单的转化率，转化率越高则新用户对于营收的贡献越高，低转化率的商品或者商家则无法带来高营收的基础。转化率的公式是：

$$转化率 = \frac{下单新客 UV}{访问新客 UV}$$

而复购率代表质的变化，活跃用户持续下单产生复购，以确认新客完成拉新后可以持续提供营收支撑，僵尸新客是不能够提供持续回报的。复购率的公式是：

$$复购率 = \frac{下单且复购的新客 UV}{下单新客 UV}$$

客单价则代表用户的平均消费能力，用户消费能力越强则贡献流水越多。客单价的公式是：

$$客单价 = \frac{新客下单总金额}{新客订单数}$$

我们设定一个固定的补贴范围 $[a, b]$，所有补贴金额不可以超出当前范围。上述 3 项指标高的商户或者商品应该享受更多补贴力度，依照指标高低进行打分并按照分数计算补贴金额。我们用 X_i 表示实际补贴金额，Y_i 表示指标集合按照权重计算出的商家或商品的分值，通过计算的分值来算出应该比最低补贴金额 a 多出的金额数且该金额不能高于 b。整理后公式如下：

$$实际补贴金额 X_i = a + Y_i^t(b-a), \quad Y_i = N_1 M_1 + N_2 M_2 \cdots$$

其中，N 是各项指标因子的权重值，M 是根据指标计算的分值（分值可以用排名、金额等方式进行计算，分值应该在 $[0, 1]$ 区间内），而 t 代表一个变量因子，它确保曲线的斜率，该因子越大曲线向下越深，则头部享受高补贴的商家或商品越少，这样可以有效地控制总补贴费用，确保不会出现超标的情况。具体 Y_i 中包含多少因子，可以根据实际情况进行增加或减少。本书讲到的策略逻辑是基本逻辑，更深入的探讨则需要对机器学习的算法有进一步的优化，这里不做详述，大家如果有兴趣可以自行了解。

赔付策略的原理与补贴策略的原理相似，不过没有这么复杂的计算。赔付的目的是消除用户的厌恶情绪，提高用户体验，但同时也要避免恶意索赔的情况，因此，赔付的原则也是在给定的区间范围内进行赔付金额和数量的设定，同时，当达到某些条件时（如赔付优惠券总数量超限、赔付总金额超限、单个优惠券金额过大或同一订单重复赔付等）需要进行人工过审，确认后方可进行优惠券赔付。赔付的优惠券会直接放入对应用户的账户内，不需要单独领取。

渠道投放管理

制订完营销方案后，我们就需要向各个渠道进行优惠券投放，投放渠道不同，优惠券也有所区别。渠道主要分为5类，如图3-27所示。

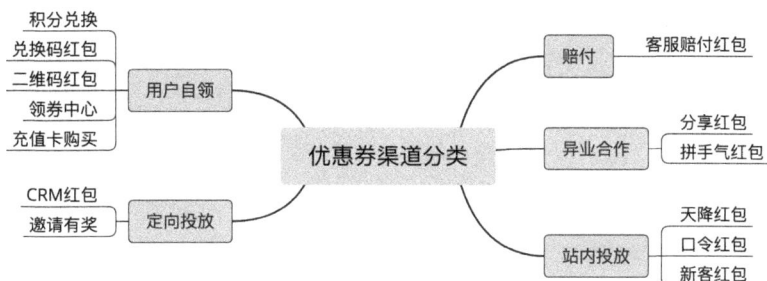

图3-27

- 赔付：用于客服理赔使用。

- 异业合作：和其他业态或平台进行合作，优惠券互换，滴滴红包可以领饿了么的优惠券就是这种形式。

- 站内投放：在站内相关页面按照一定规则投放给用户，比如外卖的天降红包就是这种类型，用户登录后，系统根据规则自行弹出弹窗，发放用户天降红包。

- 定向投放：通过工具进行定向人群投放，常见的有CRM（Customer Relationship Management，客户关系管理）红包，关于CRM的投放逻辑，我们在后续章节会进行详细说明，此处不做展开讲解。

- 用户自领：用户通过优惠券领取页面或者领券中心自行领取，该方式包括用户点击领取和输入兑换码领取两种途径。

所有红包都需要记录投放的来源，以便后续统计评估效果时使用。同一渠道下多次领取同一类型优惠券时，也要考虑金额的处理，比如拼手气红包在用户第二次、第三次领取的时候，要根据新老客、领取次数等条件对红包金额进行裁减，确保补贴能够利用最大化。

确定所有的方案和投放渠道后，就需要根据设定的规则和信息批量生产优惠券。前面我们讲到，所有的优惠券都是按照批次生产的，每个批次的优惠券会绑定到一次活动上，活动的创建会进行审批，审批通过后会按照要求自动生成优惠券批次，后续在评估效果时可以按活动维度进行统计，如图3-28所示。

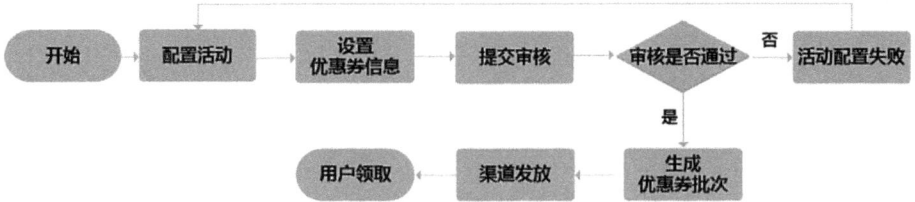

图3-28

效果监控

投放出去的优惠券需要根据效果进行监控，同时需要确保投放过程的健康程度，为此需要搭建监控平台。监控平台除了要对预算使用产生的效果进行监控、评估，还需要对异常情况，如券库存不足、部门预算不足和投放效能过低等行为进行预警，确保投放质量。因此总结来看，平台主要实现两个功能：监控、预警。

监控是按照部门或者区域来划分预算的，每个部门或区域投放的补贴金额对应产生的GMV就是投放的最终效果。查看的指标包括预算分配、预算总额、预算余额、已使用预算金额、设定指标、已产生GMV和未完成GMV等。这里说的预算都是平台补贴预算，商家自身的补贴不在此范畴内。

预警主要是针对预算使用进行预警，包括以下内容。

● 存量预警：对已发的优惠券活动进行监控，消耗过快则要提出预警，以便人为判断是否追加预算补贴投放。

● 预算预警：判断预算余额是否已经达到临界值，余额过低则不允许创建新的活动和进行优惠券投放。

● 效能预警：对于低效能的投放，通过监控提供商户列表或商品列表，可以根据监控数据人为判断是否暂停投放。

关于低效能的预警，判断时一般会比对未实施补贴的商户或商品GMV增速，如果实施补贴后依然未能达到或超过未实施补贴的商品或商品GMV增速，则可以初步判断为低效能补贴行为。此类情况应该汇总后推送预警。

3.3.3　本期系统交互情况

平台增加促销和优惠券系统，为运营提供更多有效的手段。优惠券系统提供发券返券能力，相关系统根据情况提出发券请求，优惠券系统根据需求将优惠券发放到用户的账户中。而用户打开相关页面时会请求促销系统获取促销信息和优惠券信息，用于购买流程等相关流程使用，结构如图3-29所示。

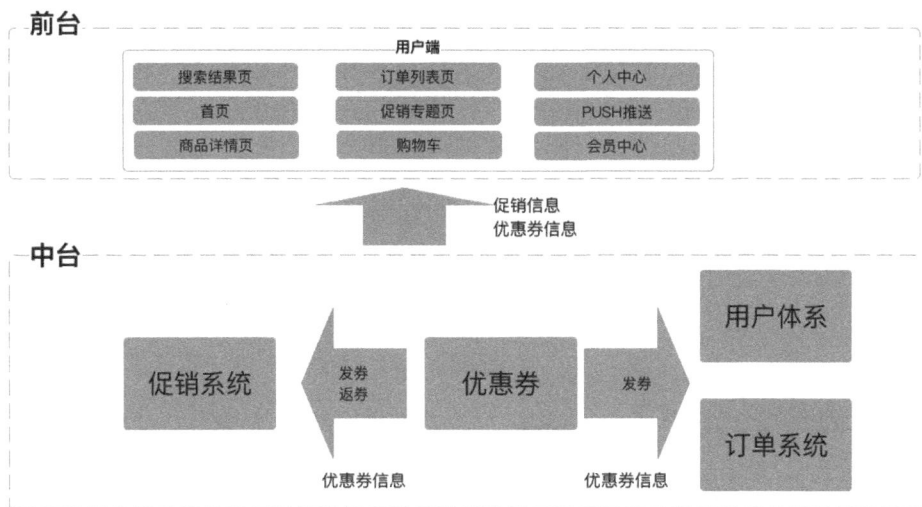

图3-29

由于增加了促销系统和优惠券系统，在运营角色上需要增加促销专员、优惠券专员，不过目前阶段两个职位合并在一起也是可以的。每个专员发送多个批次的优惠券给用户，优惠券以一对一的形式放入用户的账户中。用户下单时可以根据拥有的优惠券选择使用。促销活动也是如此，每个促销专员管理多个促销活动，同一个促销活动中可以允许出现多个商品。用户在下单时，订单根据商品确定支持参加哪些促销，同一个订单允许同时多个促销生效。E-R图如图3-30所示。

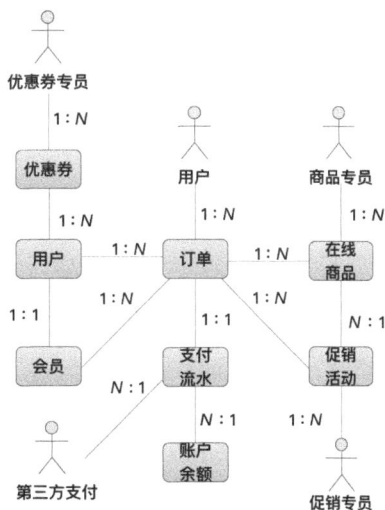

图3-30

3.4 提高线上运营能力

3.4.1 CMS系统

如果说用户端是电商平台的"门脸"，那CMS就是装点门脸的"化妆品"了。拥有一套好的CMS，对页面展示乃至交互都是质的提升。CMS不只是一套简单的工具，更承载着表达运营诉求和导向的航标。

CMS全称是Content Management System，中文意思是内容管理系统，它主要用于运营人员根据业务需求动态配置用户可见的页面信息。配置过后的页面可以按照运营人员的要求展示不同形式、不同内容的商品。

这里面要说明的是，CMS的主要核心功能是动态配置页面，但不是所有平台的页面都可以由CMS配置。业务逻辑越复杂的页面越无法使用CMS进行配置，这种页面多数需要单独进行建立、处理，如购物车、结算页等。而展示方式复杂多变但业务逻辑较少的页面多数通过CMS进行配置，比如首页、促销专题页等类似的商品集合页面。

1. 页面结构分解

CMS之所以可以动态配置运营的商品，是因为它已经将页面的所有元素进行了分解，分解后的各部分可以进行独立管理配置。之后，CMS再将所有的元素组装整合，从而形成我们看到的千姿百态的页面内容。这里用一幅图来表示页面构成的核心原理和元素，如图3-31所示。

图3-31

用一句话来说，就是把各式各样的组件按照指定的样式进行渲染，并填充好对应的商品数据，按照规定的布局拼装并展示。这么说可能比较抽象，举一个具体的例子来看一下页面中有哪些元素。

图3-32所示的每个楼层都是按照一定的排列方式进行展示的，这种排列方式我们叫作布局或者模板。一般意义上每一行都可以称作一个楼层，整个页面的布局就是由多个楼

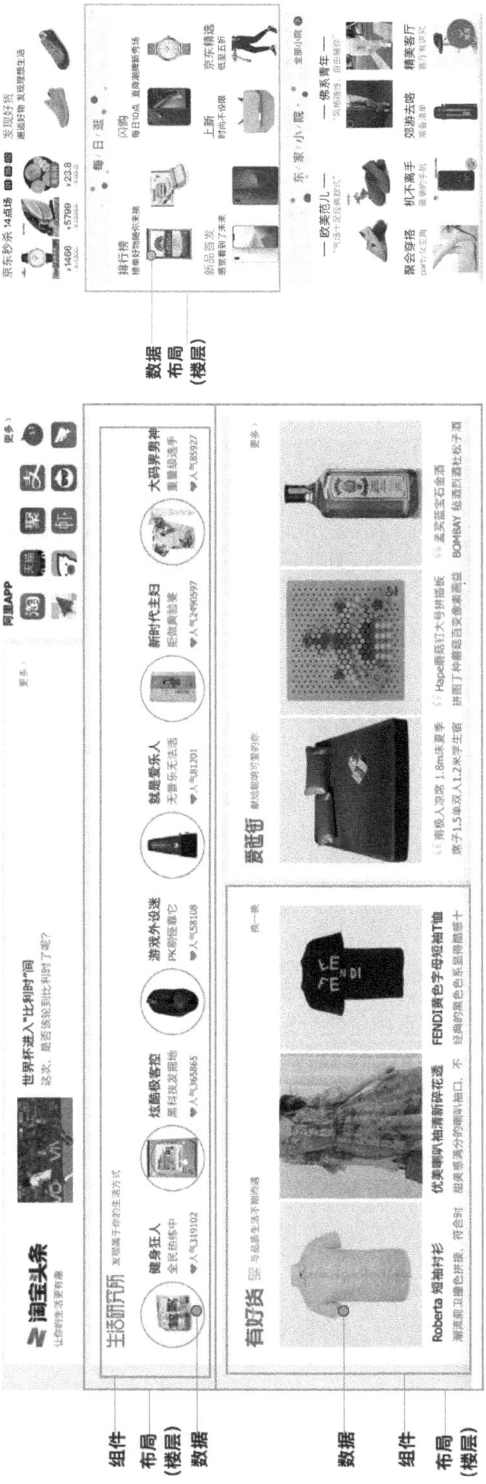
组件
布局（楼层）
数据
数据
组件
布局（楼层）
数据
布局（楼层）
淘宝头条
生活研究所
有好货
爱逛街
阿里APP
京东秒杀
发现好货
排行榜
闪购
新品首发
上新
京东精选
欧美范儿
佛系青年
聚会穿搭
机不离手
郊游去哈
精美客厅

图 3-32

层组合而成的。每一个楼层内都可以包含若干组件的组合，考虑到美观问题，一般同一楼层的高度是一致的，使用的组件也需要高度一致。确定组件类型以后就需要将数据填充到组件中，数据也叫素材，来自不同的渠道和系统，按照组件的要求进行合并，最终变成用户看到的页面内容。

按照页面属性的不同，页面可以分为首页、专题页。

◁ 首页

首页除了基础楼层外，还包括头部焦点区域。头部焦点区域主要存放一些核心的内容和导航功能，包括搜索区、导航区和焦点区等，结构如图3-33所示。

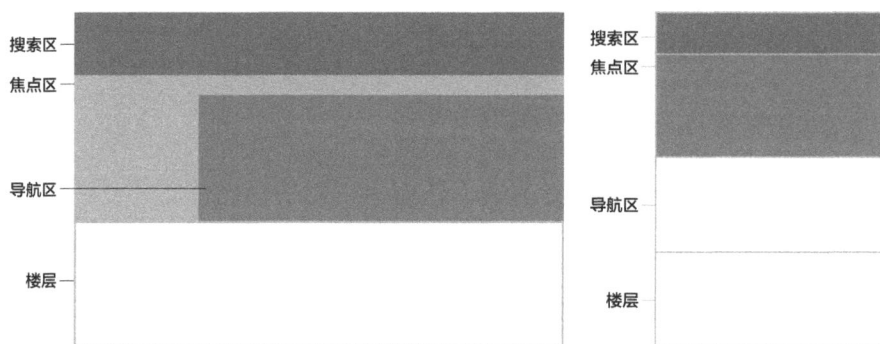

图3-33

- 搜索区：可以进行商品搜索定位，一般会放在最上方，一般通用的内容也会放在这个区域，如网站Logo、登录信息等。

- 导航区：主要是类目导航，负责流量分流和引导。

- 焦点区：由于在首屏的正中位置，因此是流量的爆发区，一般会放置大幅的广告和主推商品。

- 楼层：常规商品放置区域，一般按照品类划层，每层包含不同分类的商品。

- 其他：考虑到首页内容较多，一般电商平台都会在PC端增加直通电梯的浮层，方便用户直接定位到具体楼层查看商品，而移动端没有。

需要注意的是，由于移动端的手机尺寸原因，同一层一般不会出现多个组件，而是采用一层一个组件的方式。相比较而言，PC端的布局和组合更为复杂一些，内容陈列也更为丰富。首页的结构主要由这4个部分组成，不过搭配也会根据平台情况而定，比如部分移动端在楼层上还会有一些促销区，理论上这也属于楼层，只是形式和内容上有了进一步的延伸。

◄ 专题页

专题页则更专注于某个维度（如品牌、类目和商家等）的商品聚合。专题页的核心诉求是能够加速和提高用户的购买转化率，页面强调爆点和吸引眼球，因此结构更简单。专题页主要分为 3 个部分：头图、领券区和商品陈列楼层，具体结构如图 3-34 所示。

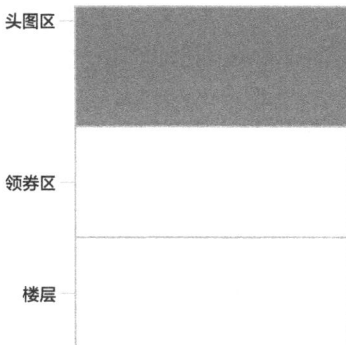

图 3-34

- 头图区：负责放置专题主题的头图，用来凸显主题概念，增加页面氛围。

- 领券区：非必须区域，一般促销专题页会放置于领券区域以便刺激消费。

- 楼层：楼层也叫商品陈列展示区，用来陈列不同类型的商品。有时候专题页的商品较多，也可以增加导航条，用来区分定位到具体楼层，这里就不单独区分导航区域了。

2. CMS 结构拆解

前面已经讲解了页面的组成元素，接下来我们看一下所有元素的具体内容是什么。

首先来看一下"样式"的概念。样式是指把所有段落、间距甚至字体以一种标准的规则输出。在页面加载的时候使用统一的样式规则来排版布局。目前主流的网页样式是以 DIV+CSS 的方式来布局的，具体的语法在这里不做详述，我们主要看一下对于布局来说的一些空间定义，如图 3-35 所示。

- 边框：指组件或者区域可以看到的边界，边框可以显示也可以不显示，视觉上的边界就是通过边框来划分的。

- 外边距：组件或区域的边框之外需要保持空白的距离。

- 内边距：组件或区域的边框和元素之间需要保持空白的距离。

- 尺寸（高度、宽度）：指组件或区域中的元素部分所占用的面积，面积为高度 × 宽度。

- 元素区域：即我们所能盛放内容的区域，所有的图片、文字和链接等内容都是在这个区域中显示的。

布局的美观就是通过调整这些空间样式属性达到的。根据情况来调整外边距和内边距，以保证视觉上的合理性。

当然，除了解决控件布局的样式语法，还有很多其他的样式语法，比如字体、浮层和上色等。在页面上加载样式也叫样式渲染，页面的美观整齐主要靠样式来表达。一个网站或者 App 统一的样式定义也可以是该平台的设计规范。

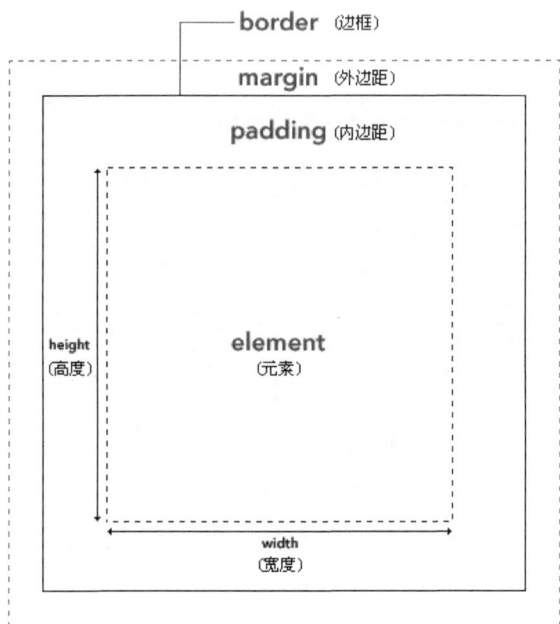

图3-35

样式的渲染离不开它的载体，也就是组件。组件的概念在电商平台被广泛应用，不同的组件展现出的商品信息和效果也是不同的。构成组件的核心内容就是图片加文字，下面我们了解一下构成组件的基本元素都有哪些。

• 专题信息：一般指广告图片和专题标题，需要根据组件的尺寸来规定图片的尺寸，考虑到图片加载的时间和流量，一般会通过CMS限制图片的尺寸和分辨率，同时为不同尺寸的图片设定默认底图（即加载不出图片时默认展示的图片内容，通常会使用公司Logo或者吉祥物作为底图），避免加载过慢或者懒加载时出现页面留白的问题。

• 商品信息：这里主要指商品的相关展示信息，包括商品图片、价格、库存、商品名称或者商品标题，其中商品标题和名称理论上是同一个信息，但考虑到电商平台的商品众多，为了增加曝光率，在搜索时一般会在名称上加上一些促销信息或形容词汇，从而形成商品标题；商品标题和商品名称是独立的，显示时可以根据情况来判断是否需要商品标题字段。

• 文案描述：部分组件中会显示少量的文案描述用来阐述商品信息。

• 链接：组件中的商品或者专题信息可以通过点击的方式跳转到商品详情或者专题页来进行购买的流程，跳转主要通过在CMS中配置商品而生成的链接来实现。

● 展示形式及时间：组件的展示类型和显示的时间窗口期，展示类型稍后会详细介绍；时间窗口期是通过CMS配置组件内容显示的时间区间，主要作用于限时类的组件上，超时后该组件则不再显示。

组件与组件之间的差别主要来自于组件内元素的布局排列。前面也讲解了构成组件的核心元素主要是图文加上元素数量。布局排列也是围绕图文混排的方式，按位置分类有如下几种：

● 图文左右布局；

● 图文上下布局；

● 图文上下嵌套（即图片为底图，文字为浮层）；

● 大图广告（单张大图，一般用于头条或者核心展位）；

● 图片组合（多种图展示，代表不同内容入口，一般用于分类入口或者聚合页入口）；

● 图文不规则布局（即大小图混排）；

● 特殊组件（用于特殊功能的组件，如首页的分类入口或Banner轮播等，多为定制化用途）。

比如，移动端常见的商品列表就是图文上下布局的方式，每行两个SKU。而首页的各种促销模块、分类入口则多用图片组合的方式进行，凸显视觉冲击力，如图3-36所示。

图3-36

我们这里单独说一下特殊组件，特殊组件多用于特殊用途的操作，布局上一般是按照规则和功能展示，多数不由后台CMS进行配置，主要有：

- 搜索组件（配置搜索关键字）；
- Banner轮播图（轮播图片、链接）；
- 分类导航（由分类基础数据直接显示）；
- 个人中心；
- 面包屑导航；
- ……

确定了布局和展示的结构，接下来我们看一下具体的展示内容需要注意哪些事情。前面讲到的各种构成组件的元素一般都是由运营人员通过CMS上传设置的。现在越来越多的电商平台在推行"千店千面"的概念，因此，除了促销模块的组件以外，其他的基础数据大多也会通过商品列表、搜索和推荐等系统来实现个性化变化。CMS中配置的商品列表也要根据用户的信息情况来动态显示商品数据。

最后我们需要关注模块的埋点，以便收集数据。关于数据埋点，本章节不做详述，后面会在BI系统中说明。

3. CMS发布流程

CMS的基本发布流程等同于页面的填装过程，如图3-37所示。

- 选择布局：选择页面每层组件的摆放顺序。
- 选择组件：按照运营需求选择不同展示方式的组件。
- 填写内容：根据组件的类型填写商品信息或者图文链接。
- 信息审核：对商品和图片进行审核，避免影响版面。
- 发布上线：审核通过的页面可以发布上线或者定时上线。

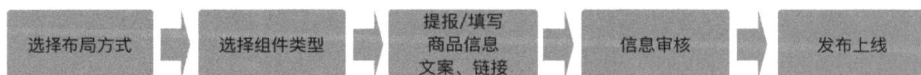

选择布局方式 ➡ 选择组件类型 ➡ 提报/填写商品信息文案、链接 ➡ 信息审核 ➡ 发布上线

图3-37

3.4.2 本期系统交互情况

由于CMS系统的加入，原有的简单粗暴的商品数据展示方式将得到改善，取而代之的是在CMS中经过运营深加工的信息数据。因此原有商品数据需要经过CMS处理汇总后

统一展示在前台，这里的商品数据包括商品信息、价格信息和库存信息等，原来通过 API 汇总的数据则下沉到中台，由 CMS 进行编辑管理，完成编辑后统一提交给 API，用于用户端的展示，如图 3-38 所示。

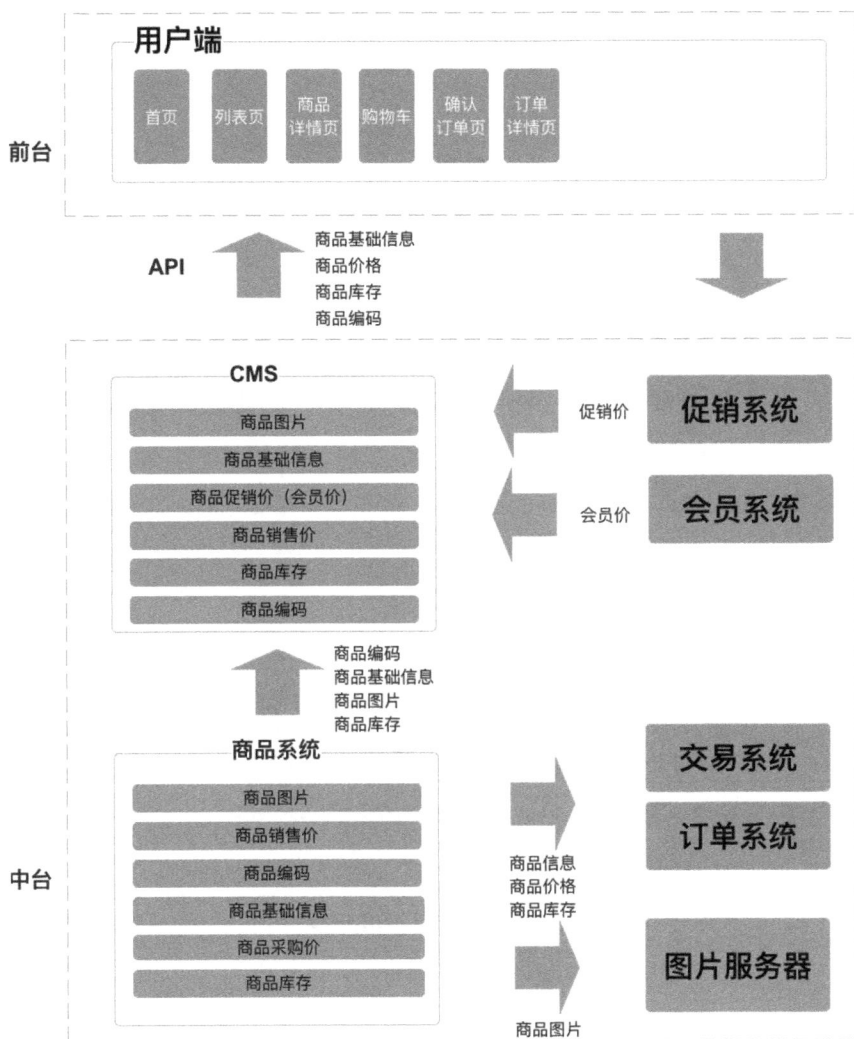

图 3-38

从使用角色上来看，没有增加新的角色。由于 CMS 并不会产生新的基础数据，商品和促销的基础数据依旧来自于商品系统和促销系统，因此分工上依然可以保持原有的流程，即商品专员负责维护商品基础数据，促销运营专员负责维护促销活动数据。当然如果人员充裕，也可以安排独立的运营专员进行 CMS 排版的维护工作，也可以安排商品专员或者促销专员兼任该岗位。

3.5　增加用户沟通渠道

3.5.1　客服系统

由于电商的特殊性质，因此用户在遇到困难和问题时无法第一时间处理解决。虽然每个平台都有问题解答的相关内容，不过对于用户来说，阅读超长的内容基本不太可能，这时候就需要平台搭建用户和平台人员之间的沟通渠道和桥梁，使平台能够第一时间聆听用户的"心声"，这就是客服，而与之对应的系统就是客服系统。

目前市面上的客服系统已经非常成熟，也有不少平台使用了第三方的客服系统。本书重点讲解一下客服系统的产品架构和流程，细节的内容就不在此赘述了。

1. 客服人员划分

客服系统主要是服务客服人员，我们来看一下日常客服人员都需要进行的事情及工种划分情况，如图3-39所示。

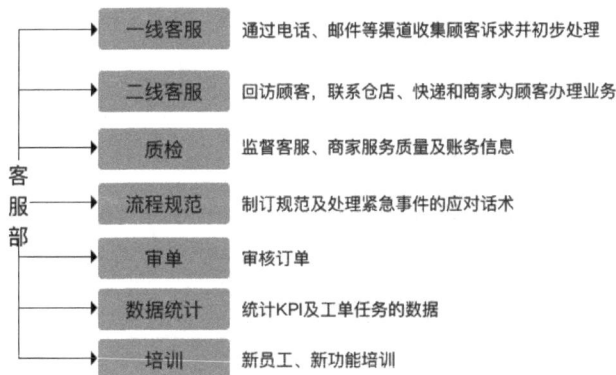

图3-39

除了一、二线客服以外，其他的客服人员更多的是辅助提高服务质量和处理基础事务，他们理论上不直接面对用户，但对服务质量起着重要的作用。客服的日常工作就是从相关渠道获取到用户的反馈信息，根据不同的类型进行分类安排处理。所有处理的过程都会以工单形式记录下来，部分需要其他部门解决的问题将通过工单流转通知给对应部门的相关人员。对于长期滞留未能解决的工单，可以进行预警，以便推动问题的快速解决。

2. 业务场景功能模块

我们把业务场景分解成功能模块，来看一下客服系统的内部构成。按照上述业务行为，我们可以看到业务分成三大部分：

- 渠道；
- 业务处理；
- 工单。

业务行为如图3-40所示。

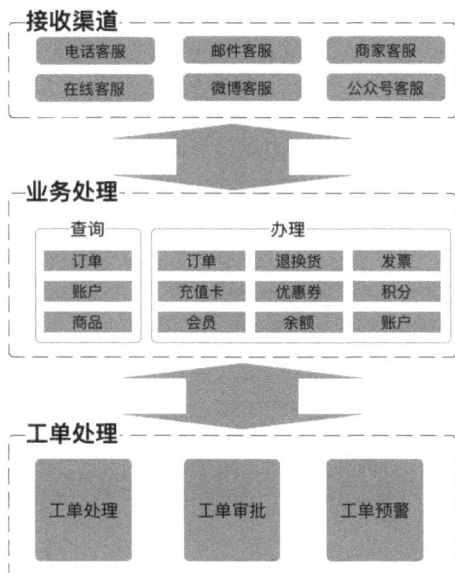

图3-40

渠道包括线上和线下多个渠道，一般电话等线下渠道，我们会使用呼叫中心，即Call Center来管理。线上的则包括在线客服或者机器人客服，除了在线客服和机器人，如果是O2O，则对用户的评价或者意见反馈需要及时处理。为了支持Call Center和在线客服的业务处理，需要通过其他系统将数据提取到客服系统中，包括订单、商品、促销和用户等信息，方便客服随时查询、核对问题。一些客户不懂或者无法进行的操作也可以由客服人员代为处理执行，比如代补开发票、提交退换货申请和取消订单等。

同时，客服人员的日常管理也需要通过系统流程进行规范，包括日常服务质量的抽检、考勤排班的安排以及定期整理优化话术和流程规范并沉淀到系统中以方便查看。这些作为客服内部的基础运营，也是后勤保障的重要环节。

在确定问题以后，所有问题的记录和流转都需要以工单的形式跟踪处理。工单是指用于公司内部部门与部门之间进行问题传递、任务传达的单据。目前电商平台的工单系统主要用于将客服无法直接处理的部分用户问题传递给相关部门，并跟踪最终处理的结果，以便告知用户。工单系统通过对外接口获取创建工单的请求并完成工单创建，工单系统根据不同问题分类执行对应的处理流程，包括审批、处理等。而对长期滞留、未能解决的工单也要做预警提示，确保没有遗漏。同一维度下的工单可以指定优先级，确保高优先级的问题可以尽快处理。

所有相关系统进行的操作和处理都需要进行数据统计和分析，以便观察服务质量和效率是否出现问题。同时对于每天的实时数据要进行监控，避免出现某个时间段大面积异常而无法应对的情况。

系统架构如图3-41所示。

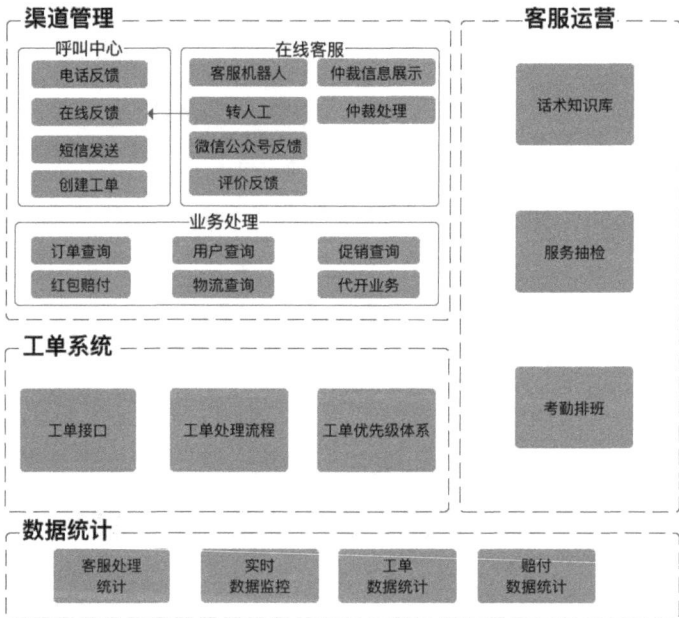

图3-41

最后说一下关于用户接入排队时的注意事项。

• 用户在接入客服的时候需要判断当前客服的服务情况，如果已经达到排队的上限，则直接提示失败，不进入排队。

• 客服每次接入一个新的用户时，都需要将当前的客服锁关闭，关闭客服锁的客服不能接入新的用户，直到当前用户处理完毕后解除客服锁。

● 当用户或者客服超时、下线时，需要将客服锁解除，并清除当前客服正在服务的用户列表，用户侧则需要返回相关问题，告知用户。

3.5.2　用户体系（账户、会员）

随着电商的演变和发展，越来越多的企业希望能够抓牢最核心的用户，以便提高订单的转化和客单价。大家开始在用户的身上下功夫，为用户提供更深度的服务体系，提高与用户的沟通能力，这就是用户体系。一个好的用户体系能够为平台创造长期的盈利渠道。

1. 用户构成

在讲用户体系之前，要先讲一下用户构成。原则上用户分为普通会员和付费会员，他们的关系应该是包含的关系，即付费会员群体是普通会员群体的一部分，这里我们将他们统称用户。用户管理则是对个人在平台上所属信息及资产进行管理，处理个人信息的展示，用户管理主要功能也是账户管理。一般平台会使用两种形式管理普通会员和付费会员之间的关系。

第一种是搭建用户的成长体系，如图3-42所示。通过各种行为晋升，也可以通过购买付费会员加速会员等级的升级，来享受更多权益。这种方案的付费会员也会安排独立的等级和权益来进一步增加用户的黏性。

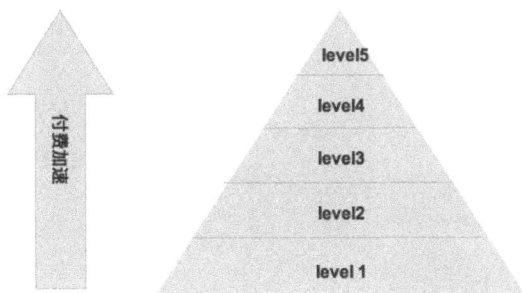

图3-42

另一种则是付费会员和普通会员相对独立，如图3-43所示。普通会员本身没有过多特殊权益，通过购买付费会员享受会员权益。付费会员体系更多的是通过周期计费的方式进行结算，比如月卡。

接下来我们了解一下用户的核心管理功能——账户。

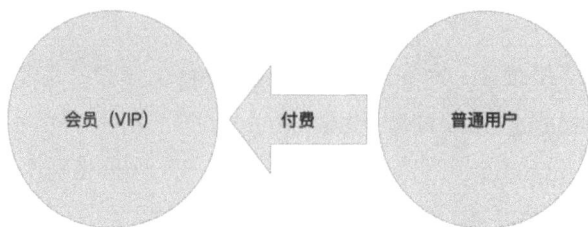

图3-43

2. 账户管理

账户管理，顾名思义，是对用户账户的相关行为进行管理，核心主要是对用户的资产和信息进行管理。我们看一下资产管理，按照资产的种类，账户划分为如下几类。

- 现金账户：即账户余额，记录用户账户。

- 积分账户：记录用户积分的变化情况。

- 贷记账户：记录用户贷款的借还情况。

- 红包账户：记录用户拥有红包的使用情况。

- 代金券账户：记录用户拥有代金券的使用情况。

所有的资产流动都是对账户的操作，而进出的记录就是叫作流水。外部系统根据业务场景发生消费用户资产的行为，该行为会以流水的方式记录下来，提交给账户体系，账户进行结算后入账并更新用户资产，如图3-44所示。

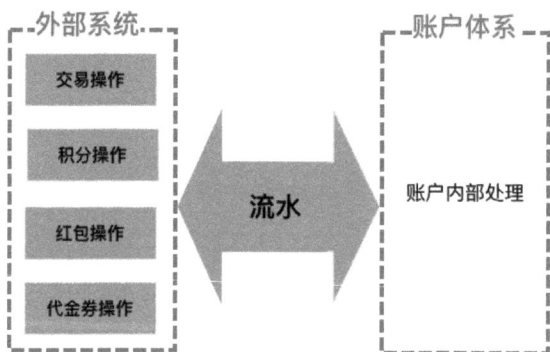

图3-44

这里讲的都属于交易场景的范畴，这也是账户核心功能之一。我们以现金账户交易流程为例，从多个场景来看一下都有哪些子流程。其他的流程也与该流程类似。

- 账户充值：现金转入，由客户自发或者系统为对应账户进行充值。

- 账户转账：一般用于银行账户或者商家账户的管理，即账户与账户间的资金流转。

● 账户提现：现金转出，即将资金转入其他第三方账户。

● 账户消费：根据消费流水单据（如订单支付流水等），通过收银台或者相关系统进行消费，这里的订单支付一般指使用余额，其他的第三方支付方式不会更新当前电商平台的账户资产。

● 账户退款：即提现和消费的逆向交易，一般是原路退回账户。

● 资金冻结 / 解冻：对账户资金进行管控，冻结资金使之不可自主使用，解冻后恢复资金使用。

● 账户结账：特殊交易，针对有账单的交易，如滴滴司机结算、返现或者月卡按月支付等，会将账单金额划入或者划出。

其中，消费、充值、提现、退款和冻结是最常用的功能场景，我们来看一下系统间的流转过程。

● 账户消费：一般是通过订单支付完成消费过程，如图3-45所示。主要涉及的系统包括相关业务系统（如用户端下单）、交易系统（计算支付金额和方式）、支付系统（完成支付过程）和账户系统（完成余额的消费）等。业务系统根据业务场景发起消费请求；交易系统根据情况判断是否需要使用余额支付；支付系统生成交易对应的支付流水并和账户进行交互；账户按照要求和规则进行扣减，扣减完毕后告知状态并由支付和交易系统更新单据状态。

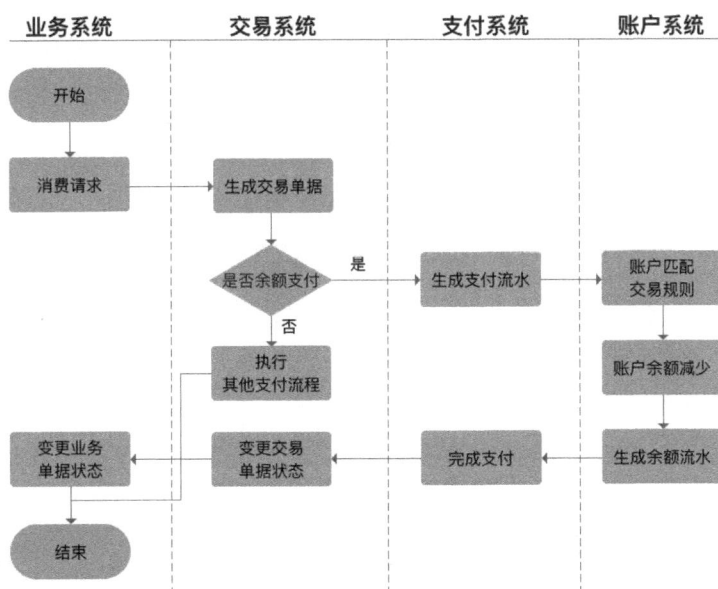

图3-45

● 账户充值：账户充值也是通过业务系统触发的，一般是通过个人中心的充值页面进行，如图3-46所示。按照流程先生成对应的业务单据，然后提交给交易系统进行交易单据流水的生成，账户系统根据交易系统提供的单据，按照规则进行增加余额的操作，完成后通知上游系统变更状态。

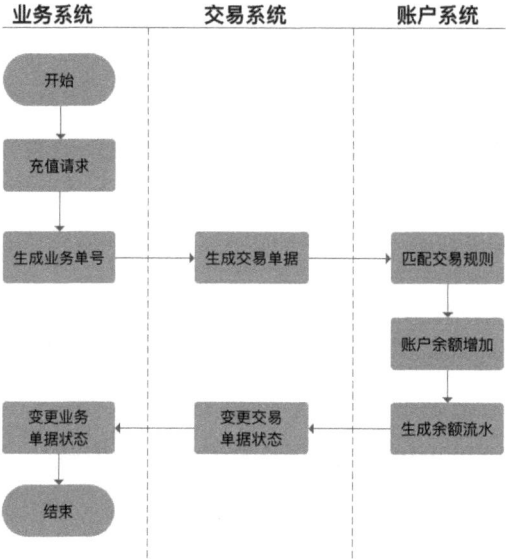

图3-46

● 账户提现：账户提现与账户充值流程类似，如图3-47所示。需要注意的是，在提现时要冻结账户余额增加，避免错账，等待和银企交互完成后再释放账户余额。对接银企的部分需要与业务系统申请的银行进行数据通信。

● 账户退款：对账户进行退款操作。一般按照原路返回的原则将所退款项退回用户的账户内。退款流程与提现和消费互为逆向流程，在账户处理环节由减少余额改为增加余额。

● 账户冻结/解冻：按照一定的要求冻结用户账户内的金额，一般会由风控发起，如图3-48所示。冻结后的金额无法使用、提现。解冻过程为冻结的逆向过程，解冻后的资金会返回账户进行使用。

上述冻结/解冻过程中涉及冻结账户的概念，这里讲解一下账户系统内部的基本组成结构。

● 客户：代表一个客户的实体，拥有管控其下所有账户和资金归属的权利；用户的实体一般意义上只有一个对应账户，在后续讲解的商家部分则可能出现对应多个账户的情况。

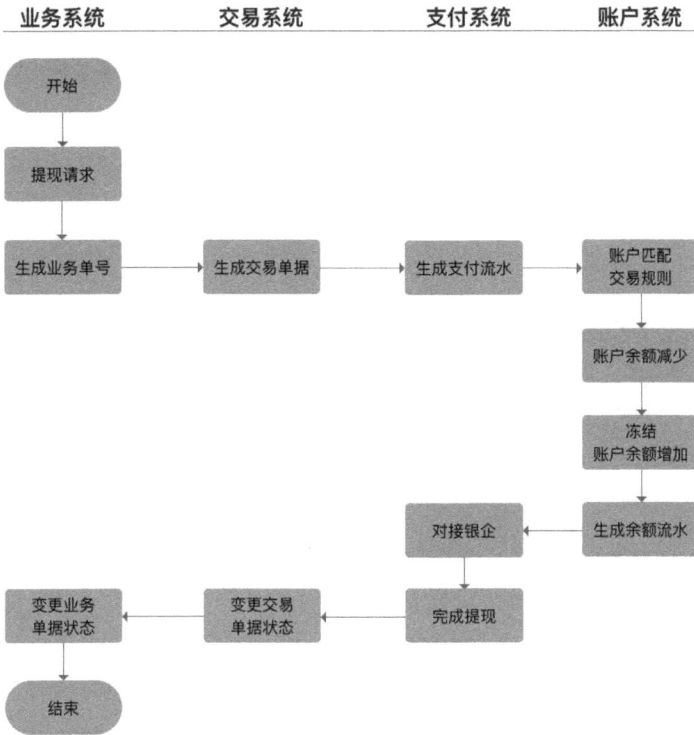

图 3-47

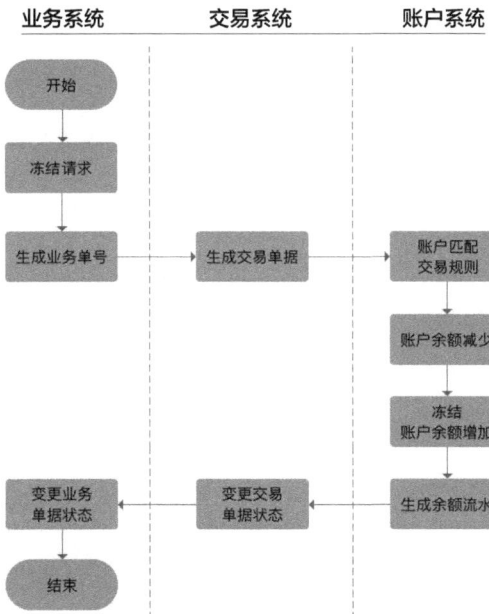

图 3-48

- 账户：指对外进行业务行为的最小颗粒单位，账户承担着所有对外业务的处理和接洽，将接到的业务按照不同情况分配给不同的子账户；前面提到的现金账户、红包账户等也属于账户层的范畴。

- 子账户：处理业务的原子层，负责承载实际业务的处理，按照功能会分为不同的子账户类型。

所有账户体系的内部流转都是按照3个结构由大到小进行识别处理，并最终完成所有的操作，输出结果具体如图3-49所示。

子账户按照用途分类可分为以下几种。

- 可用账户：日常可用现金余额，日常的消费交易主要是对可用账户操作，需要注意的是通过充值存入的金额需要存放在该子账户。

- 返现账户：将返还给用户或者商家的资金存入当前账户，在消费时有限使用返现账户，余额为0时再使用可用账户进行扣减。

- 冻结账户：用于存放冻结资金的账户，所有被冻结的资金都需要先转入该子账户。

- 透支账户：用于存放用户贷款资金的账户，贷款或者透支消费的金额需要存放在该子账户。

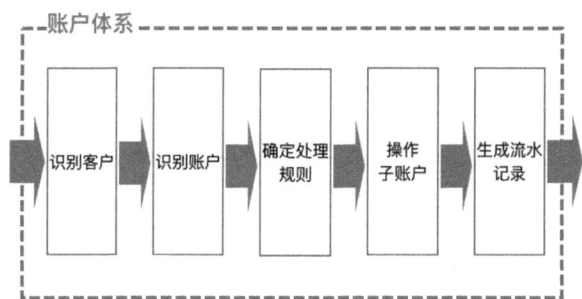

图3-49

账户是进行所有资产处理的"账本"，合理的账户体系便于用户和平台进行资产的处理和交易。看完了用户核心的账户功能，我们来讲一下会员的构成。

3. 会员管理

会员指平台上使用的用户，他们享受一定权益，其中包括付费用户，即享有特殊权益的会员。下面讲一下会员体系的构成。会员的核心三要素包括成长体系、权益和收费模式，我们以QQ的会员体系为例看一下整个用户流转的过程。

腾讯 QQ 的会员体系（如图 3-50 所示）通过加强用户体验和功能服务来引发用户的欲望，从而增加购买付费会员的几率和收益。高频的用户在使用过程中黏性会越来越高，为了进一步提高使用服务和体验，通过购买付费会员来达到最终的目的。而普通会员等级和付费会员等级作为两套并行的体系，允许用户在获得高级会员资格后依然有提升的空间。总地来说，用户通过使用获取成长，成长过程中会员权益和付费会员权益会刺激用户消费，消费后获得更好的服务将会延续产品的使用寿命，从而增加用户再次消费的概率。在生态链中，成长、权益和消费需要形成一个闭环，这也是会员体系设计时候需要重点考虑的问题。

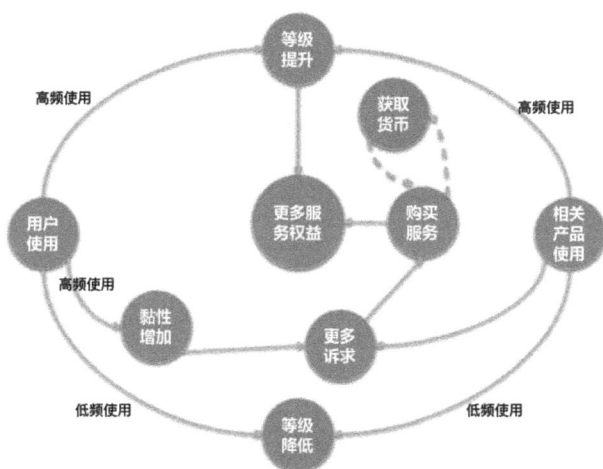

图 3-50

成长体系

我们首先看一下成长体系。作为会员核心的功能，成长体系设计的好坏决定了用户使用体验是否可以持续有节奏地提升。成长体系是行业中常用的一种用户管理及运营方案，常见的如积分、成长值、虚拟币和会员等级等，一般是为满足企业的商业利益和用户的功能需求服务，其主要意义如下。

◁ 平台层面

● 行为引导和规范：通过利益激励规范付出和收获，对用户行为进行引导，确保用户利益和企业利益的统一。

● 提高忠诚度和黏度：等级成长中的资源付出会产生情感的沉淀，间接提高忠诚度，有一定的竞争壁垒作用。

- 优化服务和资源的使用：根据等级提供不同级别的服务和资源，可确保优质资源或增值服务被高价值用户所使用。

⊰ 用户层面

- 奖励和优惠：根据贡献获取到相关的奖励和优惠。

- 优越感和特权：使优质用户获得优越感，体现社会地位和获取特权。

成长体系主要是通过成长值累加的方式来实现等级变化，成长值的设定通常伴随消费的附加产物，如积分、消费金额和使用天数等。界定的标准一般是刺激消费或者使用，当然平台属性不同，使用的成长值也有所区别，比如社交平台比较关心用户留存，因此通过使用天数累加成长；而电商平台关注订单转化，因此通过消费金额或者积分等订单附加产物累加成长。下面列举几个典型会员体系，看一下成长值的设定区别，见表3-5。

表3-5 典型会员体系的成长值设定规则

产品	账户等级	成长值设定规则
QQ	QQ等级	累计的虚拟天数
淘宝	会员等级	累计的成长值
携程	普通会员、金牌贵宾、白金贵宾、钻石贵宾	累计的基本积分
京东	注册、铜牌、银牌、金牌、钻石	累计的成长值
滴滴	优选会员、尊享会员	本月累计的消费金额

此外，为保证用户可以持续不断产生消费行为或保持活跃，成长等级并非一成不变。按照固定周期（比如每年）对成长值可进行相应的扣减，扣减后如果未能达到当前级别所需成长值，则会出现掉级行为。

成长体系除了获得成长值以升级享受更多权益服务外，还会产生虚拟货币。用户可以通过自身的使用行为（比如电商的订单消费、社交软件的浏览签到等）获取一定的虚拟货币。虚拟货币可以兑换相应的服务或者红包用于消费。一般电商平台会使用积分作为虚拟货币，将消费金额按照一定的比例（比如1：3000）换算成积分存入用户的账户中，每个平台的积分叫法各异（比如京东的叫京豆、淘宝的叫淘金币），但原理是相同的。

严格意义上来说，虚拟货币也是资金的一种，但币值较低。在实际消费场景中需要考虑到它的几个特点：获取渠道、有效期和风控。

获取虚拟货币的渠道和方法也是围绕如何提高用户黏性和订单转化出发的。由于现在社交场景和电商消费场景的区分边界日渐模糊，很多场景都是融合两种属性进行的，因此社交的签到、分享和做任务等方式获取虚拟货币也成为电商平台的手段之一。除此之外，电商的常规获取渠道主要是订单消费按照金额比例进行转化。

既然是货币就具备金融属性，那对于金融风控来说，就需要在设计会员体系之初把控好这个问题。风控的手段主要是控制渠道获取的货币数量和次数以及积分商城兑换的数量和次数。对于一次性兑换大批量商品的情况，需要按照时间、用户和限次等维度进行控制，避免出现套现的风险。

另一方面是低币值属性。考虑到设定兑换商品的成本，兑换商品价值往往较小或兑换比例较高，用户的虚拟货币经常出现长期不使用的情况。为了处理结账清算的问题，所有的虚拟货币都会设定有效期，在固定时期生产的虚拟货币可以使用，超期则自动清算并从用户账户中清零处理。通常会按自然年或者财年进行结算。

会员权益

接下来讲一下会员权益，不同成长等级的会员会享受不同的会员权益。不论是普通会员等级还是后面要说的付费会员等级，会员权益的设定逻辑是一致的，即用户消费使用越多权益越大。

会员权益按照价值分为以下几类。

● 服务增值权益：提供增值服务，不涉及直接的金额减免，包括但不限于专享人员服务、配送优先和专享套餐专区等。

● 资金抵扣权益：支持抵扣行为，包括但不限于价格直减、优惠券发放和减免服务费等。

● 虚拟货币权益：提供更高汇率的兑换机制或者支持返现虚拟货币。

其中对用户吸引力最大的是资金抵扣权益，其次是服务增值权益。

收费模式

普通会员的营收更多的是通过虚拟货币的生产和消耗来创造价值。通过不断地消费来生产虚拟货币，然后提供渠道以较低成本消耗货币库存，同时促进再消费的行为，这种营收模式多为隐性增收，且消耗周期长，不可控。为保证高价值用户的留存率和消费客单价，现在大多电商平台会增加付费会员的模式，通过提供有别于普通会员的会员权益来增加平台对高价值用户的挽留。付费会员平台会建立独立的体系来运转，营收模式则多以固定周期收费来进行资金回笼。付费会员在大多数电商平台被称为 VIP 会员，VIP 会员具备专享价格、VIP 专区等福利。

这里说一下针对成长体系、会员权益和收费模式，普通会员体系和付费会员体系的差别，见表3-6。

表3-6 普通会员体系和付费会学体系的差别

三要素	普通会员体系	付费会员体系
成长体系	按照成长值进行等级划分	按照付费金额进行等级划分
会员权益	包括服务增值和资金抵扣，力度较小	主要为服务增值和资金抵扣，力度较大
收费模式	虚拟货币兑换产生二次消费	通过会员费的方式，按时间进行售卖

会员体系的增收方式主要还是针对电商用户相关的核心指标进行操作：留存、复购、会员转化率和会员贡献率等。几个指标之间有着内在联系，如图3-51所示，单个指标的增减引起会员体系三要素的变化，进而影响到其他指标的变化。比如用户留存增加，可按照规则增加所拥有的虚拟货币，从而提高复购，微信阅读的时长换货币以购买书籍就是这个思路。其他几个指标也可以相互发生作用。

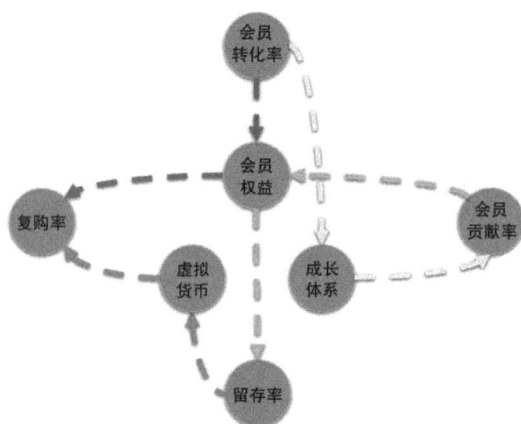

图3-51

4. 用户体系与其他系统的关系

用户体系主要负责为各个系统输出与用户相关的基础数据，同时保存由于交易等行为产生的用户资产变化，如图3-52所示。

用户端会获取所有用户的基本信息，并展示在个人中心和会员中心内。如果当前用户是付费会员，则根据会员的使用情况显示目前所属等级及相应权益，同时可以提供付费升级的渠道。

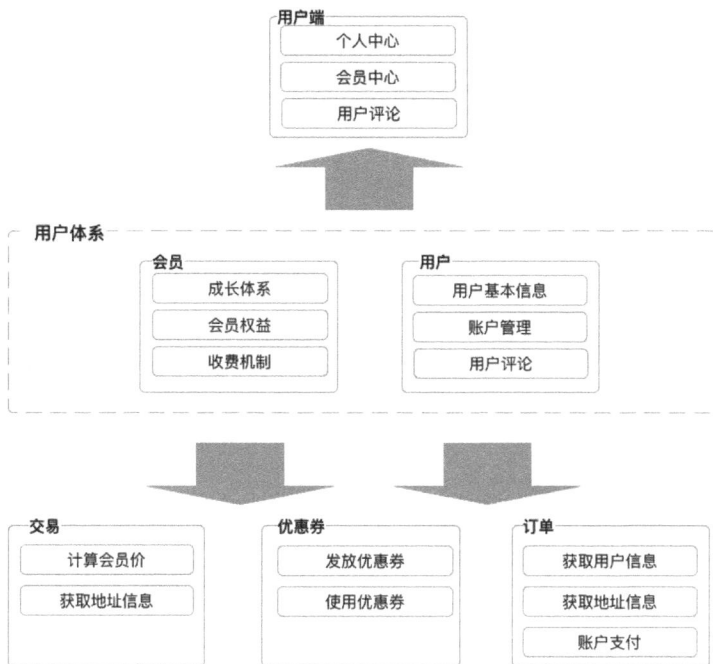

图 3-52

而在交易环节，根据用户情况判断是否使用会员价或拥有会员专享优惠券，可对订单进行减免。生成的订单根据情况进行支付，支付环节中，除第三方支付外也可以通过账户余额进行消费。如果使用余额支付，则支付完成后消费金额会从账户余额中扣除。

3.5.3　本期系统交互情况

由于增加客服和用户会员体系，因此以往的运营向着更精细化的流程管理发展，如图 3-53 所示。用户通过用户端或者线下方式反馈问题和意见，客服接收到后，在客服系统中进行数据查询和问题录入。对于需要赔付的订单，可以进行红包赔付的处理操作，而无法短期快速解决的问题，可以通过工单的方式传递到相关部门，督促并跟踪解决的情况。

除了处理问题，用户还可以享受到更多权益。普通用户和付费用户可以根据自身的等级和情况在购买消费时获取自己的权益，所有权益的制订和发放都统一由用户体系完成，而用户账户内的余额也可以作为支付手段的一种，参与到购买交易中。

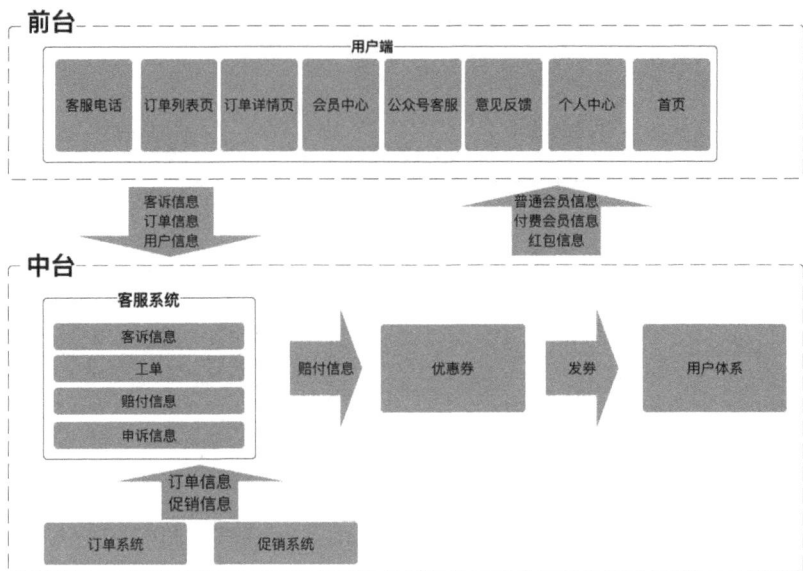

图3-53

角色上增加了专门的客服专员，当然这里的客服专员是一个泛指，在实际的工作中可能还会有更多的细分，比如一线、二线和质检等。每个客服专员可以承接多个用户的客诉（但同一时间只能承接一个），而每个客诉最终都会形成一个工单，工单会根据情况进行流转直到完结。每个客诉对应的用户都是唯一的。E-R图关系变化如图3-54所示。

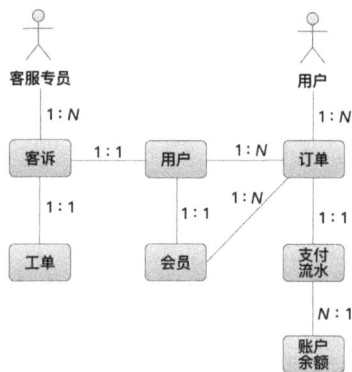

图3-54

3.6 阶段总结

随着用户的增加，提供更好的用户体验和运营方式成为平台当前阶段的重点。我们增加丰富的营销手段（优惠券、促销活动和会员福利等），也提供更便捷、更高效的商品选品方式。在出现问题时客服介入，提供有效的沟通解决方法，大大保障了用户的购买体验。

由于本次主要调整的是与用户购买流程体验相关的部分，因此只有中、前台的用户角色发生了变化和调整，后台的仓配分工则没有大的变化。

平台现在的角色和实体的关系如图3-55所示。

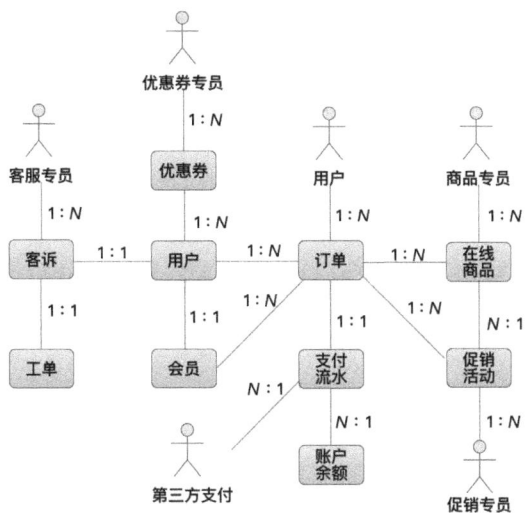

图 3-55

平台的业绩快速增长，公司的规模也越来越大。接下来我们需要将视角从外部回归到内部，重新审视平台的内部成长和管理。

第4章

管控风险，提高中台系统承压能力

4.1　业务情况分析

平台的业务进入了高速发展期，团队的规模也越来越大，随之而来的压力也越来越大。除了继续提高业务份额以外，还需要将目光慢慢转向内部的管理。严控成本、提高风险意识成为当前的首要任务，要避免0毛利、负毛利的促销行为，减少刷单的损失，降低风险。

加强促销、红包等运营手段，还需要增加企业宣传力度，建立市场部，为公司进行宣传推广、品牌策划。运营部的分工也更加明确，安排专人对价格、合同等信息统一管理。同时，增加风控专员，专门制订风控规则，可以通过系统来管控风险，减少损失。

为了快速推动系统上线，满足业务需求，将产品团队按照前、中、后台拆分，实现专人专产品线，每个团队可以专门负责一条独立的产品线。同时，将产品功能设计和界面VI设计分开，成立UED部门，专门负责所有线上界面交互设计，结构如图4-1所示。

4.1.1　业务场景分析

当规模达到一定程度，平台承载能力的加强就被提上了日程。平台的承载能力除了包括业务量的承载能力以外，还包括对风险的承担能力。

由于促销、优惠券及付费会员等营销手段不断加强，商品的售卖不再只是简单的商品上下架，它还需要具备更细维度的管理和分工。商品核心的销售属性——售卖库存和价格——需要单独拆分进行管理，每个商品的库存和价格要根据情况进行动态处理，确保既不产生超卖也不会出现价格过高导致滞销的情况。

价格方面，单一的销售价格已经远远不能满足我们业务发展的诉求，需要建立不同场景下的价格体系，如会员价、促销价等。对于定价、比价和变价等一系列的行为可以做到人为制订规则、监控系统执行，确保价格合理有效，如图4-2所示。

业务上的承载能力得到提升以后，随之而来的风险也会随之增加。恶意的行为或数据的泄露都会对平台造成不可估量的损失。这些损失的增加引起了平台的重视，为了加强这方面的承受能力和管控业务，增加风险管理人员，制订规则和章程，希望能将风险控制在最小范围，如图4-3所示。

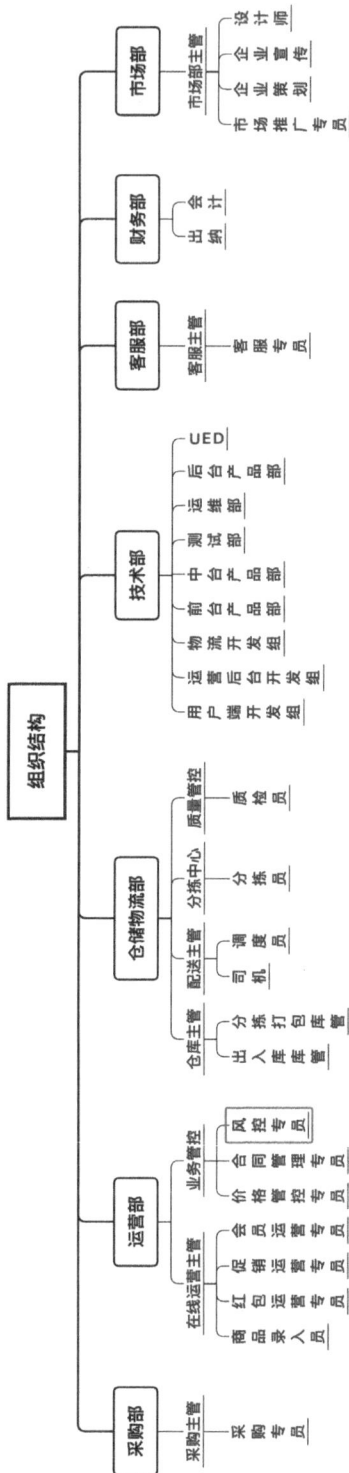

组织结构

采购部
采购主管
采购专员

运营部
在线运营主管
- 商品录入员
- 红包运营专员
- 促销运营专员
- 会员运营专员
业务管控
- 价格管控专员
- 合同管理专员
- 风控专员

仓储物流部
仓库主管
- 出入库库管
- 分拣打包库管
配送主管
- 司机
- 调度员
分拣中心
- 分拣员
质量管控
- 质检员

技术部
- 用户端开发组
- 运营后台开发组
- 物流开发组
- 前台产品部
- 中台产品部
- 测试部
- 运维部
- 后台产品部
- UED

客服部
客服主管
- 客服专员

财务部
- 出纳
- 会计

市场部
市场部主管
- 市场推广专员
- 企业策划
- 企业宣传
- 设计师

图4-1

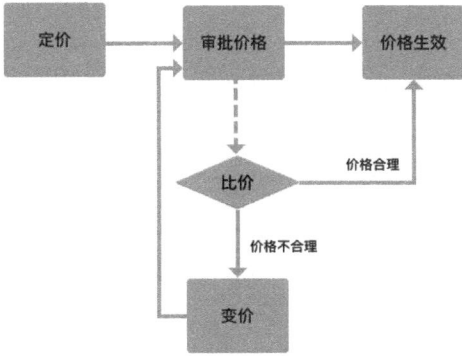

图 4-2

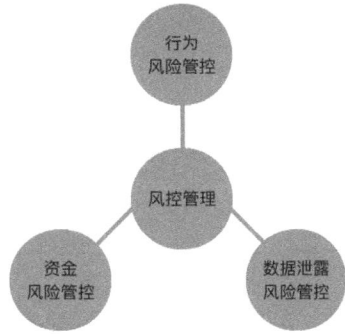

图 4-3

4.1.2　业务角色分析

角色方面，增加了价格管控专员，负责分析定价和制订规则。而库存的管理属于商品专员的工作范畴，因此不需要额外增加人员。风险管理方面则需要增加风控专员，对各种风险进行合规管理和监督。

价格管控专员

管理所有价格信息，完成定价、变价（也叫改价）的操作，同时监控价格情况，进行比价，如图 4-4 所示。

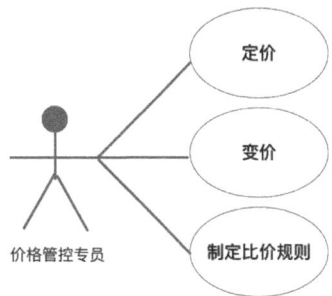

图 4-4

风控专员

对所有涉及的环节进行风控规则的制订，同时整改所有需要合规的环节，如图 4-5 所示。

商品运营专员

在原有的工作中增加对在线库存的预警监控，如图 4-6 所示。

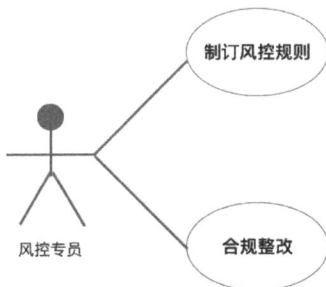

图 4-5

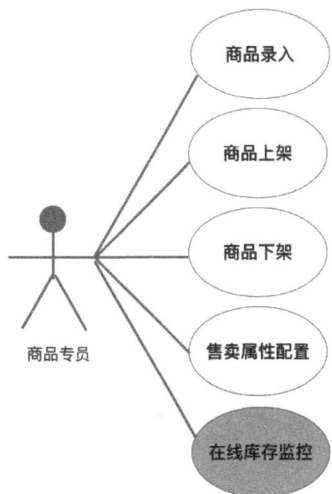

图 4-6

4.1.3 分析结论

根据上述业务情况的分析,我们把业务的实际流程总结如下。

1. 价格管控

价格专员对所有设定的价格进行审批,通过制订的规则判断价格是否符合要求,同时根据售卖的情况和相关因素实现实时变价。这里包括两个流程:初次设定价格和监控价格进行变价。

初次设定价格时建立SKU商品,对SKU的价格进行设定。所有设置的价格会根据约定好的价格规则判断其是否合规。如果不合规(如0毛利、负毛利等)则需要进一步由上级或者财务进行审批,审批通过后执行;如果审批不通过,则不能使用该价格进行售卖。

在价格设定完成后需要实时监控数据,对价格进行比对,判断其是否合理,如果出现不合理的价格或需要调整的情况,则要根据规则进行变价。更改后的价格同样需要经过审批的流程,审批通过才允许上架使用。变价的过程既可以根据数据人为判断指定最终定价,也可以通过系统执行。

初次定价流程如图4-7所示。

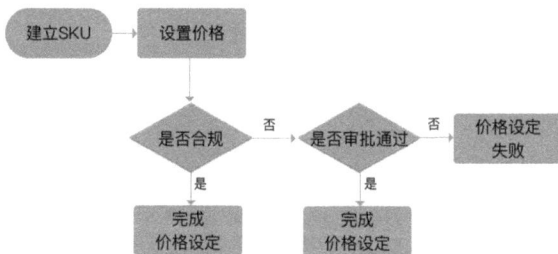

图4-7

比价、变价流程如图4-8所示。

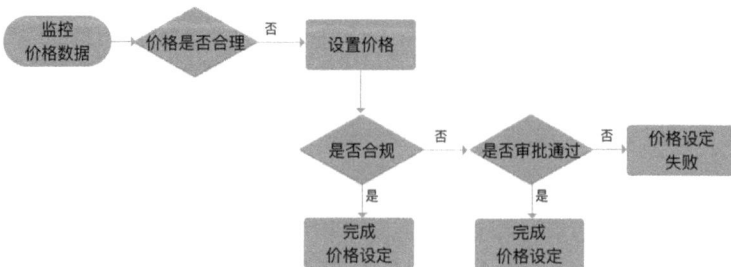

图4-8

2. 风险管控

风控专员对于风险的把控可以说是渗透到了平台的各个环节，所有涉及数据和资金的部分，理论上都需要进行风控管理。当然企业会根据情况重点把控核心的内容。风控专员的日常流程和其他运营人员的流程略有不同，它更多的是聚焦在规则的制订上。风控专员同样需要对日常数据进行监控，以便进一步优化风控规则。

4.2　提高中台业务承载能力

4.2.1　库存系统

无论是电商还是实体店，所有的销售都是以SKU为基准进行售卖的。为什么是SKU呢？因为SKU是最小库存单位，电商销售的本质就是库存的流转。我们将商品库存从供应商手中采购后放入仓库中，再通过电商的在线平台售卖给用户，这个流转的过程就是库存的"迁徙"。

库存的整个迁徙过程非常漫长，库存的流转其实就是商品物权的流转。在说库存流转的流程前，先说一下电商平台对库存操作的划分。从整体用途来看，流程大致分为销售、履约和采购3个部分，如图4-9所示。

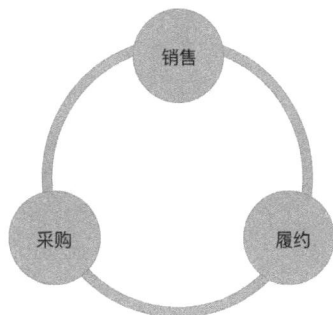

图4-9

- 销售：实现用户下单购买的所有库存操作。
- 履约：完成对销售行为承诺的库存数量的履约操作。
- 采购：为履约预先准备需要的库存数量，同时也可以基于销售数据预估采购数量。

从业务关系上来说，销售行为作为最顶端的业务层，直接决定了采购和履约的变化情况，而采购作为履约的下游，依据履约情况来判断采购的需求量。由此衍生出多种类型的库存，不同类型的库存之间通过约定的处理流程进行相互的转化，而库存的所有转化都源自于线下库存的实际操作行为。

1. 库存处理流程

库存的处理流程主要是将销售、履约和采购3个部分的所有操作行为进行合理的串联，从而实现不同类型库存之间的转化。按照发起方来划分，库存处理可以分为由销售发生的库存处理和由非销售发生的库存处理。

销售发起的库存处理指由销售行为而产生的库存变化，销售流程消耗库存，履约流程完成库存的实际消耗配送。从供需关系来看，这部分库存变化包括以销定采和以采定销。一般意义上的售卖都是以采购入库的数量作为销售的可售卖库存，而电商平台还有一种售卖是以销定采的模式，即预售模式。下面我们分别说一下这两种流程的库存变化情况。

（1）常规售卖流程的库存处理

销售售卖流程对于库存系统来说主要是进行扣减、占用库存和释放库存的操作。通过下单行为产生库存扣减和占用，当支付超时时要对已经占用的库存进行释放操作。库存占用的环节一般是在订单生成环节而不是购物车环节。占用的核心关注点就是尽量避免因库存被过度占用从而导致其他用户无法购买，影响营销销量和体验，而购物车环节占用会出现这样的问题，因此电商平台设计占用时都会将其放在订单生成环节，流程如图4-10所示。

订单生成后进入履约环节。履约的环节主要是对用户订单进行仓配作业，具体的仓配作业流程在之前的章节已经讲解过，这里就不做赘述了。履约的环节其实主要是对仓库的库存进行分拣、出库的操作以及物流配送环节完成履约配送。除了常规操作外，仓配操作还有两种作业会引起库存的变化，一个是用户退货，一个是换转退。

● 退货是用户对订单进行取消、拒收等行为从而商品需要返回仓库。商品在返回仓库前会生成销退入库单，仓库管理人员根据入库单的情况进行核对规整，完成后在仓库内完成商品重新上架的操作，上架后当前商品的在仓库存增加。

● 换转退则是用户需要调整货物时，仓库内已经没有当前商品的库存，这时候就需要将用户的换货需求调整为退货需求，仓库需要将换回的商品进行质检，如果质检通过则重新上架，未能通过则不需要增加商品的在仓库存。

（2）预售模式的库存处理

除了正常售卖以外，预售也是一种在电商平台中十分常用的模式。预售模式按照交付金额的时间点和比例也划分成若干模式，不同的模式下对于库存的处理也不太一样。整个预售周期内有几个相对清晰的阶段：预约期、订购期、交付期和履约期。在预约期用户可以进行预约行为，预约行为不需要进行任何的支付行为，同时不会产生订单。需要说明的是，预约期不是所有类型的预售都需要的，只有无需缴纳订金时才需要在该阶段进行资格确认。订购期代表用户可以进行预售商品的下单行为，这里下单时会记录用户的履约信息，如地址、收货人等，部分情况下订购期同样会缴纳一部分商品的费用作为订金，不过不是真正意义上的商品定价价格。而交付期则是要完成订单价格的全部支付，交付期是判断订单是否继续进行的主要阶段，只有完成交付的用户订单才会被提交给供应商，用以进行统一备货。我们按照周期的不同将预售分为无订金预售、部分订金预售和全额预售3种。

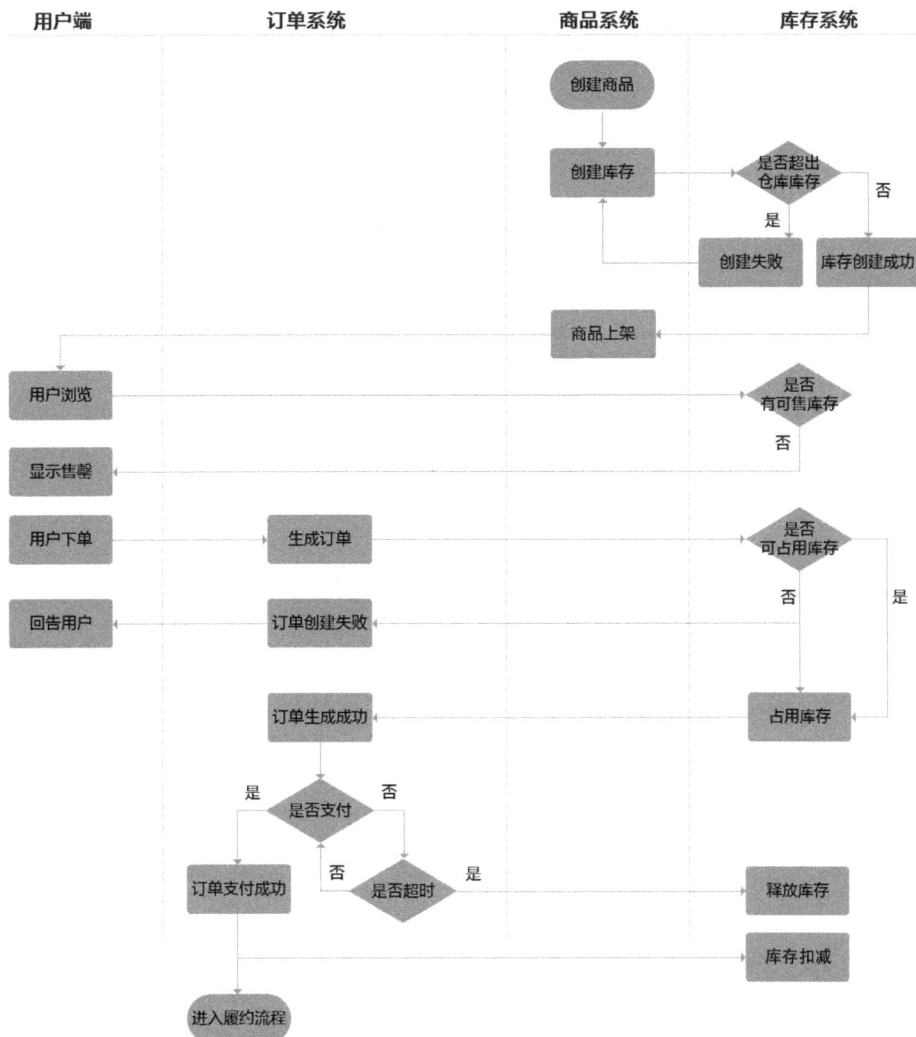

图4-10

- 无订金预售：一般为预约通知后根据情况判断是否成单，比如iPhone的线上预约就属于此类模式。预订成功后需要在规定时间内下单、支付，方可完成全部过程。

● 部分订金预售：在预售订购期内支付部分订金，订购期完成后交付尾款；这种模式在预售中占比最多，一般会配合阶梯价设置，务求达到人越多越便宜的效果；该模式下可以没有预约期的阶段，所有商品上架售卖后即可以开始订购。

● 全额预售：全额预售，顾名思义，需要用户提前支付货款，根据约定的周期（如一周、一天等）进行履约，这种模式同传统的售卖模式比较类似，订购期和交付期基本是一起进行的。

我们通过图4-11看一下3种模式的变化情况。无订金的模式初始人较多，但由于违约成本低，整体成单会下降较多。而订单最稳定的是全额预售，由于先付款，违约成本高，因此基本不会发生变化。部分订金预售的变化介于两者之间。

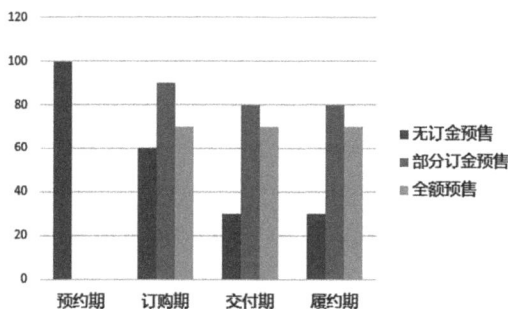

图4-11

接下来我们看一下3种模式在库存的处理流程上有什么不同。无订金预售需要用户进行预约，根据预约情况生成预约单，在预约截止日期后激活、产生预订单，如图4-12所示。在生成订单时进行扣减库存的操作，注意这里是预售库存，对于预售库存的扣减不需要考虑仓储的情况。而当订单超出支付截止日期时不需要将库存释放。

日常工作中除了销售出库以外，仓内也会有很多种情况导致库存的数量发生变化，主要包括移仓调拨、仓内盘点、采购商退货以及商品报废几种情况。这些流程都属于仓库WMS和采购系统的功能范畴，这里不再做详细描述。

2. 库存系统数据流转

如果我们把仓库的库存看作一笔账目，那采购进货就是我们的进项，而上述几种情况则涵盖了除正常销售以外的所有出项（当然这几种也有进项的情况）。这几种情况代表仓库内的库存账目变化，电商平台前端的库存则随着仓库变化而变化。我们把线上的库存看作商品的逻辑库存，用户可以根据库存情况选择购买。而仓内的为实物库存，表示实实在在的货品数量。库存系统将两者关联起来，我们通过一张流程图来看一下库存之间行为的变化关系。

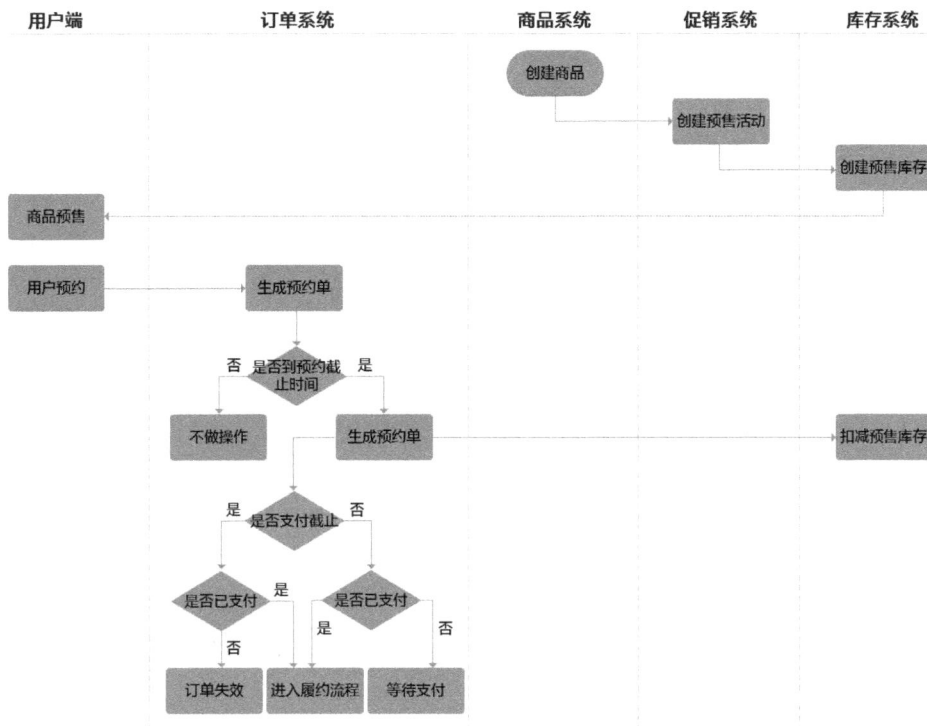

图4-12

首先说一下库存的范围以及什么样的商品叫作库存。一般来说，我们认为所有已经获得物权或者即将获得物权的商品可作为库存的范围，称为现货。现货不仅仅包括在库存储的商品，还包括采购在途、调拨中和预占等类型的库存情况。当采购侧完成下单配货的操作后，我们即认为采购清单内的商品已经属于仓库所属，而完成仓库出库后我们认为物权即将由配送员交接给用户。在这个区间内的所有商品数量都算作库存的范畴及现货的数量。除去一些使用、预占和不可售等状态的库存，其余的叫作可售库存，也就是我们前端看到的可售卖的库存数量，它们的关系如图4-13所示。

前面提到了仓间调拨，理论上支援仓的库存也可以被认为是可售卖的。因此当我们判断库存是否有货时，优先判断本地仓的可售库存，其次根据仓间结构判断对应的支援仓是否具备可售能力，如果本地仓没有货而支援仓有货，则需要对订单的预计送达时间进行计算，延长到货时间显示。仓库的可售库存是根据现货和其他状态下的库存数量计算得出的，并非一个相对固定的数字。

$$单仓可售库存的数量＝现货＋预售数量＋调拨在途（待入库）＋$$
$$采购在途（待入库－预占－调拨出－不可售）$$
$$前端可售库存＝当前区域仓库可售数量＋支援仓可售数量$$

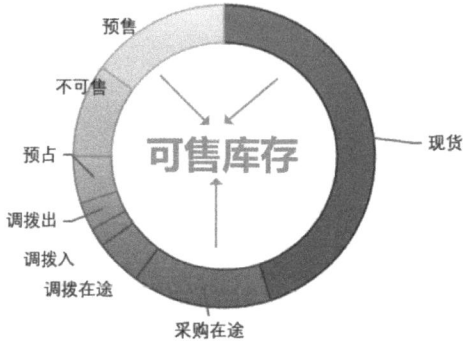

图4-13

原则上不是每个仓库都必须有支援仓，配备支援仓的目的是通过高频次线路实现品类区域补足，但如果无法通过高频次来降低成本，就会有些得不偿失。

仓库本身会出现库存增减的变化，而这些变化会通过库存系统的调用来更新可售库存的数量。可售库存的数量更新后也会将其同步给前端进行显示。相反库存的占用包括销售、调拨和下架等行为，也会通过库存系统进行统一管理并实时更新可售库存的值。WMS中根据业务情况也会将已经占用的库存进行释放，释放后可售库存会增加相应数量。所有的逻辑库存流转最终都会输入到库存系统中进行统一的管理记录，库存系统会链接前后台的库存数据信息并与相关业务系统进行交互。每个业务系统内部的库存管理更多的是在自身业务体系下维护的数据。例如，WMS的库存更多的是对仓库实物的管理，而库存系统则属于全局调度的逻辑数据，平台级别的库存数据管理需要以库存系统为主，如商品系统、前端用户端和促销系统等都需要使用库存系统作为基础数据的来源，而不是使用其他业务系统。下面我们来看一下各个系统在库存数据流转时的情况，如图4-14所示。

我们可以看到，库存的增减是通过其他系统来触发实现的，而库存系统就像是所有行为的账本，记录着每一个变化情况。管理好库存有助于我们对整体运作的把握，也避免出现超买超卖的情况。库存系统虽然不是一个真正意义上的业务系统，但在精细化运营的管理思路上，它是一个不可或缺的助力工具。

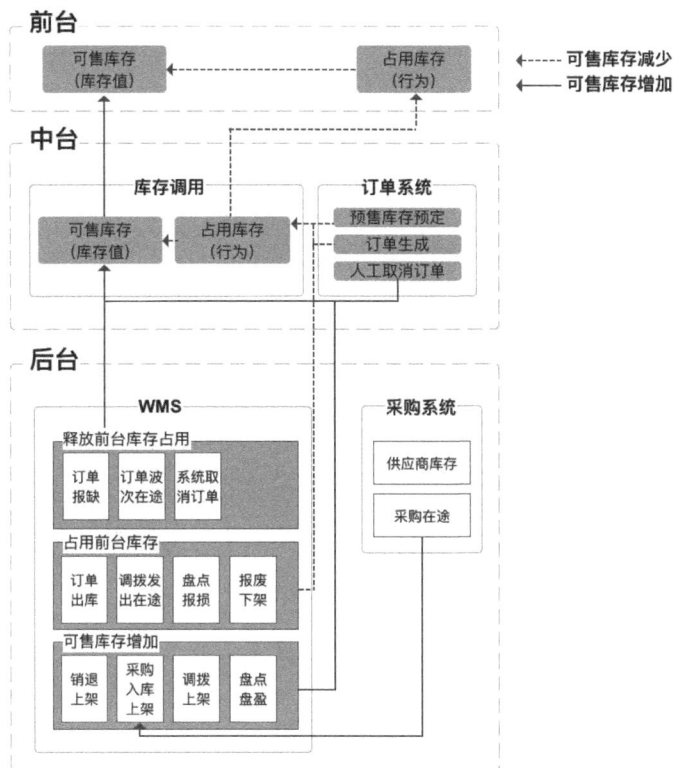

图4-14

4.2.2　价格系统

作为销售的核心属性，价格一直是生意的"心脏"。所谓"做生意就是讨价还价"，这句话也从侧面反映了价格在交易过程中的重要性。一个合理的价格能够让用户判断商品性价比的高低，从而直接决定购买意愿，而合理的价格同样也能让商家得到可观的营销收益。

价格虽然从表象特征上来看只是一个单一用于计算金额的数值，但实际上它还具备很多不同的属性和含义。我们先来看一下价格的基本"构造"。

1. 价格的基本概念

价格的种类很多，按照使用场景，可将它分为两类：供货使用价格和销售使用价格。

- 供货使用价格：一般指采购过程中使用的价格，包括进价、采购价等。
- 销售使用价格：在售卖时使用的价格，包括销售价、促销价和成本价等。

本章讲到的价格系统主要是对销售使用价格的处理和操作，而供货使用价格多在采仓配系统中进行管理，不过有一些价格则是两部分都会使用的。销售使用价格按不同情况也有不同的叫法，比如从使用名称来看，它包括原价（也可以叫门市价）、促销价（促销时使用，如果无促销则使用原价进行售卖）、成本价（计算毛利使用）和特价（一些特价商品，需要单独标记）等。

而从销售场景来看，它包括App专享价（为手机用户提供单独价格）、会员价、拼团价（可能有阶梯多个价格）和预售价（预售商品的价格），如图4-15所示。

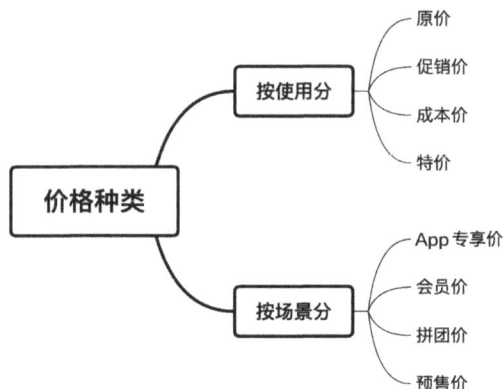

图4-15

商品在采购选品以后就需要进行第一次的定价工作，定价完成的商品上架售卖后也会不断调整价格，这就是变价。接下来让我们看看定价是如何操作的。

2. 定价

定价是商品上架前的核心工作。目前有不少电商平台还是采用比较原始的方式——人为判定，而定价策略也是计算毛利率后制订。零售行业有一些比较成熟的定价方式或者模型，目前有越来越多的电商平台开始参考模型进行定价评估和判断。这里列举几个比较常用的定价策略。

- 竞争定价：以竞争者的价格为基础，价格水平可与对手持平，也可略高或略低。

- 成本定价：以成本为依据，加上预期利润来确定价格。

- 购物篮定价：选择一批相关性商品作为一个购物篮，综合分析整体的综合毛利率，决定价格调整品项和具体幅度。

- 区域定价：根据商品不同销售地理位置而规定差别价格的策略，与仓库、库存、销售覆盖区域和物流费等因素有关。

● 撇脂定价/渗透定价：在商品生命周期的
最初阶段，将新商品价格定得很高，短期内获
取丰厚利润，或以低价销售尽快占领市场。

每个平台都会根据自身的情况使用上述的
一些策略进行定价，同样这些策略也可以放入
系统进行统一规划。同样的定价策略在商品的
不同周期也会有不同的价格表现。整个商品周

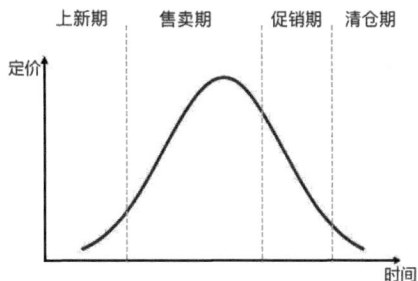

图4-16

期按照销售情况分为上新期、售卖期、促销期和清仓期4个阶段，如图4-16所示，对应的
商品情况为新品、常规品、促销品和清仓品。每个商品的生命周期长短不同，因此设定的
价格周期也会不一样。这里特别说一下促销期，通常意义上，促销期多指当购买需求下降
时，为了能够保持一定销量而持续促销的周期。但一般在电商平台的大促期间会通过促销
活动快速拉动销量，而销量结束后会恢复日常价格进行售卖。

由于定价环节复杂多样，可以通过系统模型为采销人员提供定价决策支持，保证利润
的最大化。市面上也有很多种定价模型，比如价格弹性模型、最优价格模型等。首先我们
来看一下价格弹性模型。

价格弹性在销售环节特指需求价格弹性，它代表市场商品需求量对价格变动的敏感程
度，计算价格弹性系数的公式为：

$$价格弹性系数 = \frac{需求变动率}{价格变动率}$$

价格弹性系数一般称为 Ed，价格弹性系数的高低决定应该执行什么样的定价策略。

● $0 < Ed < 1$，则认为该商品缺乏弹性，对价格敏感度较低，即价格的合理提升不会
造成销量的减少，因此可以进行提价策略。

● $Ed = 1$，则认为该商品价格与销量同步变化，即价格提高会导致等比的销量降低，反
之亦然。这种商品建议在售卖期减少降价情况，促销期间可以作为促销商品进行售卖。

● $Ed > 1$，则认为该商品对价格敏感度较高，即价格的降低会引起超出价格变化比例
的销量提升，因此在执行促销打折或降价销售时，这类商品的销量会最好，即俗称"爆款
商品"，此类商品负责引流的效果最为明显。

● $Ed = 0$，需求完全无弹性，是第一种情况的特殊形态。

上述情况在系统策略上又可以分为两大类：$Ed < 1$ 则可执行提价策略，$Ed > 1$ 则可执

行降价策略。新品上新后可以通过定价策略判断价格是否满足条件，在不满足条件的时候可以通过制订的定价规则进行自动定价，从而保证销量，如图4-17所示。上新品可以在上新期通过促销测试获取*Ed*值，也可以通过同类商品获取*Ed*值。

最优价格模型指的是在确定定价策略后，根据策略要求在原有成本价或进价的基础上增加利润加价完成定价过程。系统可以设置的加价方式包括：

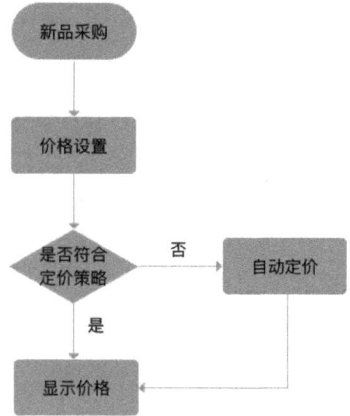

图4-17

- 定价×（进价折扣＋销售折扣）；
- 定价×销售折扣；
- 进价×加价率；
- 进价＋毛利额。

需要注意，无论是定价还是后面讲到的变价，它们都是需要进行审批的，审批的过程不在这里描述，后面的章节会讲解审批流程。

3. 变价

变价的流程在理论上同定价流程一样，区别在于系统会根据更多维度的数据监控来驱动商品变价的调整。变价的触发点主要包括竞品数据监控，日常或促销调价，还有VIP价格调整。系统流转情况如图4-18所示。

新品引进时设定商品的进价、初始销售价，价格系统获取数据后，通过定价策略可以判断其合规性，如果未能满足则自动根据规则进行定价调整。

在售卖中的商品可以通过业务的日常调价触发变价行为，所有调价商品生成调价清单后进行价格评估，系统根据变价规则生成评估报告，提交审核人员进行审批，审批通过后会更新线上的销售价格。促销的变价流程同上述日常品变价流程一致，审批通过后更新对应商品的促销价格。同样的还有VIP价格。

VIP、促销和日常品的人为价格调整流程核心主要是价格评估和审批，而价格评估模块包含的规则策略同样也会应用到竞品比价监控或定价过程中，不同的是规则有所区别。定/变价策略包括但不限于以下几种。

- 业态策略：按照不同业态情况，比如服装、数码等，制订价格浮动策略。
- 品类策略：按照二级或者三级分类制订价格浮动策略。

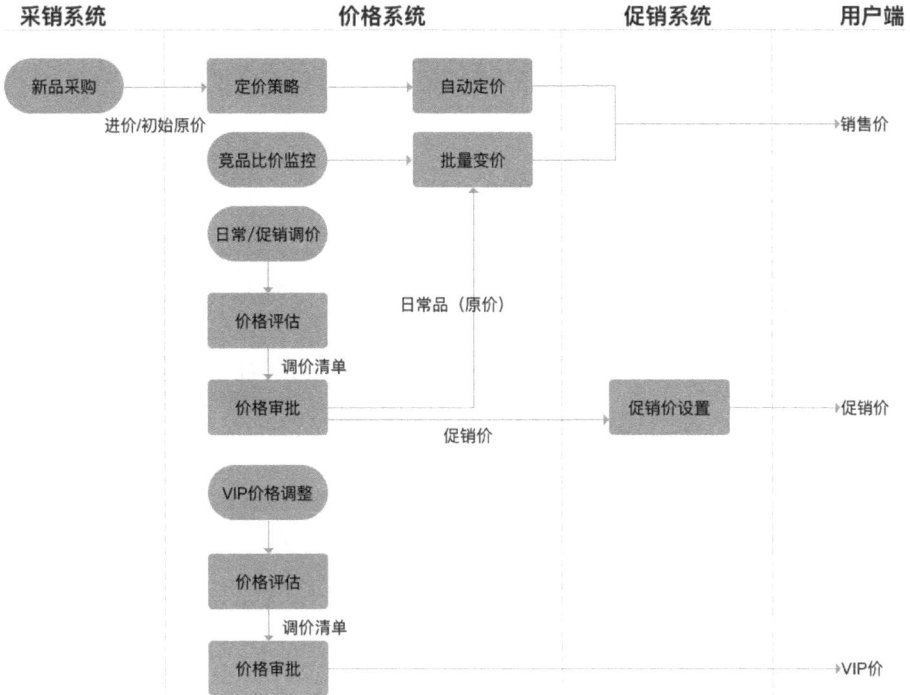

图4-18

- 品类毛利计划：制订品类毛利阈值，包括单品毛利和整体品类毛利。

- 售罄规则：特指竞品监控，当竞品售罄时如何制订价格浮动策略。

- 加价率规则：按照不同维度制订加价率规则，从而控制价格变化。

- 价格战策略：特指竞品监控，通过竞品数据进行价格协同降价、促销等行为，该策略可以参考定价弹性系数进行操作。

- 例外品规则：单独变价，不走通用策略。

这里单独说明一下对竞品跟价、比价等行为的处理。对于竞品的价格监控处理，一般按照情况分为竞品有货和竞品无货两种情况。竞品有货时则采取跟价的方式（包括但不限于折扣降价、金额降价等），具体可以参考变价的策略；而竞品无货时则可以采取利润最大化的情况进行定价，确保毛利最大化。设定完跟价策略以后，系统可以通过竞品监控进行商品跟价效果的查看。

需要注意的是，系统按照变价策略执行变价时，需要考虑商品是否进行促销活动或者VIP价格设定。理论上有促销价的商品，其日常售价不允许高于促销价或者VIP价格。这里面要强调的是，价格设置不只有金额设置，也可以按照折扣设置，所有的策略计算都需要最终换算成金额进行，以确保标准统一。另外，捆绑销售的商品在计算价格合理度的时候需要先按品类、商品拆分后，各自单独判断是否满足相关规则，如果全部商品满足才算评估通过。

审批流程通常由各部门领导与财务共同执行，通过价格评估获取的系统评估数据可以作为人为审批的参考标准。价格评估作用在于对所有不符合规则的情况进行标记，后续流程可以根据标记情况进行相应的审批和逻辑判断。在审批过程中可以建立自动免审机制，判断的标准应该是采购设置的品类毛利计划，调整价格后符合毛利计划中某个阈值的商品定价可以直接免审，由系统自动完成定价。如果调整的是促销价格，则需要将调整后的促销价格回传给促销系统进行统一的变更，流程如图4-19所示。

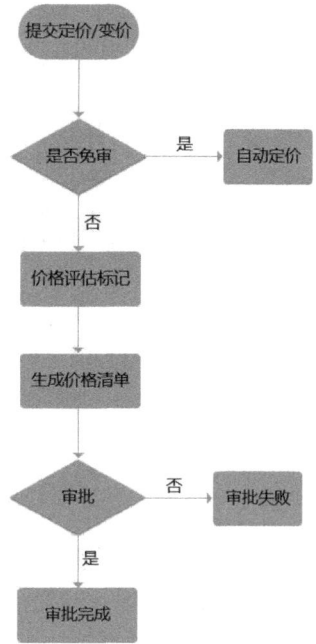

图4-19

在设计价格审批流程的时候要注意几个关键点。

- 不同部门对应不同的品类关系。
- 根据品类+毛利类型+毛利范围设置N级审批流。
- 毛利类型、毛利范围值和毛利等级等可配置化，以便根据需求任意调整。

4. 价格系统构架

价格系统在平台早期是商品体系的一个组成部分，价格的设定从属于商品属性，是商品的销售属性之一。但随着平台的发展，越来越多的商品在定价时需要进行更为精确的评估和分析，价格系统的独立也就变得理所当然了。我们将价格系统分为4个部分，如图4-20所示。

- 定价模型：负责根据价格数据进行计算，为策略层提供参数基准。
- 数据层：抓取竞品数据，并结合自身数据提供数据监控管理。
- 策略层：制订、设置各种定、变价策略，确保执行层按照规则进行操作。
- 执行层：主要负责对业务行为进行操作和处理，所有业务的操作都来自于执行层功能的相关页面。

图4-20

4.3　提高中台风险承载能力

风控系统

电商平台本身是一个以交易为核心的平台，所有的行为都是紧密围绕交易进行的。而自古以来所有的交易都是在诚信公正的基础上完成的，任何一方的欺诈行为都会导致交易的失败或者交易方的利益受损，这种情况不是我们希望看到的，更不是用户希望看到的。为了保证交易的安全及交易双方的安全，我们需要进行管控，对所有可能存在风险及问题的环节进行有效的监督和处理，这就是风控系统。

"风控"全称叫作"风险控制"，其核心的目的就是预防所有可能对平台、用户和商家造成非正常交易以外损失的风险。风控是一个覆盖面很广的概念，从用户开始登录选品到支付完成，直到最后商家送货完成后进行结款，所有的环节都属于风控管理的范畴。因此风控系统不是一个传统意义上的系统，它的边界十分模糊且它存在于任何一个相关系统的内部。接下来我们看看这个隐藏在所有系统背后的风控体系是如何运转的。

1. 风控范围

虽然风控系统是融合在所有其他系统之内的，但严格意义上来看，它还是有它的"管辖"范围的。风控是为了控制、预防风险，因此所有涉及风险的环节都应有风控系统的存在，其中包括以下几个部分。

- 用户信息：用户在平台中的所有相关信息，包括账号、账户等。
- 交易信息：用户在平台进行的交易信息，包括订单信息、支付信息和地址等。
- 全平台攻击：对平台进行非常规行为，从而造成破坏和损失。

这些行为或者信息本身是存在于其他系统之中的，比如用户信息属于用户体系，订单信息属于订单系统，支付信息属于支付系统等。而当对这些信息进行处理和操作时都需要优先进入风控，由风控进行风险评估判断，不同的风控内容会有不同的判断标准。

2. 风控规则

风控系统最重要的就是规则，规则决定是否异常。在讲规则之前我们先来说一下风险等级的概念。风险等级主要是输出给对外业务系统进行风险判断使用的。业务系统一般会按照风险等级的建议行为执行操作。一般风险等级会分为：

- 无风险，不需要拦截；
- 低危，建议不拦截；
- 中危，建议二次认证；
- 高危，建议拦截；
- 极其危险，必须拦截。

风控规则抽象来看主要是以下几个维度。

- 时间：事件发生时间、评估风险的时间区间等。
- 地点：区域维度、店面维度和订单维度等。
- 人物：用户维度、家维度和物流配送员维度等。
- 起因：触发条件，如连续3次以上或黑名单用户。
- 经过：执行风控规则，按照风控规则判断风险等级情况及给出处理建议。
- 结果：风险等级或处理建议结果输出。

我们可以看到，风控规则的本质就是总结可能触发异常的场景进行描述，通过系统维度进行定义和归纳。其中时间、地点和人物是基础数据，风控系统通过外部系统获取这些信息，而起因、经过和结果等就是对数据执行具体风控规则的规定，如图4-21所示。

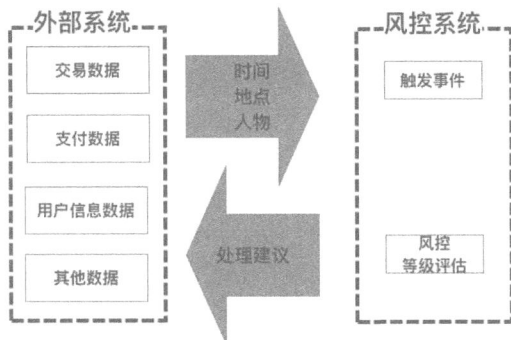

图4-21

　　这里举几个简单的风控规则例子，来看一下风控规则在实际设定时包含什么信息，见表4-1。

表4-1　　　　　　　　　　　　风控规则设定信息

风控规则	应用场景	参数变量	处理建议
收货地址少于N个字符	收货地址虚假	收货地址：order_address 字符数：N	虚假地址－下单拒绝／取消
同一用户时间区间内连续下单N单促销商品	刷单	用户：user_id 下单时间：order_time 下单数：N	刷单－下单拒绝／取消
同一个设备同一店铺在一定时间段内连续下单N单	刷销量／刷排行	设备：device_id 店铺：shop_id 下单数：N 下单时间：order_time	刷销量－商家警告／黑名单
同一个设备不同店铺连续下单N单，商品单价金额较低，且设备曾经登录过店铺商家端	刷销量，多人互刷	设备：device_id 店铺：shop_id 商家信息：seller_id 商品信息：sku_id、sale_price 下单数：N	刷销量－商家警告／黑名单

　　在定义风控规则的时候需要通过多个维度进行设定，设定的原则是将非法的行为和人群特征与正常的行为和人群区分开来，通过各种维度的信息将其进行分类。如果风控规则中包含的信息不全，则需要要求上游系统补充完善提供的信息。上述的风控规则更多的是具体某一个场景下的风控判断，如果涉及更复杂的维度和计算，则需要针对风控要求进行建模。

3. 风控处理方案

风控的本质就是对数据、行为进行保护和监管，因此风控系统的处理方法也是针对这两个方面的。在数据方面我们需要对所有的内部数据进行加密处理，数据库中的敏感信息不能使用明文保存，其中，敏感信息包括用户的姓名、用户名、密码、身份证、手机号和地址等。内部平台的所有信息查询界面需要增加水印，水印为登录员工的姓名和工号，防止通过内部渠道产生数据泄露。同时要对数据进行脱敏显示，所谓脱敏显示，即对涉及的敏感信息都采用隐藏部分内容的方式进行处理，比如"张三"可显示为"张*"，手机号"13511111111"可显示为"135****1111"。在传输过程中也同样需要进行加密，防止数据被截取。

按照上面划分的几个范围来看，风控管理的行为场景包括以下几种。

- 用户信息处理：主要对用户账号和账户的安全进行监管，包括恶意登录/注册、撞库和盗号等。
- 交易行为处理：主要对所有可能出现异常的交易行为进行监控，也叫反欺诈，包括刷补贴、刷排行、虚假履约、"薅羊毛"和逻辑漏洞等。
- 恶意攻击：机器人爬虫抓取、钓鱼短信邮件和短信轰炸等。

所有的恶意行为都是利用平台的漏洞和问题，通过人或者机器进行利益的非正常获取。风控系统就是通过隔离、中断和预防的方式阻止所有恶意行为的进行。目前，随着技术水平的提高，许多恶意行为通过系统或者脚本的方式快速、大批量地进行，但所有的系统脚本都需要按照既定的规则连续运行。风控系统通过终止它们的连续行为，可以有效地阻止恶意行为。风控的处理包括实时处理和延时处理两种方式，一般交易类的都采用实时处理的方式，而恶意用户的判别等一般都采用延时处理。

这里以登录为例来说明一下如何进行风控对抗升级。当黑客希望获取平台用户信息时，主要的策略就是通过不断地登录尝试密码进行暴力破解，平台通过增加数字验证码的方式阻止终端连续登录，可由于数字验证码位数较少且排列组合数量有限，黑客依然可以通过技术手段破解。随着后续发展，平台增加了图形验证码、滑块验证码直至语音短信等方式进行验证，再后来，由于黑客不停变化登录方式，如更换IP地址等，这就需要通过监控异常的登录行为对异常用户或者异常登录的IP地址进行隔离。由此我们可以看到，登录行为可以通过由简到繁、由单一到多种方式混合进行综合处理判断，尽可能地杜绝恶意行为的攻击，安全处理方式见表4-2。

表4-2　　　　　　　　　　　　　　　安全处理方式

处理方式	说明	安全性
图形验证码	最常见验证方式，容易被破解	低
短信验证码	平台接入第三方机构，成本低，通常每条在0.1~0.5元之间	低
语音验证码	安全性较高，接入方式成本高，价格在1~2.5元之间	高
用户封禁	对异常用户行为进行封号，误杀率相对较低	高
IP封禁	对异常登录的IP地址进行封禁，这对于频繁更换地址的黑客见效快，但误杀率较高	高

4. 风控处理流程

风控的处理流程同其他系统也有很大区别。风控系统本身不产生数据，而主要是相关规则的设定和判断。所有进入风控系统的数据都会根据不同的规则进行归类、处理和判断，而输出的结果主要是风险评定的结论。风控系统提供的结论会被其他业务系统用来辅助业务流程的处理和操作，如图4-22所示。

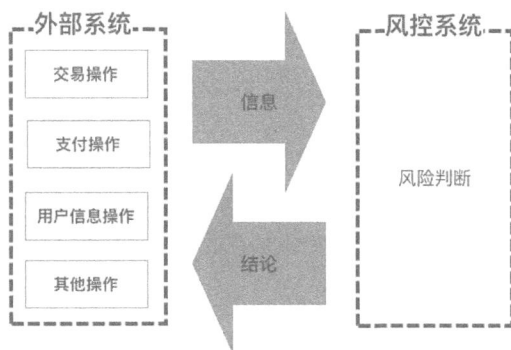

图4-22

除此之外，风控系统还会对大量的行为数据（如浏览、交易等）进行监控分析，从中发现恶意行为并进行及时的处理。这里针对主要流程的接入情况做一下说明，电商的主要流程主要包括登录、下单、支付和优惠券领取等。

首先说一下登录环节的风控处理流程。登录时用户进入第一个环节，从购物车往后的购买流程都需要用户在登录的状态进行操作，因此登录环节起到阻隔陌生访问、验证用户身份的作用，因为很多黑客会不断尝试撞库以获取用户信息，也有黑客通过暴力破解获取用户登录密码，从而盗取用户账号。风控系统在判断前需要通过用户端获取到当前登录访客的相关信息，包括登录用户信息、设备信息和时间信息等。

如图4-23所示，将用户的登录信息输入风控系统进行规则判断，如果判定为高危，则需要升级登录验证等级，使用语音或短信方式验证；而如果用户是被风控标记的用户，则拒绝用户登录，出现过异常登录行为的用户则会被冻结用户资产，被冻结的用户必须经过线下人工核实后方可以解冻。

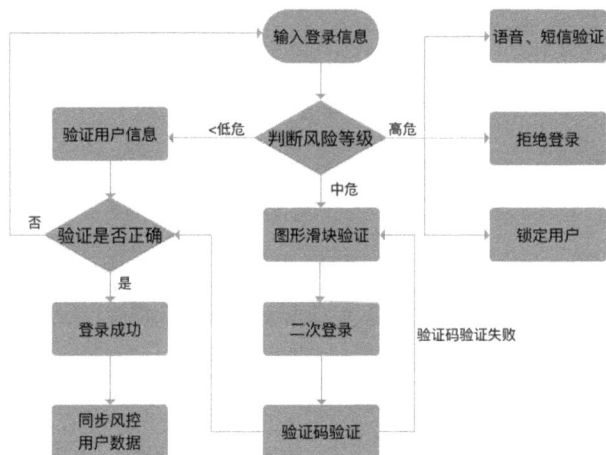

图4-23

风控评定等级为中等危险，则需要提示用户通过滑块或图形验证码进行二次登录。中等危险的登录评定不会强制打断登录过程，而是增加二次验证以确保用户身份。验证通过后，系统根据用户输入的信息进行用户登录信息的核准，如用户登录信息输入无误则会完成登录，输入错误则会返回登录界面。所有的登录信息，无论成功还是失败，都需要将登录行为数据同步到风控系统，用于后续的行为分析评估。

如果风控系统评估等级为低危以下，则按照正常的登录流程进行登录验证。

短信验证的机制与密码验证的机制相似，在短信输入完毕后同样需要将信息传输给风控系统进行评估，如果评估为中危，则进入滑块模式进行验证。需要说明的是，短信验证一般不评估为高危，因为短信相对于用户名/密码来说伪造成本高，它主要是通过注册大量虚拟号进行攻击，可以通过滑块模式来进行中断。

接下来我们看一下风控具体是如何在下单流程中发挥作用的。下单环节是电商平台的核心流程之一，下单过程除了生成订单以外还要完成支付。许多恶意的黑客、商家为了套取平台补贴或者对数据进行作弊（如刷榜、刷信用度等），会通过下单进行恶意消费，他们注册大量的虚拟账号，通过脚本短时间内大批量下单，套取促销或者红包类的商品差值。下单时风控需要获取的信息主要包括订单信息、用户信息、地址信息、商品信息、商品金额、促销信息、优惠券信息、下单时间和支付信息等。

风控的处理一般在下单和支付两个环节进行。之所以会分为两个环节进行管控，是因为恶意刷单的订单量较大，按照风控等级逐级筛选过滤有助于缓解服务器的压力。同时，为保证用户体验，往往会在风控接口超时的情况下默认下单为正常单，两级处理可以加强对一级遗漏订单的保护。

在下单环节和支付环节处理时，风控会根据订单提供的信息进行风险等级判定，判定等级如果达到中断的等级，则业务系统会根据风控结果进行处理，对于异常的用户或者订单进行退单或者拒绝的提示，如图4-24所示。

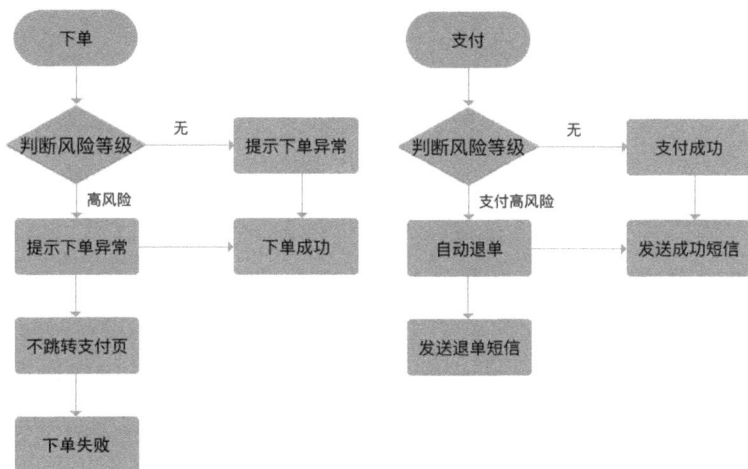

图4-24

优惠券领取也是很容易出现盗刷的环节。为了保证优惠券能够最大限度地拉新、促活，同时不会出现补贴金额被大量套现的问题，风控的接入是非常有必要的，流程如图4-25所示。当风控判断用户有刷单嫌疑的时候，可以拒绝发放优惠券或将优惠力度调整在合理范围内。调整力度的方式包括提高领取门槛、降低优惠金额。

需要提供给风控系统判断的信息包括用户信息、设备信息、优惠券发放信息、优惠券金额、优惠券分享信息和渠道信息等。风控系统根据提供的信息进行优惠券领取前的风控判断，如果判断异常则拒绝发放优惠券，并提示用户领取失败及其原因；如果风控系统核准可以发放优惠券，则会根据风控规则修正金额并通知营销系统进行优惠券生成。生成后的优惠券会发放到用户的账户中，创建成功的数据会同步到风控系统中，用于领取后的监控判断。

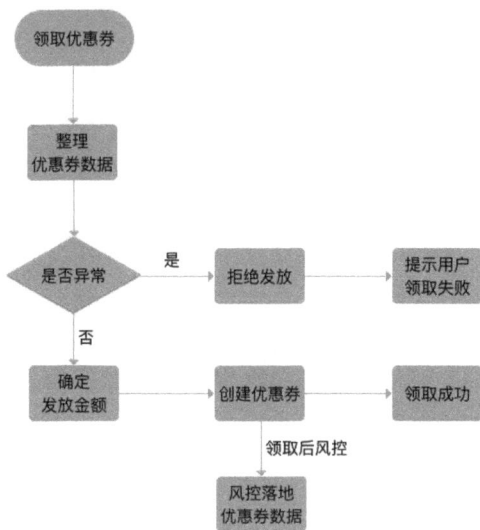

图4-25

4.4 阶段总结

　　平台发展到如今,其安全和性能必须能够匹配业务发展,没有一个合理划分的体系就无法承载更大的订单量。将库存和价格从原有体系里剥离出来,单独搭建一套完整的关系系统,有助于对电商核心资源的精细化管理,而风险控制的剥离也是出于同样的考虑。

　　本次的产品结构调整更多的是对原有的属性(价格、库存等)进行操作,在实体对应关系上并不会造成过多的变化,业务人员则增加对价格、库存管理的录入和操作,其本质同原有的商品专员工作相似。系统上调整较大的是产品系统结构的划分。价格和库存单独剥离为独立系统,而风控则需要与所有相关的上下游系统进行对接,输出结果。

　　原有的仓库实物商品信息依然同步给商品系统。库存系统主要负责对商品的库存进行扣减操作,而价格系统主要负责指导定价、变价策略。这两个系统并不会直接进行基础数据的初始化设置。风控系统则与其他所有系统平行运行,所有的相关基础数据都需要通过风控系统过滤,而前台的用户行为也会提交给风控系统用于判断。划分较合理的体系结构如图4-26所示。

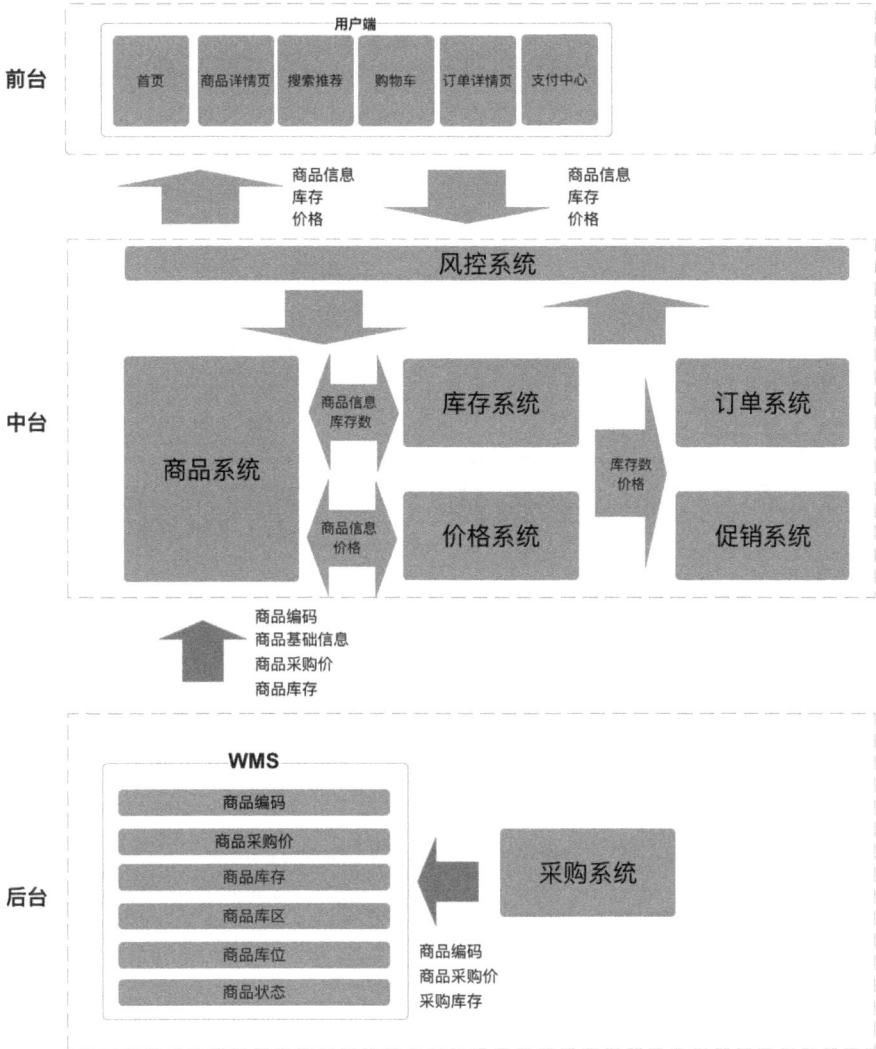

图4-26

第 **5** 章

深耕细作，数据驱动生产

5.1　业务情况分析

快速增长的业务导致问题日益增多，而快速增长所引起的问题却没有系统的处理方案，很多决策都是在仓促中完成的，效果无法准确评估。虽然我们已经建立了一些促销的机制和优惠券的投放机制，但粗放的运营模式导致很多用户的触达效果不佳。无论是从用户角度来看还是从运营角度来看，都需要更加精细化的运营模式和管理方式。大数据作为互联网衍生出来的产物，在这一刻就需要发挥出它应有的作用。电商平台需要通过数据进行分析、整理，从数据的脉络里寻找问题的蛛丝马迹并持续进行优化。营运上需要分析人效成本并进行优化，从用户角度看则需要加强对用户更精细化的管理和投放机制。

在人员上，用户运营管理的工作主要涉及优惠券发放和用户分类等工作，这部分工作可以分配给优惠券运营专员和会员运营专员进行。在数据上需要增加分析专员，对所有渠道收集上来的海量数据进行分析、总结，以便可以找到运营中的问题，提出解决方案。结构变化如图5-1所示。

5.1.1　业务场景分析

深耕细作是指通过数据样本对每个流程中的细节进行分析、比对，希望通过数据反映出问题的本质和变化情况，继而提供决策依据。简而言之，以数据驱动产品、流程优化，这是互联网公司比较鲜明的特征之一。因此，在流程上首先需要将大量业务运营数据进行收集、归类和整理，同时对其变化进行监控、分析，与此同时，也需要对用户数据如行为、用户消费情况等进行分类打签，根据用户数据处理后的情况进行差异化营销和妥投，以便提高细分类下用户的转化和黏性。

用户的数据梳理就是用户画像的搭建，可根据用户的画像进行定向的导购和促销。需要的步骤和上述的流程类似，不同的是用户数据在应用上的要求更加复杂，不同生命周期下的用户需要提供不同的投放周期和策略，而投放的内容以优惠券、活动推送等信息为主。

5.1.2　业务角色分析

在角色上只是增加了数据分析专员，他对数据进行各个维度的抽象和归纳，对系统的数据进行实时监控，对离线数据进行分析，如图5-2所示。

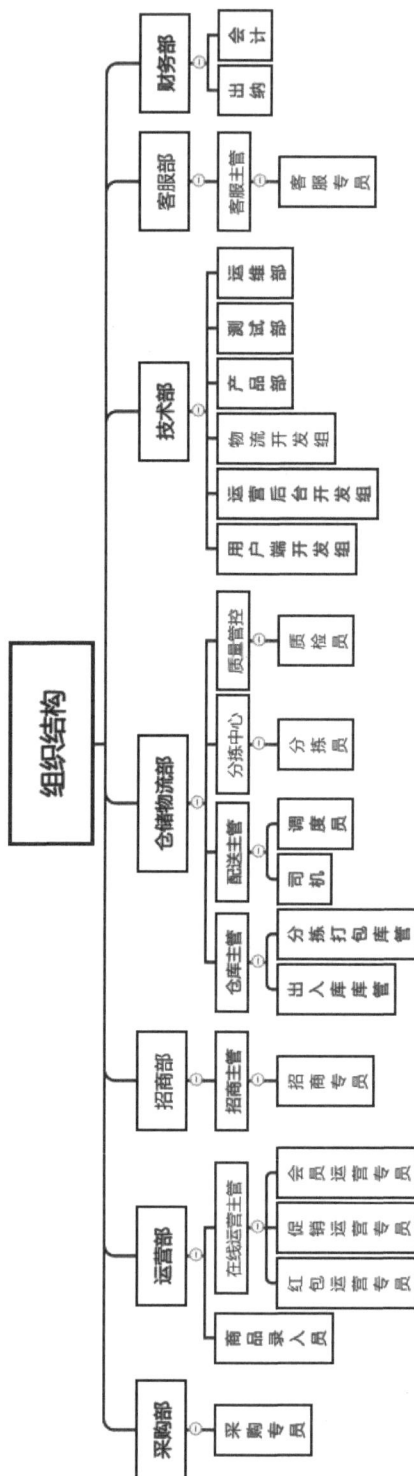

图5-1

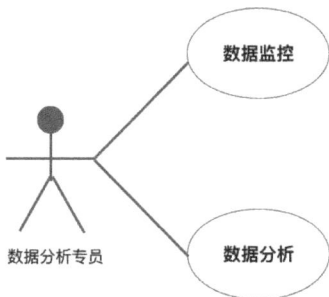

图 5-2

5.1.3　分析结论

根据上述业务情况的分析，我们把业务的实际流程总结一下。

1. 数据中心

从业务的角度看，主要需要进行以下几个步骤来完成所有从分析到实施的过程，如图 5-3 所示。

- 数据采集：将需要的数据从不同的源头采集过来，包括内部和外部数据。
- 数据加工：对数据执行初步加工、去除杂质等工序，确保数据相对合理准确。
- 数据呈现：按照不同的业务要求和维度，对数据进行展示和监控。
- 数据使用：根据数据的异常情况进行预警或者执行相应的策略。

图 5-3

2. 用户精细化运营

以往我们更多的是针对商品做运营，比如促销活动等，但其实最应该精细化运营的是用户。我们通过各种渠道收集到用户的相关信息，对用户进行分类的定义、属性标签的定义，对恶意用户进行黑名单禁用，按照用户目前的消费生命周期对处理过的用户进行不同策略、逻辑的运营行为，包括沉默用户的唤醒、日常的推送促活和优惠券的定向投放等，如图5-4所示。

图5-4

▍5.2 管理运营精细化

5.2.1 BI系统

互联网具备改造业态的能力，随着移动互联网的发展，越来越多的传统业态开始被互联网改造，电商则属于较早一批落地的行业。抛开互联网的一些颠覆性思维方式和节奏不说，笔者认为最关键的是互联网学会了通过数据驱动生产。在传统业态下，人们习惯通过报表来核对账目，了解大局情况，但对每个出现的问题、差异很少会做出详尽的跟踪和分析，很多线下环节的不规范也会造成反馈数据的核准校验难度过大。而互联网的发展改变了这一切，线上系统的标准化使数据的收集更为全面准确，而针对数据的分析跟踪也能进一步通过系统完善改进。数据驱动生产已经变成互联网企业的一个标志，数据不仅仅记录了所有的行为和账目，还为商业模式、业务流程等方方面面提供了强有力的支撑。作为平台的"大脑"，BI系统已经是所有电商平台或者互联网企业的标准配置了。

BI（Business Intelligence）是商业智能的简称，BI系统在一些公司也叫数据中心或者数据分析系统。BI系统的作用主要是负责对电商平台中的海量数据进行分析、处理，寻找业务生产中出现的问题并提供合理有效的商业分析建议，协助改进业务生产。BI系统也是随着互联网技术和思维的发展而不断改进变化的，时至今日，它已呈现出一个比较完整的体系。我们来看一下BI的发展过程都经历了哪些阶段。

1. BI系统发展历程

BI系统的前身就是我们日常最为熟悉的各种报表。Excel是最常用的报表工具，时至今日依然有很多企业通过Excel表来管理、处理数据。在这个阶段还没有商业分析的概念，公司大多通过Excel自带的图表来了解日常经营的情况，通过核对财务数据来对账。数据多通过人为的方式收集，并不会对所有数据进行统一存储、记录。数据的传输也是通过邮件或者第三方通信软件进行的，数据追溯能力较差且容易丢失。我们可以称这个时期为BI系统的0.1版本时代。

随着互联网技术的发展，人们开始通过线上系统处理日常的工作内容，越来越多的数据被记录在数据库中。这个时期的数据获取已经开始慢慢规范化，所有线上系统操作的数据都可以被合理地保存下来。数据库可以将收集的数据按照业务需要的报表形式展示出来，不用担心数据遗失。BI系统进入了1.0时代，这个时期BI系统的作用是数据收集和数据管理，早期的IBM、Oracle都是这个时期比较知名的厂商。但每次数据呈现都需要单独为某个业务进行处理，成本很高，周期也较长，同时还无法通过更为丰富直观的方式提供服务。

随后人们开始希望BI系统可以承载更加清晰、智能化的展现方式，减少人们对多样性数据诉求的理解和开发成本，数据可视化也慢慢变成BI系统的一个核心组成部分。数据可视化不单单是丰富的图表样式和绚丽的动效，从思维上我们认为每一个数据信息都是单独的元素，通过业务上的理解和拆分，可以将数据按照不同的维度进行有机组合、建模，最终提供更为贴近业务的动态数据图表。在这个阶段数据不再单以简单的图表形式展示，而是通过合理的拆解、组合实现更为海量的数据信息呈现。BI系统变为由数据获取、数据处理和数据可视化3个部分组成。

接下来人们不再满足于单一的数据查看诉求，而是希望系统可以赋予业务生产经营更多能力。在满足基本的数据监控、查看之余，我们希望能够通过平台技术挖掘出更多的数据信息，分析出更多内容，为决策提供更多的建议和参考，这就是我们常说的数据挖掘或数据分析。同时，移动互联网发展平台的数据开始变得越来越多，如何满足在大数据条件下实现信息挖掘变成BI系统最需要关心的课题之一，BI系统也变为数据获取、数据处理、数据可视化和数据分析挖掘4个部分，正式进入3.0时代。

2. BI系统的业务逻辑与架构

BI系统是电商平台中最重技术的系统之一，在产品上的业务逻辑并不十分复杂。BI系统的产品需要把关注点放在数据口径制订、数据I/O的标准上。从产品架构上也可以看出BI系统的产品逻辑核心是数据处理和数据抽取存储口径制订。

数据统计分析相对其他业务系统来说与具体业务诉求关联更强，不同业务场景下对于数据的要求、维度和字段都可能是不相同的。如何在复杂的数据里去处理业务的数据需求呢？在实际执行过程中，根据数据使用的不同场景，按照数据使用的方式可分为3种业态组合，即业务报表、数据工具和数据应用。

业务报表指的是一些常规的数据统计，如GMV营收、订单量和商家数等。业务报表是业务最常用的数据展示形式，它大多以表格的形式陈列给相关职能人员。每个业务部门会按照自己的实际业务情况提出报表需求，报表构建需要对业务情况进行深入的了解后才能确定需要展示的相关信息和字段。原则上所有的统计数据都可以通过业务报表的形式提供给业务方，但由于维度复杂且每个人员对于业务的诉求不一致，重复不断地去开发个性化报表，从时间或者人力上来说都是不合理的，因此BI系统需要构建出自己的数据工具，数据工具可以让业务运营人员通过简单的培训就可完成复杂维度报表甚至图表的配置、生成工作。数据处理不再只是由开发人员完成，有效地提高了数据处理的效率。数据工具主要负责处理一些临时性报表或者维度复杂的业务分析报表，它需要对每个业务场景进行数据建模，建模后的宽表可以用于业务的报表配置。当然也有一些特殊的数据使用并不在BI系统中，比如前面讲到的CRM也会进行数据的展示，这个时候需要BI系统提供数据处理和输出的能力，也就是BI系统的第3种业态组合——数据应用。

虽然从业务角度来看数据使用的方式都不相同，但在数据的实际操作流程中，它们都要经过3个步骤——数据存储、数据处理和数据可视化。接下来我们按照步骤看一下在实施具体数据操作的时候都需要关注哪些事情，如图5-5所示。

图5-5

数据存储

数据存储主要负责将各种外部、内部数据在通过拉取、清洗和处理等行为后，把符合数据统计标准的数据存储下来。BI系统的数据都是独立存储的，为了不对业务系统造成影响，所有的数据处理都是在BI系统的数据表内进行操作的，而数据也都是从各个业务系统拉取到的。数据拉取主要包括两类内容：业务数据库表中的数据和日志中的数据。一般数据库中存储的多为业务执行完成的结果信息，如订单信息、商品信息等，而日志为过程数据，如点击操作、浏览操作等。

业务系统的数据信息字段多，而且不同业务系统间会包含重复字段。为了保证在大数据处理时提高处理效率，会根据实际情况进行数据建模，建模后的数据会保存在BI系统的宽表中。宽表从字面意义上讲就是字段比较多的数据库表，通常是指业务主题相关的指标、维度和属性关联在一起的一张数据库表。BI系统的宽表都是多个业务数据库表提取组合成的。

数据处理

数据处理主要是对存储的数据进行业务逻辑方面的处理，所有和业务逻辑相关的配置和处理都在这一层统一处理。从各个业务系统收集回来的数据参差不齐，为了满足业务的数据需求，需要对数据进行加工处理。在处理数据时，又将数据分为数据模型和BI层数据两部分。数据模型指的是单个业务需求下的需求内容，有一点需要注意的是，这里的业务需求指的是业务提出需求对应的业务实体，比如订单量对应的是订单主表的数据，而延伸的数据则需要独立建模，如订单的评论、商品明细等。BI层则可以组装多个实体的数据模型用于展示。我们先来看一下数据模型，按照业务的诉求组成不同的数据模型，简单地说，数据模型也是数据库表，只不过是汇总后的宽表。数据模型的抽取要遵循3个准则。

● 限定条件：数据使用限定范围，比如按城市维度、按用户级别维度等，限定条件相关的字段需要出现在建模后的宽表中，以便在配置处理时使用。

● 业务需求：业务提出的数据需求，比如希望看到每个城市的订单量等，如果包含多个实体的诉求，则需要我们进行拆解。

● 数据口径：数据统计方法不同，统计的结果也千差万别，因此，统一数据的标准是非常重要的，口径的维度包括但不限于取数周期、取数范围和计算规则等。

数据建模时要遵从数据库的第三范式，即非主键的字段之间不能存在其他函数关系。

而如果涉及复杂的数据显示诉求，则可以在BI层通过数据模型的组合来实现，以减少耦合度。数据模型也会因为统计周期的不同而有实时和非实时两种情况。非实时数据模型一般用于统计对于时间敏感度较低的信息，比如统计全国日均单量、日均用户数等；非实时的数据模型通常是通过脚本的方式进行周期性统计，考虑到处理量大的情况，一般会选择在后半夜进行。

在这里提一下数据挖掘的概念，数据挖掘实际也属于数据处理的一种，它是通过一定的算法找到数据之间的关系并把这个关系记录下来（也就是保存在宽表中建模）。关于数据挖掘的算法，网上有很多介绍，这部分是属于开发的范畴，这里不做过多说明，对于产品来说可以了解一下原理和知识点。

数据可视化

数据可视化主要是将处理或配置后的数据表按照业务的维度要求进行展示，包括图文、表格等形式，也可以通过推送的方式定期发送数据内容给指定人选。我们上面讲到的3种业态组合实际是通过显示输出方式来区分的。常用的报表通过固化的方式展示，而一些复杂的报表则通过模型字段配置来组合，也就是我们说的BI层的数据模型组合展示。在显示时一般会分为单表（Chart）和看板（Dashborad）两种。看板多用于多个维度对比展示，往往用于整体状况分析；单表则属于某个细分业务单独的数据统计。

在推送方式上，数据展示包括数据报表展示、邮件推送和数据对外输出等3种方式。数据对外输出指的是为外部系统提供数据计算处理后的结果。在切分BI系统与其他系统边界的时候应遵循几个原则：

- 数据计算处理属于BI系统；
- 根据数据触发的操作流程，业务一般会放在业务系统中进行；
- 业务数据的展示要根据业务操作的便利性和与数据触发后续流程的紧密度来判断由哪个系统来实现。

5.2.2　本期系统交互情况

BI系统虽然属于中台系统，但从系统的角色来看，它是位于所有系统的最后方、类似于电商平台的"大脑"。BI系统抽取所有业务系统的原始数据，再根据实际需求生成对应的数据信息和报表。而业务人员则可以通过BI系统的报表来决策后续业务行为和其他业务系统的流程改进（比如用户端的购买流程优化可以通过用户行为数据分析来进行），也可

以将BI系统进行数据挖掘、加工后的计算结果反馈给相关业务系统，由业务系统判断是否
进行后续的操作和改进。

　　BI系统的数据不仅仅来自于中台的运营系统，还来自于前台和后台的系统，判断的标
准是是否需要基于大数据平台进行分析、挖掘，如果需要，则必须要求相关业务系统提供
数据内容来进行分析处理，结构如图5-6所示。

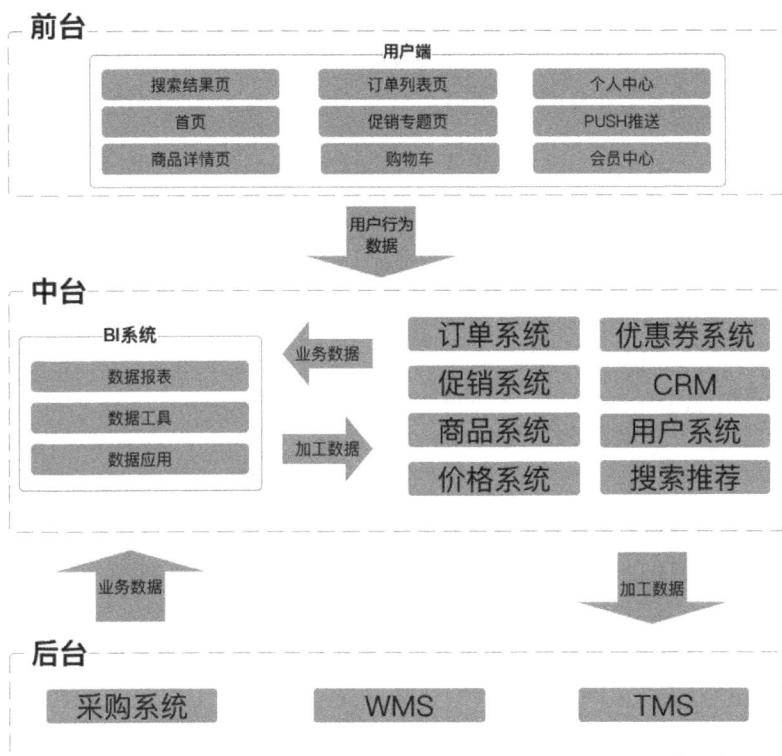

图5-6

　　从实体对应关系来看，BI系统和业
务系统主要是数据方面的对应，其他的
业务逻辑并没有太多的关系，如图5-7
所示。前面讲了BI系统从上到下分为
4部分——业务数据、数据模型、BI层

图5-7

和数据展示。业务数据和数据模型是多对多的关系；而BI层由于已经是比较明确的数据结
果，因此它和数据模型是一对多的关系；数据展示的表格和BI层是一对一的关系。

5.3 用户运营精细化

5.3.1 CRM

CRM全称为Customer Relationship Management，即客户关系管理，企业用CRM技术来管理与客户之间的关系。它的目标是通过提高客户的价值、满意度、营利性和忠实度来缩减销售周期和销售成本，增加收入，寻找扩展业务所需的新的市场和渠道。CRM虽然是用来研究用户行为的，但从使用者的角度来看，它分为销售型CRM和用户运营型CRM，销售型CRM主要是对日常进行线下"陌拜""地推"等行为的销售人员进行管理，而用户运营型CRM则是运营人员对线上用户进行关系维护促进的工具。下面重点讲的是电商平台比较常用的用户运营型CRM。

用户运营型CRM作为深度挖掘客户价值的有力工具，其目的是加强与用户之间的黏性和消费引导。简单地说就是消解用户在消费决策中产生的阻力，即把握用户消费心理。这里先来了解一下用户消费行为都有哪些内容，从该角度来看一下CRM系统应该如何设计。

在前面讲解促销的阶段我们提到用户的消费决策心理过程是怎样的，实际过程中影响决策的因素会复杂许多。用户的消费决策行为包括3个部分，这3个部分组成了用户消费行为决策的基本框架。

- 用户群体特征：指用户小群体的基础特征属性，它代表用户群体的变量和常量，决定后续用户行为分析的准确性。

- 消费行为动机：指消费者产生购买需求的原因，按照购物目的划分动机可以划分成若干维度，不同的消费行为模型下动机的表达方式不同，不过最终动机的分析都是为了能够深入了解用户在想什么。

- 消费行为跟踪：对于消费者的行为，我们不能将其看作是一次单一的动作，为了能够将产品的利益持续化、最大化，我们需要用户能够长期进行消费行为，因此要跟踪每次消费行为前和消费行为后的所有活动、评价和感知等，以便尽可能收集、分析用户的特征和动机。

框架的3个部分是各个模型的基础应用，虽然在每个模型中的叫法不同，但其本质是相同的，而CRM也是遵循这个基本框架规则来运行的，如图5-8所示。

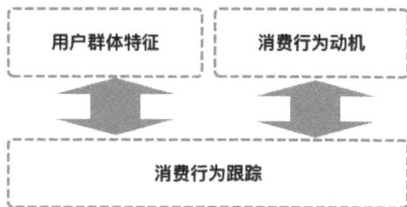

图5-8

5.3.2　消费行为模型

消费行为学目前是一门非常成熟的学科，它经过很多年的演变形成了许许多多的模型方法论。在实际的运营和使用上，每个模型其实都有它的独到之处，这里介绍几个比较常用的模型。

1. U&A模型

在早期研究消费行为时，人们认为用户对产品的态度和习惯决定了消费行为的模式。态度和习惯的行为研究模型叫作U&A模型。U&A模型比较常见的模式是费歇宾模式[①]（The Fishbein Model），该模式是1963年由Fishbein提出的，它认为某一客体或行为的态度是由下面两个要素组成的：

- 一是消费者对于购买此种产品的态度，即自我认知；
- 二是消费者认为其他人对此种产品可能有的态度，即从众心理。

简单地说，费歇宾模式认为用户购买行为的动机来自于用户对产品的情绪，包括个人对产品的情绪和其他人对用户的影响。比如在乔布斯时代，iPhone手机成为高端手机的代名词，是源于大多数消费者被iPhone进行品牌和营销推广时树立的高端、智能形象引导产生的认知。由此导致用户优选购买iPhone以达到个人高品质生活的感觉，而忽略了iPhone高单价的因素。由此，由情绪动机这个单一因素引起的消费大多属于冲动消费，动机满足率相对较低但成单率较高。

费歇宾模式量化后具备3个因子：属性、信念和权重，如图5-9所示。

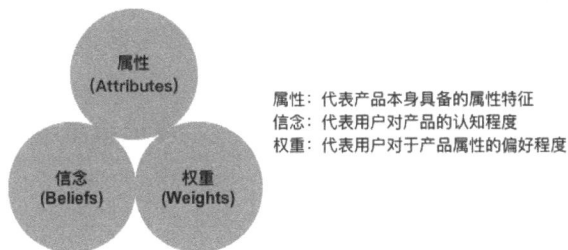

属性：代表产品本身具备的属性特征
信念：代表用户对产品的认知程度
权重：代表用户对于产品属性的偏好程度

图5-9

用AO表示用户当前对产品的认知态度，公式为$AO=\sum_{i-1}^{n}B_iE_i$。其中，n代表品牌拥有n个属性，i为第i个属性，B_i表示消费者对待品牌拥有的第i个属性的信念强度，E_i代表消费者对属性i的偏好程度。

---

① 参考百度百科"菲什宾模型"。

2. Sheth-Newman-Gross消费价值模型

U&A模型被广泛应用于对品牌敏感度较高的各种场景，用以分析用户的消费行为特性。通过判断分析用户对产品的态度来进行营销运营是该模型的核心逻辑，但态度的概念过于模糊，并不能非常有效地去分解量化用户动机的真正动因。1991年由希斯（Sheth）、纽曼（Newman）和格罗（Gross）提出的以给用户带来的价值为基础判断用户的消费动机进而影响用户的决策，这种理论将动机的因子细化成更好量化的维度，从一定程度上解决了量化的问题。这种模型叫作Sheth-Newman-Gross消费价值模型[①]。

消费价值模型提出用户决策的核心在于产品可以为用户提供的5个核心消费价值——功能价值、社会价值、情感价值、认知价值和条件价值。

● 功能价值：功能价值强调的是商品本身所具有的实体或功能价值，当一个产品或品牌具有某些功能上的属性且能满足消费者使用该产品功能的目的，则此产品具有功能价值。

● 社会价值：当产品能为消费者与其他社会群体联结提供效用时，则此产品具有社会价值；在社会价值的影响下，消费者选择产品并非理性地注重其真实特性与功能，而是产品是否能提升其自身的社会地位，塑造其社会形象，或是满足他内在的自我欲求。在消费者行为的领域中，与社会价值相关的研究主题包括社会阶层、符号价值以及参考团体等。

● 情感价值：是指消费者的选择可能取决于消费者渴望情感的抒发，消费者所获得的价值来自于所选择产品引起的感觉或喜爱感受，若满足，则它具有情感价值。

● 认知价值：是指消费者的选择取决于产品是否具有满足其好奇心、新鲜感和追求新知的需求，若满足，则产品具有认知价值。

● 条件价值：是指消费者面临特定情况时所做的选择。在某些情况下，产品能暂时提供较大的功能或社会价值，产生条件价值的产品通常会和消费者的前序状态相联结，这些产品因为具备条件价值而使其产生外部效用，从而改变了消费者原先的行为。条件价值基本上非长期持有，而是短暂的。

看到上述的划分，大家是否有似曾相识的感觉？没错，消费价值模型从某种程度上来看是契合马斯洛需求理论的，如图5-10所示。对于用户来说，产品的功能价值解决的就是最基础的"刚需"，即生理需求，比如衣服是解决保暖问题的，食物是解决饥饿问题的。而对事物的好奇、对未知的感知是为了解决人们的不安全感，获取更多新知可以满足安全诉求。情感诉求的投射则需要产品可以满足用户对于这方面的宣泄或者共鸣的需求。而对

[①] 来自百度百科：Sheth-Newman-Gross消费价值模型。

于自我和他人的诉求则反映到产品提供的社会属性价值中，投射给用户的是自我的满足和社会层面的满足。最后，由于某些条件下可能会出现一些特殊的诉求场景，那特定条件下满足用户的产品则具备特殊条件价值，如打车产品的加价功能。

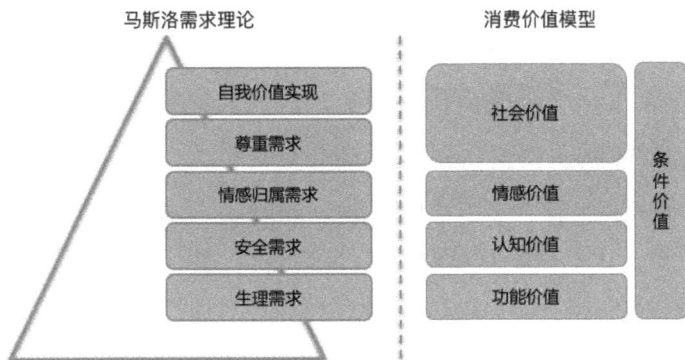

图5-10

因此消费价值模型将动机因子进行划分，以满足各个阶段、不同情况下的诉求，同时为量化标准分析用户决策的原因提供依据。由于用户群体的特征属性也具备多样性的特性，不同群体下多维度的动机构成了一个笛卡儿乘积的矩阵，这就是初步构建的用户画像。用户画像可以勾勒出一个虚拟的用户形象，通过这个形象我们可以了解到如何引导、妥投我们的营销方案。CRM 系统设计时，所有的分析依据和来源也都是基于用户画像构建的。

在消费行为框架的三要素中，用户群体特征属于基础的信息项，群体特征枚举越丰富则勾画的用户画像越丰满。动机分析则明确引导用户营销的"落脚点"是什么，从而方便制订营销计划的实施方案。但消费行为并不是一个单一的行为，它是由一系列行为组成的。在关注群体特征和行为动机的同时，还需要对用户的消费行为进行全流程跟踪。现在互联网已经进入了移动互联网时代，用户的消费接触点管理（Contact Point Management，CGM）成为掌握、引导消费动线的关键。单一的硬广告和单向训导已经无法说服用户进行下单决策，每一个浏览、搜索和消费信息的碎片化时间都可能产生另一次完整消费。移动互联网放大了差异化诉求的动机因子，同时也放大了人们对于产品信息的获取渠道，即消费接触点。越来越多的接触方式，比如新媒体、自媒体等渠道，造成用户在购买时会产生大量的条件价值的动机因素，也就是说，细分场景下的购买诉求会越来越丰富，这时候就需要对用户的消费行为进行跟踪，确保在合适的时机进行营销引导。

3. AIDESS模型

我们将消费者在CGM环境下的心理发展分为注意（Attention）、感兴趣（Interest）、欲望（Desire）、体验（Experience）、热情（Enthusiasm）和分享（Share）6个阶段，这6个阶段的英文名称第一个字母的组合即是"AIDEES"。AIDEES模型是由日本的片平秀贵提出的，AIDEES模型强调信息在流转过程中进行的动态转化，用户对每个产品关注、传播的过程都可以成为另一个产品的转化源头。这个模型特别适用于现在移动互联网时代的传播路径，也就是现在比较流行的社交电商，如图5-11所示。在社交电商中，用户的接触点不再是单一维度，更多的传播来源于用户群体本身。结合群体的特征来分析提供引起用户关注（Attention）的产品是营销方案和营销渠道需要注意的关注点。CRM设计中也需要考虑用户在不同环节需要切入的接触点以及如何根据群体特征引发用户的传播（即分享）。

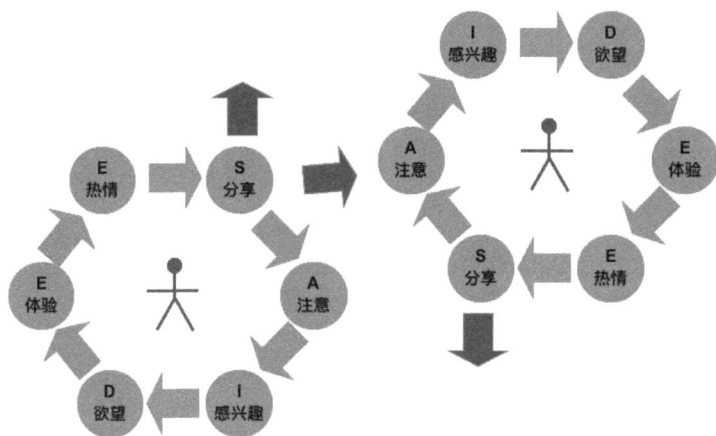

图5-11

讲了这么多消费行为模型的内容，接下来我们看一下结合消费行为和用户的情况，CRM应该如何操作和设计。

5.3.3 CRM产品框架

从消费行为的三要素来看，CRM需要构建对用户群体特征的沉淀，对用户的行为进行动机和原因分析，并提供各种营销手段和方案，还能够提供多种触达渠道来传达到用户，并根据用户在各个渠道的反馈来补充用户特征和评估效果。

CRM的核心用途就是使营销运营人员在线上能够通过分析判断用户的消费行为而对

用户进行营销互动、宣导和传播的行为。我们同样用5W2H的方法来拆解一下CRM涉及的业务流程，看它都包含哪些元素。

● What：用什么来营销，即营销的载体或资源，运营人员在进行宣导时需要通过一定的资源来与用户进行互动，这个资源包括但不限于红包、促销活动和内容推送等。

● Why：为什么要做营销，即明确营销目标，比如拉新、促活和复购等。

● Who：营销人群，目标人群需要确定是一定范围的用户还是全员用户，如拉新时主要针对新客，而复购时主要面对老客。

● When：营销投放的时间点，比如通过红包进行营销，则需要确定红包发放的时间点，一般会在用户产生消费高峰的时间段之前。

● Where：在什么地点或者场景下进行营销投放，不同场景的营销方案和手段也是不一样的，比如消费前和消费后的营销方案不会是同一个方案。

● How：营销规则如何制订执行，营销规则其实包括上述的几个要素——人群、时间点、产品载体和场景等，这些元素共同组成最终的营销规则，不同场景下的规则也不尽相同，具体的规则可以遵照前面讲到的一些消费行为模型来制订。

● How much：投入产出比，营销行为本身就是一个高支出的行为，如果没有投入产出比的监控和分析，就会出现失控的状况，因此对于营销的投资回报率（Return On Investment，ROI）需要进行一定的管理和分析。

拆分后我们可以看到，运营人员需要几部分信息进行营销，包括营销资源（What）、用户信息（Who）、营销规则（How）、触达渠道（When、Where）、数据监控分析（How much & Why）等。系统专员或运营专员按照营销行为的顺序逐步完成每一部分的设置，最终完成方案妥投，如图5-12所示，以此为基础，我们来搭建CRM的产品框架。

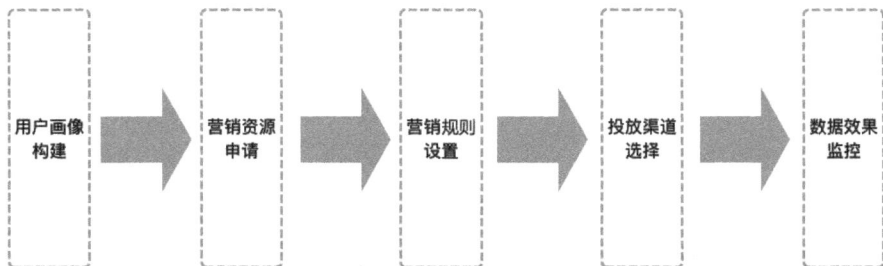

图5-12

首先需要对用户的信息数据进行处理和管理。CRM从各个相关业务系统中将用户的数据进行拉取保存，由系统根据一些基本规则（如新、老客，会员、非会员等）对用户数据进行初步的处理、标记。运营专员可以按照业务实际需求对用户数据（包括但不限于消费数据、基础数据等）进行人为的归类、打签。处理后的用户数据支持对用户群体的透视呈现。

确定用户人群的情况后，下一步需要明确投放营销的资源都有哪些，我们需要对这些资源进行管理。营销资源的发放大多来自外部系统，如红包的发放来自优惠券系统，促销活动推送来自促销系统，但资源申请的权限可以通过CRM来管理。营销资源一般会融合在营销玩法的模块中使用，玩法的场景规则决定投放的时间点、人群和投放资源等信息如何组合。营销玩法根据场景分为会员激励类型、定向投放类型和特殊投放类型3种。会员激励主要是对平台的会员进行一些福利发放，比如会员专属红包、积分奖励和生日关怀等，通过提升会员的利益来促进会员的消费。当然，如果平台还有入住的商家，则CRM还可以包括对商家会员的管理手段。CRM中的定向投放是最主要的营销手段，定向投放指的是圈定一定范围的特殊用户群体（如高客单价群体、新客群体和年轻女性群体等）并对他们进行定点定时的营销投放。定点投放在电商平台乃至O2O中最常见的就是红包的发放。根据不同的时间、不同的页面和不同的触发机制可以组合出很多种意想不到的玩法，比如最常见的分享红包、分享砍价小游戏，还有用户登录时随机天降红包等。除了红包的投放，还可以将其他内容以定向投放的方式进行妥投，比如推送、消息和短信等，这种玩法的核心在于定向的圈定，也就是我们常说的精准营销。由于人群特征相对来说更为具体，我们判断投放人群的消费动机也更明确，这样，投放后转化率相对也会高一些。会员和定向作为两个主要的营销手段，经常被运营人员使用，除此之外还有很多特殊的玩法手段，比如推荐有礼可以有效促进拉新，首单有礼可以促进新客复购。需要说明的是，我们在大促时经常会看到一些定制化的游戏或者H5页面，比如十年账单，这类营销推广多属于定制，但一般不会放在CRM中进行统一管理，而是对接促销或优惠券系统进行相关权益的直接发放。

设置完玩法，接下来我们需要进行投放。投放渠道的管理也是非常重要的，在投放时需要根据实际情况进行调整，同时系统也需要设定规则来防止对用户造成骚扰。投放渠道分为站内妥投、站外妥投和异业合作等几种情况，每次用户的触发投放生效时都需要根据用户选择的渠道进行记录，方便后期进行数据分析和调优。

说到数据分析，我们同样需要在CRM中构建数据监控分析的模块，这个模块主要是为我们的营销投放提供经营策略的支撑，包括数据建议、投放实时监控以及各种基础指标的分析。整体结构如图5-13所示。

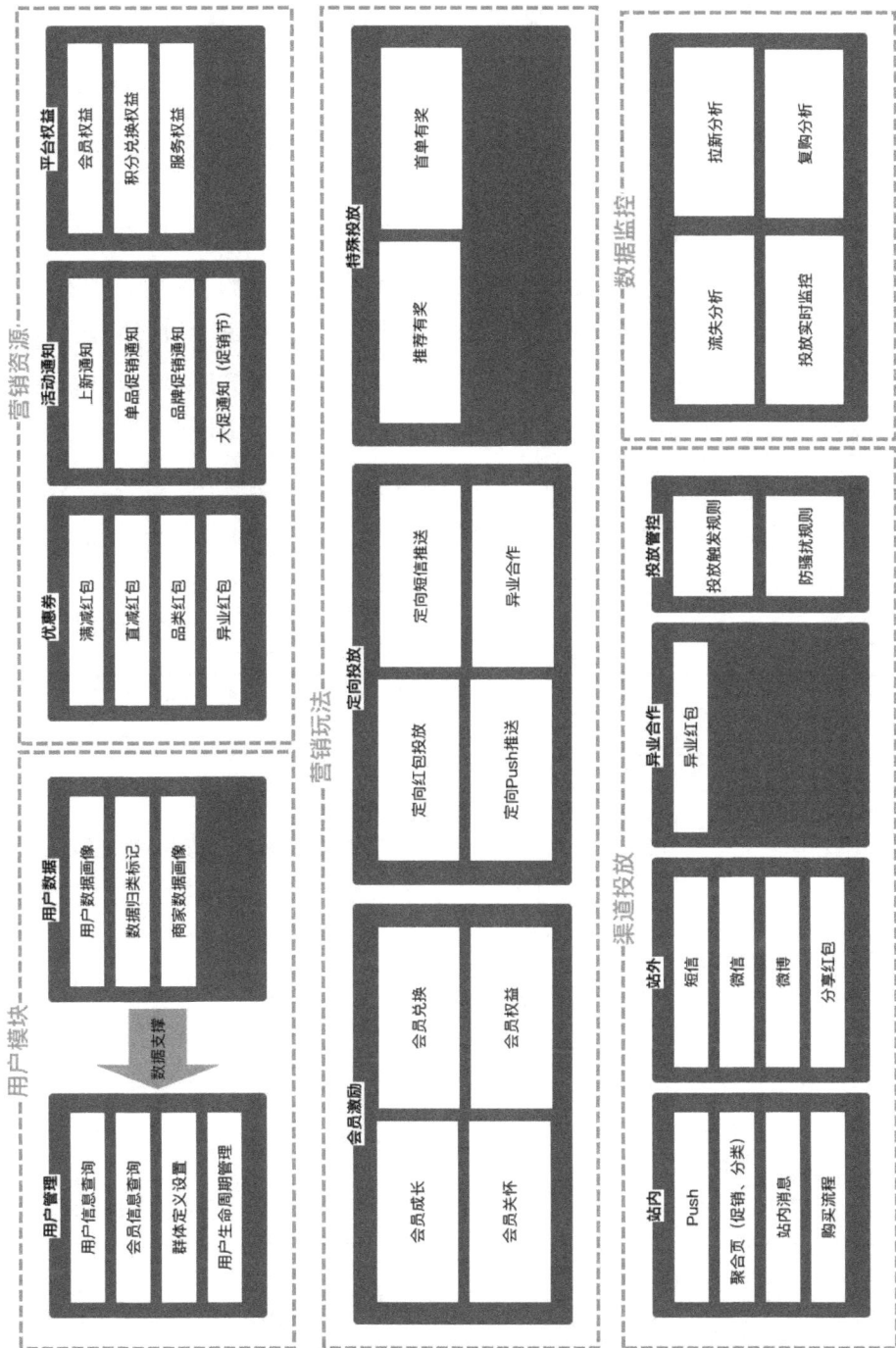

图5-13

用户模块

用户管理
- 用户信息查询
- 会员信息查询
- 群体定义设置
- 用户生命周期管理

用户数据
- 用户数据画像
- 数据归类标记
- 商家数据画像

数据支持

营销资源

优惠券
- 满减红包
- 直减红包
- 品类红包
- 异业红包

活动通知
- 上新通知
- 单品促销通知
- 品牌促销通知
- 大促通知（促销节）

平台权益
- 会员权益
- 积分兑换权益
- 服务权益

营销玩法

会员激励
- 会员成长
- 会员关怀
- 会员兑换
- 会员权益

定向投放
- 定向红包投放
- 定向Push推送
- 定向短信推送
- 异业合作

特殊投放
- 推荐有奖
- 首单有奖

渠道投放

站内
- Push
- 聚合页（促销、分类）
- 站内消息
- 购买流程

站外
- 短信
- 微信
- 微博
- 分享红包

异业合作
- 异业红包

投放管控
- 投放触发规则
- 防骚扰规则

数据监控

- 流失分析
- 投放实时监控
- 拉新分析
- 复购分析

5.3.4 CRM模块核心

我们可以看到，CRM包括的模块很多，每个模块在整个链条中都起到它自己的作用，CRM所有的流程和策略都是围绕营销指标进行的，每个模块关注的指标也各有侧重。下面我们来看一下各个模块比较核心的功能点。

1. 用户生命周期

用户模块主要是对用户的数据进行归类管理并完成用户群体的定义。群体的定义多是由不同特征组合筛选获得的，定义好的用户群体用来进行数据分析和定向投放使用。用户群体的划分可以由系统根据既定规则进行处理，也可以人为通过CRM后台进行配置、打签。通常用户群体的划分遵从于营销指标的定义，我们将指标拆解开来，可以看到指标主要围绕4个维度：金额、时间、频次和客单价。当然，CRM还会从其他的一些维度来补充丰富用户特征，比如年龄、地域、职业性别、是否收藏、是否加购物车和是否进店等。

按照这个标准，我们以电商类营销中较常见的几个用户群体为例，看一下4个主要特征拆解后的情况，见表5-1。有一些用户群体定义时不一定需要4个维度都考量。

表5-1　　　　　　　　　　　常见用户群体的4个主要特征

群体名称	群体描述	金额特征M	消费时间特征T	频次特征Q	客单价特征P
新客	浏览但未曾消费用户	$M=0$	—	$Q=0$	—
老客	有过消费记录的用户	$M>0$	$0<T<30$（表示近30天的消费数据），上限可以根据实际时间调整	$Q \geqslant 1$	$P>0$
高频高价值客户	消费次数高且购买能力强的用户	$M>N$（N为阈值）	$0<T<30$（表示近30天的消费数据），上限可以根据实际时间调整	$Q>i$（i为阈值）	$P>n$（n为阈值）
低频高价值用户	消费次数少但消费能力强的用户	$M<N'$（N'为阈值）	$0<T<30$（表示近30天的消费数据），上限可以根据实际时间调整	—	—
沉默用户	近期未曾消费的用户	—	$0<T<30$（表示近30天的消费数据），上限可以根据实际时间调整	$Q<0$	—
流失用户	较长时间未曾消费的用户	—	$30<T<60$（超过一个月不到两个月的消费数据），上下限可以根据实际时间调整	$Q<0$	—

从上面的例子我们可以看到，使用率最高的就是消费时间维度，几乎所有的用户群体定义都包括消费时间的情况。如果我们建立一个坐标体系，把消费时间看作横坐标，把用户和平台的其他关系看作纵坐标，那么用户对平台的关系变化时间周期也是用户为平台带来价值的周期，这就是我们常说的用户生命周期管理，如图5-14所示。

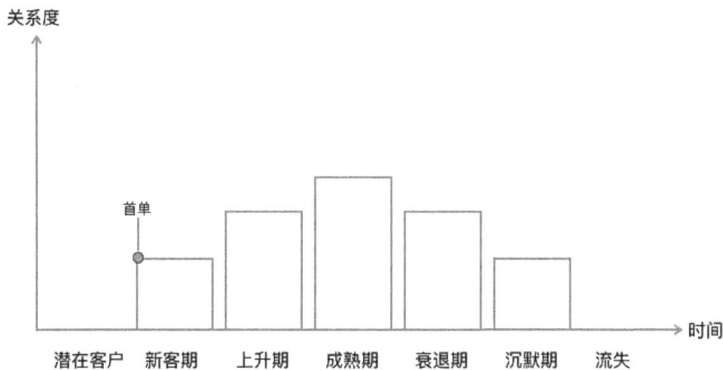

图5-14

用户和平台的关系度日益紧密，对于平台的贡献也会越来越多，因此我们可以按照时间和关系度将用户划分成若干个生命周期。由于关系度是一个复杂的特征集合，因此，为了便于对细分人群进行更精准的动机判断，我们可以将关系度的集合进行二维展开。我们将用户自身特征信息作为一个维度，而将购买相关的特征，如频次、客单价作为另一个维度，这样就可以有每个细分群体的生命周期了。比如我们知道整体的用户生命周期节点，根据人群特征，人群的生命周期可以分为高质量年轻人群（25岁以下，教育程度本科以上）生命周期、一线城市中年人群（30~45岁，城市为北京、上海、广州和深圳）生命周期等多个维度。

制订用户生命周期的目的是判断用户的动机，从而提供转化率更高的营销推广手段。用户所处的周期不同，我们的策略也不相同。

潜在客户：指曾经到访但未成单或者第一次到访的用户。我们通过各种外部渠道引导用户来到我们的平台，通过手段引导用户进行营销转化，这就是一般意义上的拉新（Acquisition）。拉新最重要的目的是要让到访的用户快速完成第一单，因此在首单这个节点我们需要单独设置一些策略来提高转化率。

新客期：按照平台约定从第一单开始一定周期内的用户。比如通常会定义首单完成后30天内的用户为新客，应按照新客策略进行处理，也有的平台定义首单的用户为新客。新客属于波动节点，对平台的依赖性较低，很容易直接转化成流失状态，如何把新客逐步转化为活跃用户也是需要考虑的策略，也就是我们通常说的促活（Activation）。促活不仅仅在新客期才使用，它也可以在其他节点，如衰退期、成熟期等指定一些促活的策略，不过力度上会比其他周期的用户，如新客期、衰退期的用户小一些。当然新客也有很多种划分，比如首次访问或者首次下单等，本书以首次下单为节点。

上升期、成熟期：这两个阶段用户和平台的关系在持续升温继而逐步到达一个平稳的状态，成为平台的活跃用户，其标准主要是在一定时间段内购买频次持续稳定，如30天内下单频次大于5次。这个阶段的用户对平台有一定的依赖性，可以根据用户习惯尝试推送一些新品或者高毛利商品的促销信息，进一步提高用户客单价。成熟期的用户对平台还有一个好处，是可以为平台提供传播渠道，成熟期的用户大多数会愿意将平台分享给其他用户继而换取部分利益，这就是我们讲的传播（Refer）。传播不仅仅限于成熟期客户，其他客户同样也会进行分享传播，只不过成熟期用户可能相对来说意愿更高些。

衰退期：指周期内购买频次逐步下降，说明用户对平台的依赖性开始降低。我们除了做基础的用户回访、调研问题以外，还可以通过权益的发放等方式促活。衰退期的定义视实际业务情况而定，约定的周期越短，用户越容易进入衰退期。衰退期的特征就是用户逐步会减少对平台的使用，为了挽留用户，我们需要加强对用户的留存（Retention），提高留存率有助于用户持续感受平台的服务进而形成习惯。

沉默期、流失：进入沉默期的用户将不再进行下单和访问，沉默期一般指最近一段时间内未曾下单的用户，比如近30天未下单。沉默期用户需要通过大力度的手段来提高用户的留存，在这个阶段提高留存，我们一般叫召回沉默用户。通过各种手段依然无法召回的用户则随着时间的发展慢慢变为流失用户。对于我们来说，应重新把流失的用户当作新用户，默认他们对平台完全无了解。

在整个用户生命周期中我们都会通过一些营销手段来对用户进行宣导，其目的是提高用户的消费。每一次营销都会产生成本，与之对应的是本次营销带来的价值和收益，这个收益（Revenue）是我们评估营销方案是否合理的有效依据。

将上面各个环节使用的手法组合起来，就是拉新（Acquisition）、促活（Activation）、传播（Refer）、留存（Retention）和收益（Revenue），即用户生命周期管理的AARRR模型。每个阶段的用户都可以使用上述的手段来进行营销。生命周期的定义可以有效地帮助我们从两个维度（基础属性特征和价值转化特征）来确定用户的特征，以便在营销的策略上做到有的放矢。

2. 定投玩法

确定了用户的特征属性，我们就需要借助营销玩法来进行策略制订了。CRM的营销手段主要是定投，会员的权益发放其实也属于一种特殊的定投，会员作为定投的用户群体。制订定投方案的基本原则是根据用户群体的特征选定权益、活动或补贴。每次定投都需要明确其目的，方便后续的效果监测。定投玩法从产品结构上来看包括以下几个部分。

- 定投范围：群体范围、定投时间和定投区域等。
- 定投策略：定投资源使用规则、用户防骚扰规则和触发机制等。
- 定投资源：定投渠道资源、定投营销资源。

定投玩法中，范围和资源都相对比较好理解，我们需要先圈定本次营销的人群范围和场景范围（时间、地点），一般是选择已经标记好的用户群体，时间点可以人为配置，地点多指城市、区域维度。而资源就是本次营销需要消耗的内容，最常见的就是红包、优惠券，还有促销活动通知等。不同的营销方式对渠道也有一定的要求，大多数营销资源和渠道是有默认对应关系的。

除了范围和资源外，定投最核心的就是策略的制订。如何将营销的效果最大化取决于妥投的形式是否可以触发用户的购买动机。定投首先要确定触发的机制和方式，在这个部分CRM需要和前端的渠道进行衔接，完善全部投放流程。通过约定的触发机制触发用户获取营销资源，完成妥投，但具体资源应该如何分配、申请则需要执行一套完整的策略。同时，妥投也不是一味地完成投放即可，还要考虑营销效率和用户体验这两个维度，总体来看，定投的处理流程如图5-15所示。

触发机制指的是用户通过什么样的流程和界面来触发CRM的营销行为。Push、短信是单向推送，多用于通知类信息，一般是通知活动信息或者权益发放后告知用户以促进使用。第三方渠道指的是类似微信、微博这样的渠道，它可以通过分享转发的方式提高营销的传播性，这样的触发机制多用于分享类的H5页面。购买流程是电商平台最核心的流程，它承载的营销方式也最多，如首次登录触发新客，首单判断，在访问的首页还可以进行天降红包的发放（天降红包指的是根据客户情况随机发放一定金额的红包），下单完成后可以提示用户抽奖或直接领取积分、红包等权益，订单的晒单、评论进行分享传播还可以领取异业红包。

用户触发的所有CRM营销最终是通过CRM系统配置后生效的，配置的规则主要包括

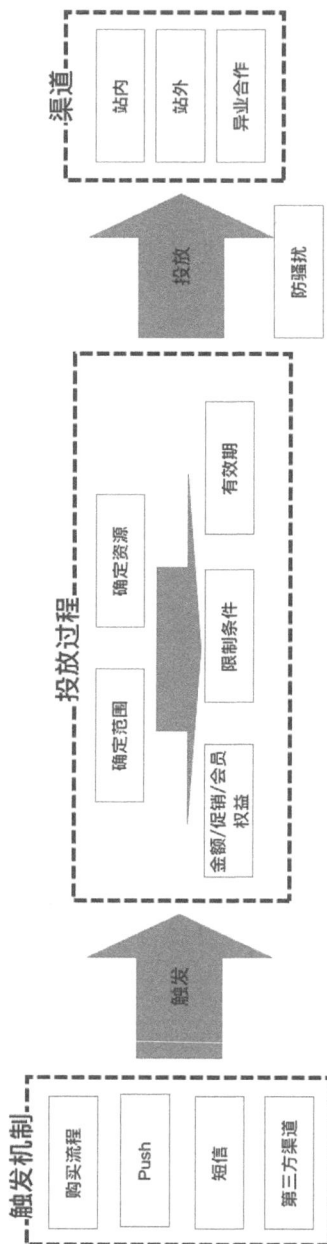

触发机制

| 购买流程 |
| Push |
| 短信 |
| 第三方渠道 |

触发

投放过程

| 确定范围 | 确定资源 |

| 金额/促销/会员权益 | 限制条件 | 有效期 |

投放

防骚扰

渠道

| 站内 |
| 站外 |
| 异业合作 |

图5-15

资源配置、条件配置和时间配置。这3项规则的配置也是整个投放的过程。资源配置是将当前玩法使用的资源（如红包、积分等）按照规则确定赋予用户的面额，红包优惠券需要设置门槛金额（如果有）和优惠金额两个部分。限制条件包括使用的限制、领取的限制。使用限制指的是在用户使用的时候需要满足什么条件，包括但不限于金额门槛（满X元）、品类门槛（限某品类使用）、单品门槛（限某个商品使用）、店铺门槛（限某个店铺使用）和城市门槛（限某城市使用，一般O2O比较常见）等；领取限制是说每个用户在活动期间可以领取的数量，包括每人每天领取数、活动期间每人领取数等。有效期主要指优惠券、红包的有效期，包括领取有效期和使用有效期两种，领取有效期为静态时间区间，而使用有效期可以为动态区间，即领取后几天内可使用。

这3个维度构成了一个完整的策略，当需要进行CRM定投时，运营专员在CRM中对上述的信息进行配置，配置完成后即可等待触发投放。需要注意的是，同一业务形态下，同一用户群体、同一时间仅可设置一个策略。

最后，在实际投放前要对用户体验进行一次检查，也就是图5-15中的防骚扰机制。由于不少优惠券是通过CRM渠道自动发放到用户的账户中的，因此，为避免多个营销策略对一个用户同时发放造成骚扰，同时避免因发放过多造成的优惠券核销过低、资源浪费等问题，我们制订了防骚扰机制。用户自行领取的优惠券不在这个机制的考虑范畴中。防骚扰机制总的原则是已通过CRM领取但未消费的有效优惠券不能超过一定数量限额，同类型的优惠券在单位时间内只投放一次。

CRM最终会通过渠道完成整个投放过程，渠道一般情况下和触发节点相同。每个渠道需要记录定义好自己的渠道编码，以方便后续在用户进行领取、使用和过期等行为时保存所有相关数据，以及在对CRM营销投放的效果评估中使用。这里单独说一下异业合作，也就是常说的分享红包，分享红包即在领取本平台优惠券的同时，还支持领取合作伙伴的红包或优惠券。合作伙伴的优惠券是通过对方平台实时生成、装填的。考虑到自身红包会重复多次分享，为了将更多资源放在活跃度较低的用户身上，一般对重复多次领取分享红包的用户，控制他每次领取的金额，将其按照比例减少，第3次领取时将金额设置为一个固定值。

3. CRM 营销指标

所有营销投放都需要通过指标变化来衡量最后的效果和产出，同样，数据的变化也会用来决策分析活动是否需要进行调整。下面是CRM营销投放关注的主要核心指标。

- 补贴金额：即投放成本，分为商家补贴和平台补贴，部分活动也可以看做是优惠幅度。

- 销售金额：营销活动投放资源的订单的销售金额之和。

- 核销率：营销活动使用的优惠券、积分等资源投放后被使用的比例，核销率过低代表当前营销活动对用户的价值过低。

- 客单价：单个用户平均每单的价格，一般看营销活动前后是否有提升。

- 订单转化率：下单人数占整体访问人数的比例，一般看营销活动前后是否有提升。

- 新客数：投放的营销活动带来的下单数/访问人数。

- 新客转化率：投放的营销活动带来的访客下单人数占比。

- 沉默用户召回率：投放后沉默用户中的复购人数占投放的沉默用户总数的比例。

- 触达率：用户获取通知后，访问的数量占整体投放人数的比例。

5.3.5 本期系统交互情况

CRM的交互主要是和各系统进行营销资源的申请、发放等，同时前端的触达渠道也需要完成资源核销和数据统计的埋点工作。另外，从业务实体上来看，由于CRM使用的是原有系统的营销资源，因此原则上并不会增加额外的关系，结构如图5-16所示。

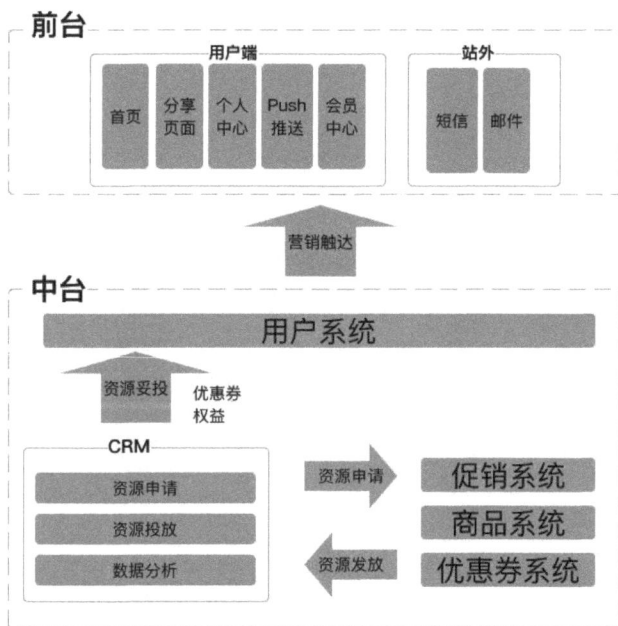

图5-16

5.4 阶段总结

随着数据分析和用户运营的深度研究，越来越多的业务经营决策和流程的优化改进趋于合理化，所有的业务尝试都可以通过数据的形式呈现出效果，而平台的运营也越来越精细化、标准化。这些工具和数据驱动生产的思维模式正在一步步地提高平台的运营水平，继而带来更多的利润和成本的节约。

本次的产品调整没有对原有的体系进行改造，而是增加了数据分析平台和营销投放平台。所有的业务数据对于BI系统、CRM系统来说都是提供方与被提供方的关系。而用户的角色也没有产生新的变化，只是BI系统在数据层面将业务数据进行了重新的组合建模并保存在BI系统中。

第 **6** 章

实现平台化

6.1　业务情况分析

平台的建设日趋完善，越来越多的盈利手段、更为精细化的商业管理运作使得平台的发展再次突飞猛进。但随着时间的发展，平台又会进入一个相对平稳的阶段，这时候就需要思考新的发展方向了。电商模式的大致组成为：售卖渠道（盈利／成本）＋产品（盈利／成本）＋供应链（盈利／成本）＝总体盈利／总体成本。为了能够提高利润，降低成本，我们需要增加售卖渠道和产品种类，同时增加供应链的复用率，降低供应链成本，如果能够将产品和供应链的成本转嫁到其他人身上那就更好了。因此电商公司就会进入到下一个阶段——平台化，即自营与商家共存，引入第三方商家，平台通过抽佣的方式来获取利润，不再承担商品的采购成本。商家的接入需要专门人员来进行管理，这时候就需要成立相应的部门来管理商家，包括招商、资质审核、入驻管理和活动提报等。

6.1.1　业务场景分析

商家的引入流程需要区别于自营本身的业务流程。商家入驻过程是全新的管理流程，如图6-1所示。每个第三方商家要在平台上进行售卖，都需要平台对商家的情况进行审核，包括商品资质和商品等信息。商家本身也需要有促销活动，但考虑到促销主体不再是平台本身而是第三方商家，因此促销的提报、展示也需要进行单独管理。商家的资源位也需要通过预先分配的坑位进行管理。除了平台管理的业务流程外，商家本身也需要对店铺进行管理，商家的店铺可以自行设计装潢，而平台的产品页面是由平台提供设计管理的。除了前端售卖的相关流程外，商家发货也需要单独考虑，这里会涉及使用平台的仓配系统、客服售后的对接等事项。

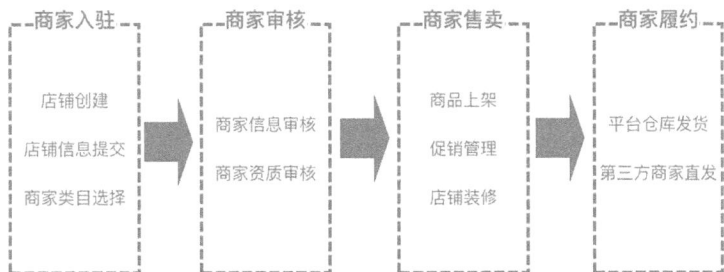

图6-1

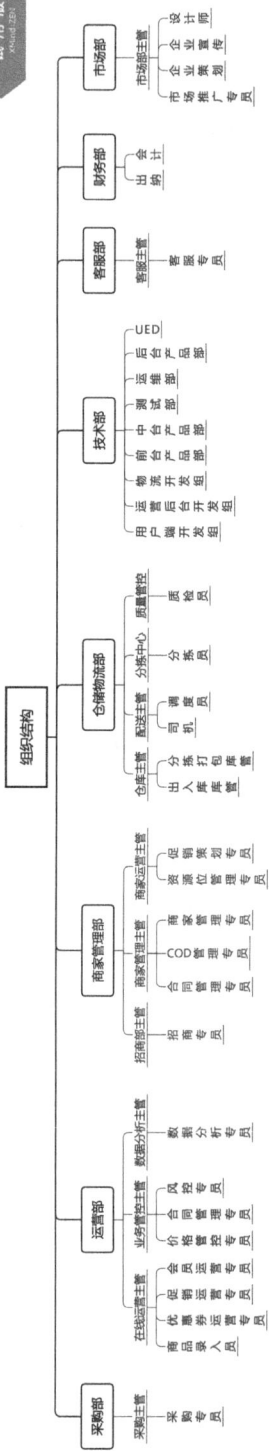

试用版

组织结构

- 采购部
  - 采购主管
    - 采购专员
- 运营部
  - 在线运营主管
    - 商品录入专员
    - 优惠券运营专员
    - 促销活动运营专员
  - 业务管控主管
    - 价格管控专员
    - 合同管理专员
    - 风控专员
  - 数据分析主管
    - 数据分析专员
- 商家管理部
  - 招商部主管
    - 招商专员
  - 商家管理主管
    - 合同管理专员
    - COD管理专员
    - 商家管理专员
  - 商家运营主管
    - 资源位管理专员
    - 促销策划专员
- 仓储物流部
  - 仓库主管
    - 出入库管理
    - 分拣打包
    - 库管
  - 配送主管
    - 调度员
    - 司机
  - 分拣中心
    - 分拣员
  - 质量管控
    - 质检员
- 技术部
  - 用户端开发组
  - 运营后台开发组
  - 物流后台开发组
  - 前台产品部
  - 中台产品部
  - 测试部
  - 运维部
  - 后台产品部
  - UED
- 客服部
  - 客服部主管
    - 客服专员
- 财务部
  - 会计
  - 出纳
- 市场部
  - 市场部主管
    - 企业设计师
    - 企业宣传
    - 企业策划
    - 市场推广专员

图6-2

6.1.2　业务角色分析

业务人员的角色增加了审核专员、商家管理专员和商家促销专员等。审核专员负责对招商人员引进的商家情况进行审定，判断其是否有资质入驻平台。资质合格的商家会与平台签订合同，商家管理专员完成所有合同的录入，并将合同提交给财务人员以便后续结款。商家参加的平台级促销或优惠券发放都需要进行提报，由商家促销专员按照实际情况进行报名情况的确认，并对过程进行监控管理。

除此之外，资源位的管理、设计等事项，平台会单独为商家处理，但并不需要增加岗位。在此就不特别说明岗位职能了，变更后的组织架构如图6-2所示。

商家审核专员

负责资质审核和商家信息的合规审核，如图6-3所示。

商家管理专员

负责商家所有信息的录入和管理，如图6-4所示。

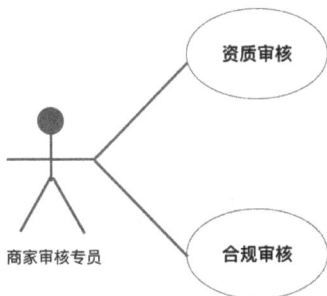

图6-3

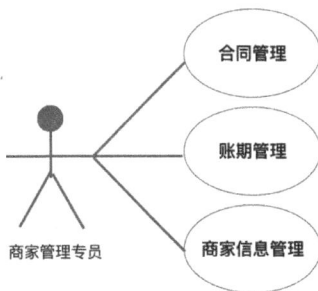

图6-4

商家促销专员

负责管理商家促销提报和通用优惠券的管理，如图6-5所示。

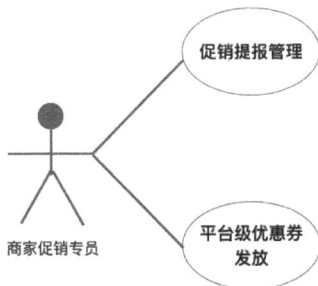

图6-5

除此之外，商家也需要对店铺本身的信息进行操作管理，如图6-6所示。

6.1.3　分析结论

由上述分析我们得出结论，本期需要对店铺入驻审核增加相应流程，实现店铺新增、审核的全过程。同时系统实现店铺管理，包括：

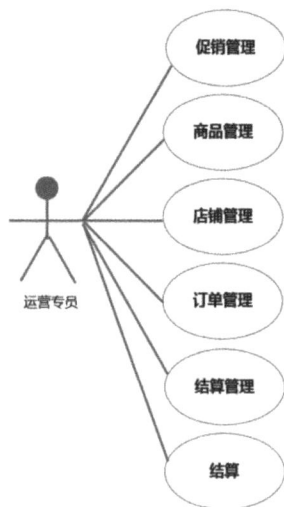

图6-6

- 店铺信息管理；
- 店铺页面管理（店铺装修）；
- 店铺商品管理（商品上下架）；
- 店铺促销管理（促销活动、优惠券）；
- 店铺订单管理（履约、发货、售后）；
- 店铺结算（对账、结算）。

同时为满足商家更多的管理需求，支持第三方平台，为实现更多第三方应用的入驻提供支持。这样既可以满足商家的业务需求，还可以避免占用平台资源，同时还能增加收益。

▍6.2　实现平台化，平衡好自营和招商间的关系

6.2.1　实现第三方开店售卖

1. POP平台

电商平台化的概念在2010年左右开始被提及，很多电商企业都不满足于自营模式而开始进行平台化的布局。虽然时至今日除了少量的大型公司，如阿里巴巴、京东等存活外，其他不少平台转为了垂直电商，但不可否认的是，平台化确实为企业提供了更多的销售来源和性价比更高的管理方式。这里讲述一下第三方商家平台的产品架构和设计思路。

第三方商家平台包括提供商品售卖的商家和提供工具服务虚拟品的商家，与前者相关的平台叫作POP平台，后者叫作开放平台。本节提到的第三方商家平台特指POP平台。POP平台也叫招商平台或者商家平台。POP的全称为Platform Open Plan，它最早来自于京东的叫法，其实原则上天猫和淘宝也属于这种平台，但它们没有一个所谓的简称，因此

我们在文中都简称为 POP 平台。

　　作为第三方商家的平台，POP 平台内的所有流程和数据既需要满足独立的管理方式和运作规则，又要确保和自营平台的数据、逻辑不会产生冲突。对于用户来说，所有平台上的商品都是一样的，只有价格、品类和发货的区别而已。因此，搭建第三方商家平台的核心是保证两个大的部分的完成——系统融合和商家流程搭建。

2. 系统融合

　　系统融合是指将商家的数据融于现有的数据体系内，并在用户操作的相关流程中实现统一。系统融合主要是购买流程链路相关的系统融合。自营和商家的后台管理部分是相对独立的流程，但与用户相关的中台和前台部分则需要统一。在主体流程上主要包括几个部分的改造：

- 商品系统打通；
- 交易系统打通；
- 订单打通。

商品信息融合

　　POP 平台的商品来自于商家，通过商家的后台进行管理，这里的管理包括商品录入、商品审核和商品上下架等。前面讲自营系统的时候说过，商品数据的下游系统很多，大多数的系统都需要使用商品数据，因此，为了保证商家的商品在这个业务链条中也可以正常使用，我们需要将商家的数据融合到当前的商品数据中去。通常我们会将商家商品的基础信息同步给商品系统，这里包括商品图片、名称、类目、价格和库存等。同样，商品来源不同也会标识不同的商品编码以做区别，比如，同样是雪碧，商家卖的和自营卖的就是两个不同的商品编码；而不同商家之间同一个商品也拥有不同的商品编码，在逻辑层面它们就是不同的商品 SKU。所有这些商品在同步到商品系统时都需要打上商家商品的标记以进行区别。

　　使用时各个业务系统可以根据标识来进行不同的业务逻辑判断，比如搜索可以根据标识标记是否为商家 SKU，排序优先级该如何，等等。涉及的主要业务系统包括以下几种。

- 搜索：展示商家商品搜索结果。
- 推荐：站内实现商家商品推荐。
- 订单：获取商家商品 SKU 的基本信息。
- 价格：获取商家商品 SKU 价格信息。
- 库存：获取商家商品 SKU 库存信息。

- CMS：获取商品图片、名称等信息，生成前端展示页面。

交易信息同步

商品信息融合后，下一步需要将相关的交易信息进行同步，以便交易系统在购买时获取信息。交易系统涉及的信息十分繁多，这里主要是对履约相关信息进行同步，比如预计送达时间、支付方式、运费和发货仓库等信息。交易信息的处理逻辑和自营是一样的，不同的是发货履约的仓库模式有所不同，会形成不一样的交易信息。关于仓库模式将在后面详细讲解，这里不做赘述。

订单融合

最后就是订单的融合，其实严格意义上来说订单还是相对独立的。前面讲过，订单可以按照"商家＋仓库"模式来进行拆分，拆分后的订单会同步到WMS进行生产，订单系统根据商品的商家ID信息进行区分。前面已讲到，商家与自营在履约环节最大的不同就是发货模式的不同，根据仓配的不同组合，可以罗列出若干种商家的仓库模式。

- 平台的仓库＋平台的配送：使用平台的仓库进行存储、分拣，商家通过租用平台仓库面积的方式进行存货，订单进入仓库同自营流程一样进行分拣、打包，打包好的包裹通过平台统一的配送体系完成配送，这种模式叫作FBP（Fulfillment by POP）。

- 商家仓库＋平台的配送：第三方商家将订单商品进行分拣、打包后送至分拣中心（DC），然后由平台统一完成发货，这种模式叫作LBP（Logistics by POP），发票由平台开具，如果是由第三方商家开具，则属于SOPL（Sale on POP & Logistics by POP）。

- 商家的仓库＋商家自配送：在平台售卖以后，不使用平台的仓配体系，通过第三方商家自身的仓库、配送系统或快递完成所有订单的履约过程，通过第三方商家开具发票给消费者，这种模式也可以叫作SOP（Sale on Platform）。

不同的仓库模式决定配货方是商家还是平台，开具发票由哪方来进行，由此，根据仓库情况、运力情况确定的预计送到时间也可以计算出来了。这里说一下识别这几种模式的方法，主要是判断结算主体是谁，一般由结算主体进行发票开具。有时候为了结算的便利，可以由平台作为实体将货权转移给平台后再进行仓库作业，这样实物其实并没发生变化，但用户发票的开具方就变为了平台。

按照上述描述，商家的相关系统和平台本身业务系统之间的交互如图6-7所示，这里没有画一些外延的系统，比如搜索、推荐等，这些系统会从平台中的这些基础系统中获取数据。

促销系统融合

也许看完图6-7大家会有些疑问,商家平台的商品可以参加促销吗?没错,促销系统的处理并没有体现在图6-7中,那它的位置应该如何呢?促销系统并不能复用第三方商家自营平台本身的促销,其原因是两侧的结算方式和结算主体不一样,费用、补贴的承担方也不一样。这样就需要在商家系统中实现促销的功能,这里的促销包括促销活动和优惠券。

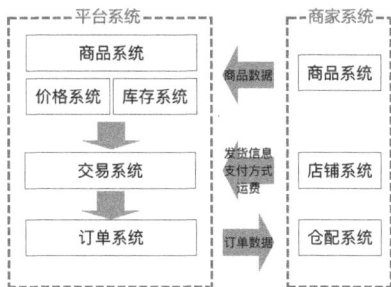

图6-7

促销的融合同其他系统类似,也需要将数据同步给平台的相关系统,POP平台的促销系统则提供给商家促销的设置工具。由于POP平台的商家有店铺的概念,每个商家都有自己独有的店铺,由此商家系统中所有的设置都是针对店铺维度进行的。有时候有些平台也会将整个平台做成一个大的POP平台,而自营商品则可以看作是一个特殊的店铺,商品是由平台本身采购发货而已。

商家促销的玩法也同自营一样,包括单品级促销和集合级促销,除此之外还包括店铺级的促销。前面提到了订单的拆单是按商家维度进行的,因此店铺级促销也可以理解为是订单维度,即这个商家的商品单独拆单,看是否满足促销要求。店铺级促销也可以看作是一个特殊的集合促销,它的玩法也包括满减、满折和满赠等形式。O2O的促销大多同电商平台的店铺级促销规则一样,因为O2O不允许跨店铺下单。

优惠券的玩法也类似,不过商家优惠券的使用范围主要是店铺级,即店铺内全品类可使用或者店铺内部分商品可使用。当然一些大的平台也会设置全平台的优惠券,全平台的优惠券大多是满减类的优惠券,补贴费用可以由平台和商家同时承担,理论上平台方承担费用x和商家承担费用y之和不能大于减免金额z。对于x、y的值,上线区间则可以通过后台进行规则设定,以避免出现超额的问题。

所有促销(包括促销、优惠券)整合后的交互如图6-8所示。

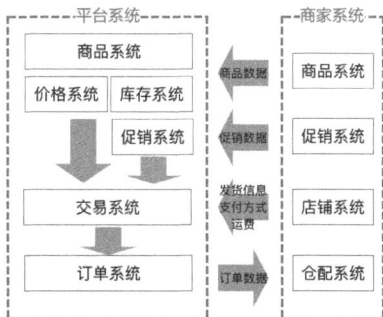

图6-8

3. 商家业务

POP平台除了与自营类似的相关业务系统外,也有一些POP商家平台独有的系统,这些系统的业务流程主要是商家相关的业务流程。这里面比较核心的有以下几个流程。

- 商家入驻：商家入驻到平台的流程，包括商家信息填写和资格审核的流程。
- 店铺装修：完成店铺的装修和设置。
- 商家管理：管理店铺内部所有信息和商家的相关信息。
- 商家结款：按周期进行结算。

商家入驻

商家入驻是商家通过POP平台录入商家的基本信息和资质情况并提交申请开店的过程。商家入驻的流程总结下来主要包括3部分：信息录入、合规审核和资质审核。商家在录入信息时需要录入所有经营相关的信息，除了基础的商家名称、法人和银行信息外，还需要录入Logo、经营范围、法人身份信息、营业执照、注册号、注册地址和许可证等，这些信息可以证明商家的经营范围、经营能力和经营信息等，而这些信息也会在后续的审核中进行查实复验。

完成录入提交后，系统就进入了审核阶段。审核主要是进行合规确认和资质确认。合规确认是说确认当前提交信息是否满足法律法规的要求，要杜绝出现不符合规定规则的内容信息；而资质审核则是判断该商家是否具备所描述经营范围的能力和资格。下面列举一些主要的审核条件，见表6-1，实际业务中的审核需要根据业务具体诉求进行补充完善。审核的过程可以通过规则的配置实现部分自动审核，以提高效率。

表6-1　　　　　　　　　　　　　　　审核类型及规则

审核类型	审核项	审核规则
合规	商家名称	是否与营业执照一致
合规	店铺名称	<ul><li>是否有特殊符号；</li><li>名称中禁止出现"总店""分店""连锁""品牌""加盟""国家""认证""授权""最**""第一/No1""TOP 1"等类似词（广告法）；</li><li>店名中不可出现禁售品名词，如"烟、狗肉"等，以营业执照名称命名的，营业执照名称包含禁售品名词的也不行</li></ul>
合规	Logo	<ul><li>不可以出现其他竞对平台信息；</li><li>不可以出现二维码信息；</li><li>Logo信息需与商家经营品类相关</li></ul>
资质	个人资质	<ul><li>身份证信息是否真实有效；</li><li>身份证是否在有效期内</li></ul>

审核类型	审核项	审核规则
资质	营业执照	● 营业执照名称、注册号、有效期和地址等填写正确（完全按证件照填写）； ● 营业执照在国家相关网站上登记为吊销状态的不可用； ● 上传营业执照图片需要清晰、无水印
资质	许可证	● 生鲜、果品类的需要具备许可证； ● 许可证在国家相关网站上登记为吊销状态的不可用

商家在开店过程中需要进行两部分信息的操作，第一部分就是入驻时的审核资料信息，在审核无异常的情况下，商家平台的运营人员会通过入驻提交申请，然后将对应的合同信息录入到平台的商家管理中，合同中会记录合同截止时间和所属经营范围、扣点等信息，这时候商家就可以进行开店的操作了。特别说明一下对于商家账号的划分，虽然从实体上来说大多数商家都是单店的模式，即每个商家只有一家店铺进行运营，但在考虑系统架构的时候需要支持商家多店铺运营，商家和店铺之间从逻辑上来说是两个主体，商家和店铺的对应关系是一对多的关系。因此在入驻审核时商家信息应作为入驻的基本信息进行审核，而填写的店铺相关的信息，比如店铺经营范围等也需要在审核时候一并提交，审核完毕后商家可以登录平台进行开店的操作。它们之间是商家与合同对应，店铺和商家对应，商品则是店铺内的商品。另外，权限上看，连锁店形式的商家可以根据总部和分店的概念设置后台权限，因此有一些总部级别的管理内容会放入商家管理中进行统一管理，而店铺维度的则会放入店铺管理模块进行。

店铺装修

接下来就是开店，它和线下开店的流程类似，需要对店铺进行装修，商品准备上架，一切完成后就可以进行对外销售了。线上装修是指对店铺的页面进行排版设置、组件设置。店铺装修的作用是能够通过装修的合理布局来提高访客的转化率。店铺装修原则上同CMS的原理是一样的，因此可以复用CMS的框架来实现店铺装修，不同的是店铺装修的组件相对特殊。按照类型，组件分为基础组件、商品组件和高级组件。

● 基础组件：店内海报、店铺招牌、分类管理、品牌故事、好评展示和品类排行等。

● 商品组件：热卖橱窗、视频包装等。

● 高级组件：品类定制、活动页定制和商户特色门面等。

店铺装修的组件和布局通常也可以通过平台引入的ISV（Independent Software Vendor,

独立软件开发商）来获取更丰富的组件类型，具体的开放平台部分将在下一节介绍。在店铺装修后台，组件可以根据情况自行选择。所有店铺内的页面都可以进行设计美化，不过一些特殊页面只能使用特殊的组件，比如商品详情页。除了基本的操作以外，后台还需要支持一些辅助功能，比如可预览效果、对整体布局进行大范围的调整优化等，辅助功能主要用来提高装修系统的易用性和使用效率。辅助功能见表6-2。

表6-2   辅助功能

分类	功能						
装修页面	多版本	店铺页	列表页	商品详情页	店铺简介页	公共头部	自定义页数量
操作	保存	发布	预览	浏览	恢复		
辅助功能	可视化编辑	布局装修	背景设置	页面基础设置			

店铺装修一般包括PC端和App端两部分，随着移动互联网的发展，App端的使用人数已渐渐超过PC端的人数。相对于PC端来说，App的界面更小，因此对组件的使用大多聚焦在一些常用组件上，对一些复杂的结构多使用浮层跳转的方式来解决。App端常用的组件类型包括以下几种。

- 轮播图：俗称Banner，一般为5~10帧，宽度通常为屏幕的1/5以内，多用于热点活动或者主推商品的广告。

- 热门分类：分类导航，也叫类目导航，通常会将常用类目或者主推类目放在首页醒目的位置，通常在轮播图的下方。

- 双列图：和1×4广告图一样，用来放置促销或者热门流量商品。

- 1×4广告图：同双列图作用一样。

- 商品推荐：商品推荐往往是以列表形式存在的，它将主要的商品集合以列表形式呈现在首页；以往还有瀑布流的形式，不过瀑布流样式看着比较乱，目前主流的样式是一行两列的列表形式。

- 礼券领取（包括列表）：礼券领取有两种方式，一种是列表页，另一种是领取组件放置在首页；往往会把礼券放在商品列表前，原则上尽量避免跳出当前页面，减少用户流失。

- 活动页：主题形式的活动页面，同CMS的活动页。

商家管理

店铺装修是门面管理，而店铺内的管理就是商家店铺管理功能模块负责了。商家店铺管理可以理解为商家系统的统称，广义上它包括店铺装修、商家结算以及所有与商家运营相关的部分，狭义上来说它主要负责日常运营过程中的系统功能。商家系统的功能模块如图6-9所示。

图6-9

商家运营部分包括3个部分：运营管理、运营辅助和商家管理。其中，运营管理和运营辅助主要面向第三方商家，而商家管理则面向平台的运营人员。运营管理同前面章节的相关内容一样，包含中台系统几乎所有的功能模块。商家管理主要负责对平台商家进行监控、审核，需要注意的是，商家商品上架时需要运营人员对其进行审核处理，未通过的商品不允许进行售卖。运营辅助主要是商家相关的数据和服务指导，它包括4个大的部分。

- DSR体系：商家评分体系，是顾客动态评分，它衡量一个店铺的整体服务水平。

- 服务市场：即后面要讲的开放平台，主要为商家提供第三方的支持工具，商家可以通过购买的方式选择自己使用的工具或者服务。

- 商家大学：类似于平台的帮助中心，不同的是商家大学的内容更为丰富，除了包括商家自发的UGC内容外，运营也可以通过制作一些视频或者文章来指导商家进行开店经营或解答商家问题；商家大学可以用BBS的形式来呈现，也可以以课堂的形式呈现，具体呈现形式可以参考业务实际情况。

- 数据罗盘：服务商家进行数据监控、分析，等同于BI系统和CRM系统的作用。

这里面重点说一下DSR体系和商家考核体系。DSR最早来自淘宝，全称是"Detail Seller Rating"，即卖家服务评级系统，它主要包括商品（是否和描述相符，评价如何）、物流（是否及时，商品配送是否无损）和服务（态度如何，响应如何）等。这3个选项都是买家在购买完成后进行评价的部分，通过加权计算后得到商家的每项平均分和总分。DSR直接反映商家的整体水平，它的评分会影响商家在相关系统的排名，比如搜索排名。

商家考核体系主要是对各项数据指标进行评估，制订标准，进行优胜劣汰，确保平台商家可以处于良性的竞争环境中而逐步发展。除了上述的DSR评分考核以外，还可以对销售、服务和物流相关的数据进行考核。考核优异的商家，比如品类销售冠军、广告贡献冠军、单品销售冠军、0差评商家、0客诉商家和48小时发货率100%等，可以通过奖励资源位的方式进行鼓励，而评估较差的商家则需要进行警告，长期没有提升的商家则可能进行降权或者末尾淘汰的处理。

最后我们说一下商家结款的部分。商家结款主要涉及和财务系统的交互、结算和打款等行为，财务系统是标准化的系统，业内很多开发商做得不错，因此在电商系统中没有介绍财务系统。结算一般有两个主要步骤——计费和结算单流程。通常由平台的结算体系进行费用计算，然后根据结算的数据生成结算单。这块主要是一些财务流程，就不做赘述了。这里重点说明一下商家结款的流程以及商家结款中相应单据的状态机变化。

商家在结款过程中主要通过生成结款单来完成结款操作，如图6-10所示。结款单会按照账期进行处理，结款单的数据来源于订单，我们可以设定一个周期，比如5天，订单完成5天后进入可结算状态，通过日结作业将结款数据进行计算保存。每个账期到期日期前一天（比如账期15天，第14天时）对日结作业处理的数据进行汇总，计算出账期的数据。将计算的最终账期结算数据（即结算单）同步给商家和财务，由双方进行核对确认，确认无误后，财务进行打款并完成账期的勾兑。更新勾兑完成的订单与账期结算单的状态并通知商家，商家获取支付完成的信息后可以核对银行账户金额。需要注意的是，结算时的计算公式应该是：本期结算金额 = 本期商家应收账款−本期商家应付账款−往期拖欠账款。当本期应收>本期应付+往期拖欠金额时，则正常出账，拖欠金额为0，账单结算金额＝本期应收−往期拖欠金额−本期应付；当本期应收<本期应付+往期拖欠金额时，则

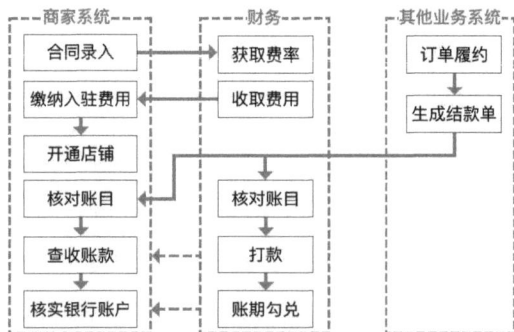

图6-10

账单结算金额为 0，往期拖欠金额＝本期应付＋往期拖欠金额－本期应收。拖欠款与应付金额的抵扣逻辑为：先抵扣欠款金额，后抵扣应付。本期应付一般包括商家本期消费金额，如购买第三方应用服务，还有逆向订单的费用和金额。逆向订单包括发货报缺、自助退货和拒收等。逆向订单的金额需要和正向订单金额分开统计计算。

订单完成后会进入结转流程，而结转流程的订单也有独立的状态机，这些状态机不同于用户订单的状态机，它们需要单独存储处理，如图 6-11 所示。我们将完成状态的订单（包括失效、取消等状态的订单）分为有效订单和无效订单，无效订单不需要参与结算，有效订单在结算日将通过日结作业完成计算存储。每个账期截止日应将账期内结款日的计算金额汇总统计，生成结算单，结算单完成勾兑后，订单状态变为"结款完成"，而该账期的结算单状态变为"已结账"。

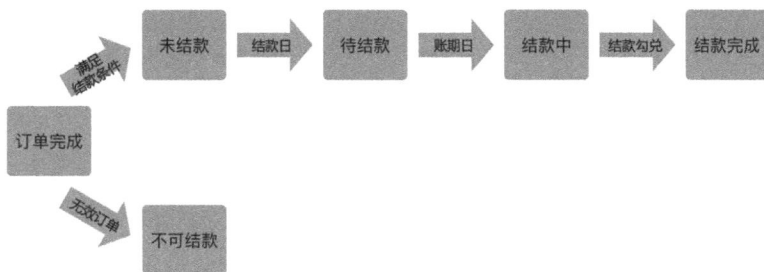

图6-11

6.2.2　接入更多的第三方服务，完善商家环境

第三方商家以店铺的形式入驻平台，并出售自己的产品（实物商品或虚拟商品）。同样，平台也会引进另一种类型的商家入驻，它们通常不直接面对 C 端消费用户，而是面对入驻的第三方商家提供销售、库存和经营管理等支撑工具。这种形式类似于现在的 App Store 或者 Google Store，所售卖的商品大多也是以服务的形式接入平台。我们将它们入驻的平台视为 POP 平台的一个独立组成部分，一般称其为开放平台（Open Platform，OP）。

1. 开放平台商家和 POP 商家的差异

开放平台也属于商家入驻的范畴，因此对商户的信息审核依然是有必要的。商户审核完毕后完成入驻行为，POP 商家则需要进行开店上架，完成售卖前的准备工作。而在开放平台完成售卖的准备工作需要开放平台商家完成应用或者服务的开发、测试和调试的工作，开放平台商家也叫 ISV，后面如果没有特别说明，统一称之为 ISV。

开放平台除了运营人员以外，还需要技术开发人员，这是与单纯销售的第三方商家不同的地方。开发完成后的服务或者应用需要上架销售，当用户购买后，ISV 会请求平台完成授权的工作，授权后商家可以进行服务或应用的使用。平台的销售模式也与 POP 商家的有所不同，POP 平台和自营一样，都是售卖商品（包括虚拟商品），以订单的形式完成金额的支付，订单完成后追加商品数量或者次数都需要另外购买。而开放平台的销售方式更像收费会员的机制，它按照一定周期购买使用，逾期则进行续费的行为。

ISV 和 POP 商家原则上是两个不同的群体，但一些有开发能力的大型 POP 商户也会为自身开发一些定制化的应用，以便在平台上入驻运营，这时候 ISV 则可能是 POP 的技术团队。

2. 开放平台的基础架构

开放平台的本质是将平台内的基础能力通过接口的形式开放给开放平台的服务商，服务商可以在此基础上完成二次开发，来实现一些更新维度的商家诉求。平台的基础能力主要是指与整个销售过程紧密相关的系统功能，比如商品、订单、优惠券、促销、配送等信息。当然开放平台也有其他特别的服务应用，每个平台都会根据自己情况进行进一步细分，比如淘宝就包括线下零售服务和线上虚拟机票等接入服务。

按照应用使用的场景，开放平台大致分为几个部分：数据分析、营销推广、店铺维护和上下游服务等。

● 数据分析：包括所有的经营数据和营销收据，类似于自营平台的 BI。

● 营销推广：提供 POP 商家营销推广的工具，包括 CRM、会员、优惠券发放和活动管理等。

● 店铺维护：主要负责对店铺页面进行管理，是平台中店铺装修的补充和扩展，OP 可以提供更丰富的模板、样式，提供图片处理、排版功能，提供设计方面的支持，同时也提供店铺内的一些运营服务，比如客服等。

● 上下游服务：对于售卖的上下游服务提供支持，比如提供代运营服务。

按照这个结构，我们可以整理出大致的开放平台框架，如图 6-12 所示。开放平台将内部系统的数据或者服务通过封装的方式对外提供服务，开放平台提供接口以备 ISV 调用、开发、调试和对接等。开发完成上架的服务或者应用可以被用户在开放平台中搜索、查看和购买。

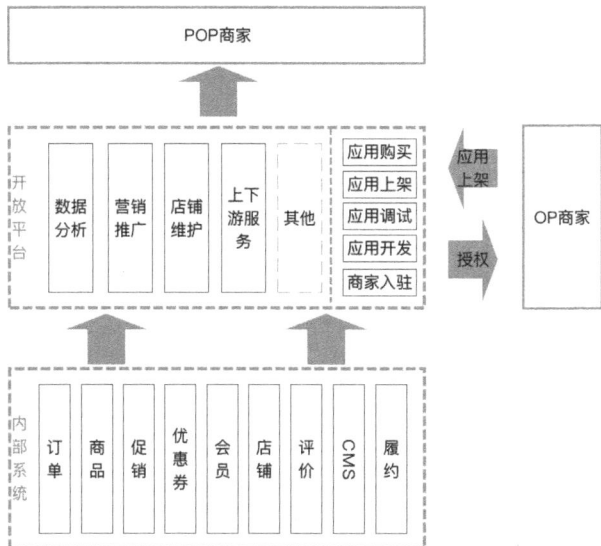

图6-12

从数据流转来看，内部系统实现基础服务，提供基础数据，开放平台封装数据和服务，对外提供业务接口，ISV使用开放平台提供的接口完成应用的实现并通过沙箱测试。完成后的应用进行上架销售，POP商家可以浏览使用这些数据来进行业务运营。

从商家实操流程来看，则是商家入驻完成后获取授权，根据平台帮助文档和技术文档进行应用的开发，开发完成后在平台的沙箱测试调校，最终成品通过开放平台上架、销售。用户在购买时支付费用，所有费用信息会反馈在开放平台的后台，并进行财务对账和划款。

开放平台内部也有很多功能，不过开放平台是一个对接内部系统和第三方商家的平台，解决第三方对接的问题才是开放平台存在的核心意义。首先，所有的内部数据都需要通过这个平台对外提供和输出，因此平台的开发者中心是平台的核心功能；此外，由于内部数据对外的暴露，因此需要保证使用方的能力和合规性，我们会对商家进行资质审核，同时搭建OpenAPI来提供对外数据服务；最后就是关于平台的支付续费操作，由于支付模式的特殊性，平台续费变成一个相对高频的行为，我们需要制订续费的规则和逻辑。这里重点讲解一下这3个部分的搭建和构成，其他的常用功能，比如上/下架、购买流程等，这里就不作额外阐述了。

3. 商家入驻及资质审核

商家入驻的基本流程同POP的基本流程类似，也需要填写信息和审核。审核内容同样包括商家（ISV企业）的基本法人信息、营业执照和经营许可证等信息。运营负责人的基本信息（包括姓名、联系方式、职位和身份证信息等）也需要提交，信息、资质审核完毕后，会通过平台推送或者线下联系等方式周知该运营负责人。

作为一个提供服务的开发商企业，ISV同样也需要明确经营范围并上传营业执照。在审核时需要核查该ISV所提报的应用类目是否在经营范围内，如果超出经营范围则审核不通过。所有企业上传的资质信息都需要在国家相关网站申报并处于有效状态。

认证未通过的ISV账户可以登录开发者中心，但不能上线应用。只有通过资质审核和运营信息审核以后，该ISV账户才能被允许进行后续的相关操作。因此，认证未通过的账户可以进行开发，获取沙箱环境的相关授权，但无法进行线上的授权获取。

4. ISV开发者中心

开发者中心是开放平台不同于普通商家平台的核心功能，我们可以理解它为平台和第三方软件开发商合作完成一个项目，双方进行系统级别的对接交互平台。为了能够快速、高效地和多个ISV开发商对接，我们抽象了一条标准的生成流程和结构，以此为基础搭建的平台就是开发者中心。和所有软件工程的生产流程一样，我们都需要经过几个步骤：需求定义、需求方案确认、系统设计、系统开发、系统调试及系统上线，见表6-3。

表6-3   生产流程

流程节点	内部开发方式	开发者中心方式
需求定义	确定需求范围	ISV自行定义应用内容，并根据经营范围创建应用
需求方案确认	确定需求具体方案，整理PRD	下载开放平台的接口定义，申请App Secret和App Key，包括正式环境和沙箱环境；设计业务对接流程
系统设计	设计技术方案	根据业务流程设计技术对接接口以及应用内部技术方案
系统开发	开发项目	开发应用
系统调试	测试项目	根据接口定义在沙箱环境调试应用与平台的对接，包括数据获取、异常获取等
系统上线	上线项目	操作应用上架

开发者中心的原理和内部系统调用原理相似，平台和应用之间的交互形式主要有两种：API接口及消息推送，结构如图6-13所示。

实时信息都是通过API接口进行通信的，开发者中心API对外统一称为OpenAPI，它的职责包括处理数据交互、校验参数信息、验证身份信息和建立防刷机制等。OpenAPI属于平台被动调用的交互方式，即应用请求获取数据信息，OpenAPI不会对业务逻辑进行计算处理，只会在原有业务系统提供的服务接口上封装一层，实现上述的功能。还有一种方式是由平台主动推送一些异步通信信息，如订单状态更新、履约变更信息等。这种无法明确交互时间的信息则由平台方通过应用提交的接口完成推送。我们可以理解为所有实时同步信息的获取主要通过OpenAPI进行，由应用方主动请求，交互形式是一对一；所有异步信息的获取则通过平台的消息推送，由平台方发起，交互形式是订阅方式的一对多。这两种交互形式会按照应用创建时填写的信息进行交互，其中推送地址用来进行消息推送，OpenAPI直接调用OpenAPI地址即可。

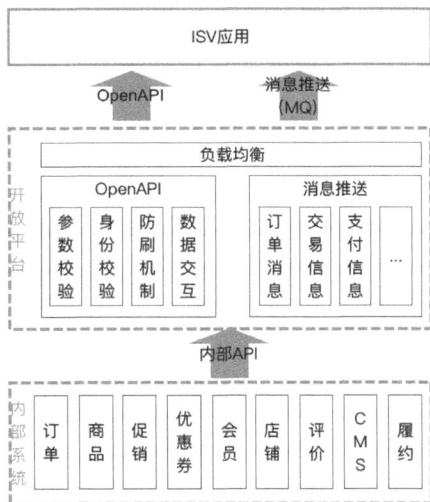

图6-13

平台上的所有应用都具备简单的状态机，状态机代表应用当前状态及节点。每个节点都有对应的可执行操作，见表6-4。

表6-4　　　　　　　　　　　　每个节点的可执行操作

操作行为	状态	备注
创建应用成功	开发中	开发中的应用可以进行基本的增、删、查、改
应用提交审核	审核中	审核中应用不允许修改，需要等待下个节点才可以操作
应用审核通过	已上线	上线后的应用可以进行操作，不过操作后需重新提交审核
应用审核不通过	审核不通过	未通过的应用或者版本不会更新到线上
应用已被下线	已下线	可人工进行下线操作

应用同样也有类型区分，通常意义上的应用都属于平台售卖应用（可能不同平台叫法不一样），除此之外，一些大型商家为自身定制开发的应用不希望对外展示售卖，这种应用属于企业级应用，对企业级应用的App Key和App Secret需要有所区分，这样可以保证开放平台前台在获取应用列表时过滤此类应用。

5. 商家支付续费

商家在平台上购买ISV应用时需要支付相应的费用。平台应用通常有两种支付模式：试用和正常购买。试用通常用于新应用上线推广试用，每个商家的同一个应用只可以试用一次。正常购买就比较好理解，商家按照应用的规格（每个应用都可能出现多个规格，如简版、VIP版等，不同版本价格有所不同）进行支付，支付成功后，应用会出现在个人的应用列表中。每个应用都是有有效期的，商家选择的期限不同，费用也有所不同，当应用到期时需要商家进行续费。

续费的原则是同规格进行续费，即原来我购买的是VIP版本，那么续费依然是为VIP版本续费，不同版本属于新的购买，不可以跨版本续费。此外，当前ISV的应用规格处于不可售卖状态（应用下架或者当前规格下架）时也不允许续费。

续费是为保证商家的利益，避免因为购买时效过长导致ISV发生变化，从而影响商家利益，通常对商家续费的时长要进行控制限制。平台设定一个年限值（可以是1年，淘宝平台是2年），商家购买的时长与商家在此应用规格下当前可用时长之和需要小于年限值。大于年限值时则不允许购买，需要商家重新选择。举个例子，当前应用A的商家的可用时长为3天，商家续费时长为720天，则如果按照年限值为1年判定，时长超过年限值不允许进行续费。当然我们也可以在应用创建时不允许ISV设定过长的年限规格，不过这样可能会比较死板，体验不好。

除此之外，部分应用可能属于按次体验的服务，这类应用也不可以进行续费，只能按次购买。

6.3 阶段总结

引入商家的角色以后，原有用户的角色并没有发生变化，变化的地方在于所有原有的需要内部运营人员进行的岗位职能同样具有商家的职能，比如商品、促销等。配送以后的流程则可能不需要平台进行单独管理。在系统的对应关系和角色的对应关系上没有发生太多根本性的改变。

第 **7** 章

在中台架构基础上
进行创新孵化

7.1 O2O

从百度百科上可以搜索到O2O的定义:"O2O即Online To Offline(在线离线/线上到线下),是指将线下的商务机会与互联网结合,让互联网成为线下交易的平台。"

O2O是从业务链条上对传统业务形态进行的电商之后的第2次改造升级。电商的出现将线下的实体商品逐步转移到线上,通过店铺线上化的方式优化重构购买端的成本和营销模式,接入线下的供应链体系,实现从仓到人的配送机制。电商的模式更多的是线下实体店线上化运营,而随着电商的发展,人们不再满足于实物商品的售卖,而是希望扩充更多品类。"品类"的概念不仅仅局限于商品的品类,我们认为服务类也属于一种新兴品类。我们将大量能够提供各式服务的商家聚合到一起,通过提供销售、履约一体化的平台来完成业务链条的重构,这就是O2O模式。

O2O的原始形态起源于"千团大战"。2011年左右,团购网站雨后春笋般地冒了出来,仿制团购的模式,这就是O2O的雏形。大家开始提供不同服务商家的商品或者服务,只不过那时候还无法完成几种调度的履约方式,大多需要用户购买后自行上门使用。

随着行业的惨烈竞争,无法生存的团购企业慢慢都消失了,每个新兴行业也都会经历从疯狂抢占到精细化运营的过渡。生活服务的概念火爆以后,真正意义上的O2O企业开始出现,它们通过传统行业不具备的整合能力及营运能力快速在各个细分领域崛起,无论是餐饮、住店、出行还是更小的美甲、家政等,大家都在通过O2O的模式去规范、教育市场,正是由于那段时间的培养,才有了我们现在如此方便的生活消费场景。

7.1.1 业务形态概述

O2O服务的线上化不同于电商,我们从字面上就可以看出它们之间的差异。电商注重商业模式线上化,而O2O看中的是线上商业模式流转到线下的衔接。因此服务的线上化本质在于如何实现服务的标准化,这是O2O与电商的重要流程差异。另外,由于服务的特殊性(用户对专业技能和服务质量往往要求较高),跨行业、跨品类的综合性服务商家往往会比较少,大多商家都聚焦在某个细分品类。而且服务的履约(或者叫线下实施)也有一定的排他性,很难做到同时进行多个服务,这样就使用户不会同时购买多家商家的服务或商品,这是有别于电商的。

商家除了线上营销模式,还希望用户到店消费,因此,尽可能地拉取人员,无论是线上还是线下，都是商家需要的。同时要完成履约过程，对店内管理也需要进行数据统一，比如库存情况、服务排队情况等。

另外，在线下环节，前面说过，O2O 的本质是流程的衔接，那么对于商品或者服务来说，更多的是通过平台实现服务落地履约。所以 O2O 平台一般不会有自营商家，同时履约环节很少会有类似电商一样的大型仓储、采购。由于所有的履约不再通过仓库进行分发配送，而是通过一个个中小型商家完成服务或商品的生成过程，因此履约单据的分配更多的要考虑小范围的管理模式，即区域划分、片区管理的方式。而配送的路径由于人力成本问题（服务或商品生产商不再是统一地址而是多地）也聚焦在短途配送，一般在3~5千米以内。当然早年也有 O2O 平台施行小商家自行接单履约，比如美甲等，这种不需要平台统一调度的履约模式不需要太顾及短途的问题。

履约的业务链条再造是 O2O 最特殊的地方，因此，业务流程上，线下运营管理也是 O2O 的重中之重。刚才我们提到业务上可能由商家自行配送，但也可能会由平台指定专门人员进行处理，比如外卖行业。为了确保服务质量，我们需要对这个环节的服务进行监管，无论是商家自配还是平台统一调度，都需要不断优化服务体验，确保用户的使用反馈良好。

根据上述的各环节情况，我们整理一下 O2O 的主要流转情况，如图7-1所示。

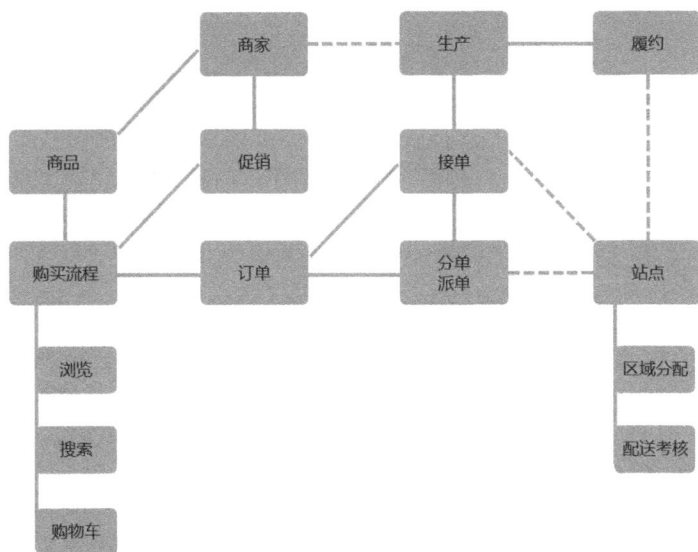

图7-1

当然这个图不能涵盖所有的业务流程细节，不过它可以描述出主要的流转情况。可以看到，如果以订单生成和履约为阶段进行切分，那么订单前的属于销售环节，订单后的属于商品/服务履约环节。销售环节同电商的差异并不大，主要集中在商品、区域和商家管理方面。订单之后的履约环节，最大差异是取消了"仓"的概念，而是由站点代替，运单（这里先按照电商的方式称作"运单"）的流转不再是直接进入系统调拨发货，而是通过商家的处理来实现接单、生产。运单的履约人员变成类似电商直配的方式，不再需要进行多级调拨、拣货。由于配送多数为短途行为，因此对于配送人员的路线设定和人员的调度变成了解决成本和提高服务品质的关键。这些行为和服务、商品质量构成了用户最终的评价，这些评价也会直接反映在商家和配送人员的考核评定上。

7.1.2 产品架构

聊完业务链路，大家可以看到，O2O的基础产品功能和电商是一样的，包括商品、价格、促销、购买流程和支付等。产品的主要差异是履约流程的差异，履约模式的变化，在产品结构上不再需要采仓配的架构，取而代之的是站点模式的分单履约模式。从商家维度看，由于O2O服务的性质，所有实体（如商品、购买和促销等）的管理都会以区域、商家的维度进行独立处理，不会出现电商平台那种混合下单的流程。优惠券、促销和商品也都是独立运营使用，这就造成购买流程的设计区别于标准电商，当然它们的本质差异不大。

从结构上来看，我们将履约的环节单独拆分出来，作为供应链属性，替代原有的采仓配。由于O2O的平台属性，我们将运营分为商家自运营部分和平台管理部分，类似电商的商家平台机制。平台负责监管和整体，商家负责自身运营的环节。除此之外，还有一些公用的模块，如财务等，如图7-2所示。

O2O的模式在一些环节会出现多个不同的载体，比如商家和平台都有会员管理，但平台会员和商家会员的使用范围和福利范围都是不同的。

图7-2

首先我们看一下前端的部分，在这里前端主要指用户终端的购买流程。用户通过用户端完成购物，由于O2O的场景没有跨店铺的情况，因此在设计购买流程时，订单下单环节的所有商品都出自同一商家店铺。这样的方式简化了类似电商的购买场景，影响到的环节主要包括两部分：购物车和订单确认及计算。

电商的购物车在前端往往会使用单独的页面，这种方式有助于进行复杂的逻辑计算，电商的购物车包含大多数订单交易的计算逻辑，比如促销、优惠券和运费等，这些都是建立在跨店铺、跨商家成单（交易单）的情况下。O2O不存在这种场景，因此购物车无论在前端展示还是后端逻辑中都可以进行一定程度的简化。大多数O2O的用户端使用的是底部悬浮层的方式进行处理，跨店铺的商品不会存在于同一购物车中，即购买时如果切换店铺选品，则购物车不会累加而是清空。而实时触发服务的O2O模式省略了购物车的环节，直接进入订单确认的环节，比如打车类O2O。因此，购物车在O2O业态下的逻辑相对于电商而言会轻很多。

在订单确认环节会根据场景来完成信息的过滤和计算，场景主要包括商家维度和区域维度。这里按照经验给出一个判断的方式，拥有购物车的O2O模式一般需要商家+区域维度进行过滤处理，而没有购物车的则只需要区域维度。过滤的信息包括促销、优惠券等，而部分信息需要根据这两个维度进行计算，比如金额和履约范围等。O2O大多是短距离承约，因此配送（服务）范围需要根据履约地点进行计算，超出的需要告知用户，履约地点默认定位为用户当前地址，也可以由用户自行填写。金额的计算也需要通过判断区域维度来完成，比如商品类配送需要考虑运费的变化以及预计送达时间的调整，而服务类配送则要调整订单预估金额和计算预计履约时间。

最后说一下会员的前端处理。一般来说，如果存在商家店铺的概念，对于会员来说，则包括平台会员和商家会员两个概念，但商家会员往往会以CRM的标签方式来处理，而不会特别标注在前端的App中。会员的概念多数指平台的会员服务体系。

O2O的运营主要是平台模式，与电商的商家平台在功能结构上是一样的，同样会分为平台整体调控运营的功能和商家店铺内的运营功能。而服务类的O2O没有店铺和商品的概念，个体替代了店铺和商品。功能上主要包括个人信息及资产的管理、订单的处理两个大的模块。个人信息主要是资质认证和一些平台沟通的功能，订单主要是进行查看、接单、履约及结算等。拥有不同资质的个人可以承接不同类型的订单，比如房产租赁类的保洁、维修服务对应的个体就是保洁人员和维修人员，他们可以根据各自的类型承接相应的订单并进行履约。

说到履约，它也是O2O和电商具有最大区别的地方。O2O的履约分单和路线指定对于服务质量的影响远大于电商，虽然现在也有部分平台支持次日达，但电商的配送时效一般在3天左右，而O2O往往是以小时为计时单位的，因此O2O的配送也可以称为即时配送。由于时效的要求，我们需要快速处理响应变化的情况和订单的调度，这就要求分单的逻辑要特别考虑时效性的问题。与此同时，根据O2O的不同类型，我们将履约类型分为商品履约类型和服务履约类型，前面运营环节提到，服务履约不需要店铺和商品，个人即店铺，服务即商品，因此订单属于后付费类型，而商品类的多数为预付费类型。这样就造成两种类型的订单在不同环节的差异，如图7-3所示。

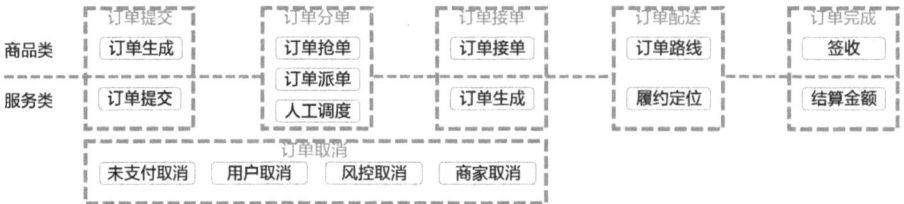

图7-3

商品履约在用户确认信息后就生成订单，这个流程和电商比较相似，而服务履约需要核实用户的订单诉求，等待分配。接下来就会进入分单流程，电商系统对订单的拆解和合并往往是基于仓库和发货地址的，其目的是提高仓内分拣效率，同时也尽可能优化配送时效。但对于O2O来说时效是最重要的指标，因此处理订单会优先考量时效性，其次是服务质量以及运力调配，如图7-4所示。

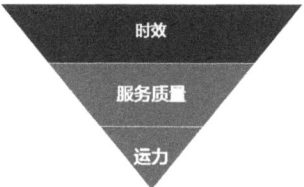

图7-4

在分单过程中，本着快速响应的需要，平台会优先允许抢单。抢单指所有服务人员可以根据自身情况进行接单，所有的用户订单诉求会流入抢单池，未被接的订单可以被相关人员抢单并提供服务。系统的分单逻辑是根据一些因子进行派单，比如当打车类应用短时间内无人接单时，系统会根据服务人员的所在区域匹配度、服务质量和车辆类型等因素进行派单，确保订单不会出现无人响应的情况。我们认为抢单和派单已成为商品类型订单的唯一固定规则，即按照商家归属和可接单状态进行派单。分单的因子包括服务区域、配送人员距离远近、服务质量、天气、服务内容、预计履约时间和运力能力等，由于篇幅原因，这里不对分单的细节逻辑进行详述，网上也有很多类似的算法和逻辑，大家可以自行了解一下。还有一种情况是O2O的订单需要进行人工调度，由于对时效的高要求，在履约过程中因为不可抗力（比如天气、事故等）的干扰，需要快速完成订单的履约调度，人工运营有权对订单进行二次分配，从而确保订单在发生履约意外的时候可以尽快通过其他途径完成履约。

后续的流程和电商的流程基本相同，这里就不做详解了，大家可以参考电商的流程来设计规划。

7.1.3　小结

O2O业态通过对履约环节的改造而形成了新的业态流程。目前很多平台都把O2O纳入新零售范畴，作为其一个组成部分，通过O2O模式扩充电商平台的服务类型，O2O模式的探索也随着新零售的火热而变得更加深入细致。

7.2　新零售门店

新零售的概念是这些年提出的，2016年10月的阿里云栖大会上，阿里巴巴的马云在演讲中第一次提出了"新零售"，"未来的十年、二十年，没有电子商务这一说，只有新零售"。新零售不算是一个全新的概念，它的称谓也并不统一，它是通过互联网的技术能力和改造业态的思维方式对现有的线下零售做的整合。2014年左右，O2O的持续火爆对于线下的教育市场起到了非常好的启迪作用，线上和线下打通的概念慢慢被大家熟知。2016年后很多新式的零售企业逐渐冒头，最被大家认可的就是便利店。便利店作为零售行业的一个典型业态，既具备零售行业传统的供应链体系及销售模式，又具有体量小、适合改造的特性。因此很多新零售的尝试都落在这个业态下，最常见的就是无人便利店。本文就以便利店为例来讲一下对于零售流程来说，所谓的"新"是如何去进行产品架构和流转的。

7.2.1　业务形态概述

传统便利店的门店面积一般在200平方米左右，它们通常将门店分为前后两个部分，前面的部分负责商品的陈列和售卖，后面的部分则用于仓储，用来存放货品的库存。连锁的便利店通过总部的中央大仓来完成补货，统一的供应链负责区域的补货、退货等行为，店内的业务运营和库存管理则由店长和几名店员全权负责。

店内的主要运营事务包括如下几项：陈列管理、品类优化、店内存销、采购计划、仓库管理及人员管理等。陈列管理是指将店铺内的商品、设备进行统一的陈列摆放规划，目的是引导用户动线及提高营收。好的陈列摆设可以有效地吸引用户实现购买，充分利用每一寸地方进行优化。这里面包括店铺货架的陈列以及商品在架的陈列，比如，在进行促销时我们可以将同种类的商品摆放在流量最大的地方，同时进行量感陈列，提高用户购买的欲望。所谓量感陈列是说增加商品陈列的数量级，给用户以丰满丰富的感知，同时可以给予一定的心理暗示，即商品可随意挑选。有数据表明，在到店的访客中，75%的购买诉求其实是不定向的，需要通过一定的刺激方式引起购买动机，因此量感陈列可以有效地提升这种效果，其他的诸如品类搭配、层数摆放等技巧，其目的也是类似的。

商品在日常的销售中要进行销售数据的分析，从销售数据中获取品类售卖的情况，从而进行品类结构的调整。品类结构优化并不是说某些品类售卖不好就进行下架淘汰，而是要从中分析滞销的原因，通过陈列、促销等方法进行运营。在品类优化的过程中还需要判断每个品类在门店内充当的角色，其目的是盈利还是带动流量，这些都需要在日常的运营中仔细分析思考。

对于一些靠近人群、社区的便利店来说，生鲜类是品类运营的重中之重。生鲜的优点和缺点都同样鲜明，生鲜类商品可以快速聚集人气和客流量，同时对于用户的感知来说，它会形成很好的品牌效应和黏性。但与此同时，生鲜的有效期和品质管理又是一件费时费力的事情，好的品质可以提升形象，反之则也会加倍影响店铺销售。

在遇到一些特定的场景时我们会在店内进行促销行为，促销行为的主要目的包括引流、清库存等。促销的思维方式其实与电商的思路比较雷同，这里就不展开讲解了。所有销售情况的变化会引起两方面的联动，一是采购计划，一个是库存周转。销售高的品类需要在采购时考虑备货充足，而滞销品则需要通过促销等手段进一步减少库存量，确保库存的周转处于相对良性的状况。对于高损耗、有效期短的商品来说，其采购周期和数量都需要较长周期、低损耗的商品短一些。除此之外，店内人员也需要进行排班、考核等管理。

7.2.2　产品架构

上面大致描述了每日店内的运营事务，当然除此之外还有一些多店铺的统一管理工作。我们首先来看一下在传统的零售业务形态下如何通过互联网的技术和思维方式来改造出"新"的业态属性。传统零售行业业态下的便利店一般会通过一套标准的ERP系统进行店内的商品、库存管理，所有的销售行为（收款、支付等管理）会由ERP系统的收银台进行，商品、库存的管理也会通过ERP系统完成。连锁类型的便利店还可以实现对店铺采购全流程的管理，如采购入库、采购申请等。ERP的功能结构如图7-5所示。

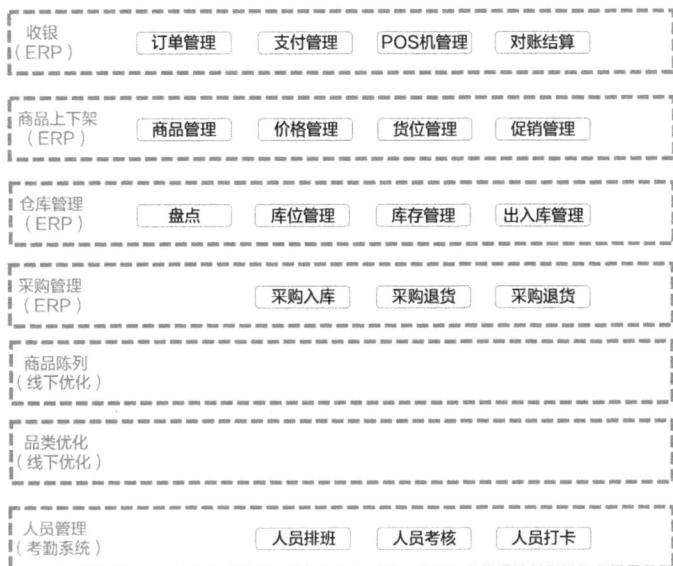

图7-5

我们可以看到，传统的ERP系统对便利店的管理还处于进销存的管理阶段，对每个信息只是进行单纯的记录和统计汇总，人员方面也是以记录人员数据信息为主，分析方面没有过多的功能支持，一些非连锁的小店甚至不存在全局分析整体区域运营的情况。对于业务流程来说，由于大多数是门店内部的到店销售，因此收银的部分只需要满足对到店用户的管理即可，一方面不需要考虑其他渠道的订单，另一方面到店的结算进度也会较慢，这也是需要进一步改进的点。设备上一般只有POS机，主要用于收银，其他的盘点、采购等行为都是通过线下人工表格的方式进行统计的，这也造成了多余工作成本。这些管理工作方式和流程往往导致传统的便利店规模都很小，很少有上千平方米的店面。因此我们可以从管理模式升级上来改造现有的流程和方式。

首先我们借鉴目前比较流行的一个新零售理论体系——人货场——来看一下便利店场景下的人货场分别是什么。人员主要是用户、店员两个角色，货主要指商品，而场则包括消费场景和管理场景，如图7-6所示。

仓库环节需要搭建仓库的库区库位管理，虽然无法像大仓一样复杂，但基本的入库、出库、拣货和盘点等是需要具备的。需要对库存进行监控预警管理，确保库存的可售。前

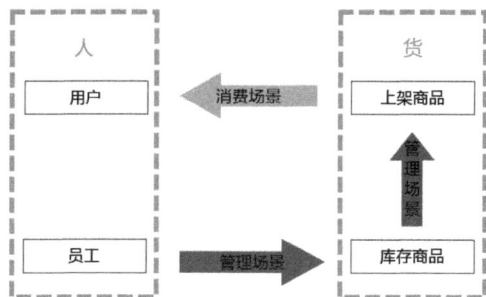

图7-6

店商品的陈列也需要进一步对客流购买的情况进行数据沉淀，确定店铺内的热力区，即销售情况，适时调整陈列，提高商品收益。销售方面，店铺内的流量受地域、选址等因素限制，往往会稳定在一定的区间内，我们需要将店铺内的坪效进一步扩大。这时候引入新的销售渠道就是不错的方法，线上流量的导入可以有效地提升人员的坪效和收益。为此需要提供线上的一套平台服务和系统，它们包括电商的一些基本功能模块，如订单、促销、会员、优惠券和用户端等。履约方面，由于便利店的服务范围有限，因此服务区域也同O2O类似，配送履约的方式按照用户的签收方式分为到店和到家两种模式。到家模式可以按照O2O的方式进行履约生产，线上下单支付后，店内进行接单并针对商品进行分拣，等待第三方配送人员到达后交货进行履约。到店模式则简单许多，用户下单后可以到店支付并完成自提的过程，这样进一步为店内消费场景增加了流量和购买机会。

这样分析后我们得出如图7-7所示的产品框架。

我们在原有的功能基础上加入线上化的流程，门店可以作为商家进行接单生成，配送的流程依然遵循O2O的模式进行。与此同时引入更多智能产品，如智能识别商品、无人结算通道等。识别的方式和无人货架的机制类似，这里就不做赘述了。

因为新零售属性的便利店引入了更多提效的设备和系统，所以尽可能地丰富订单种类是提高坪效的手段之一，通常我们会对于商超毛利最高的生鲜品类进行更多运营。在新零售便利店（或者从规模上可以称为商超）来说，相比传统便利店或者商超，增加了生鲜半成品加工和餐饮等类目，通过线上渠道进行下单，O2O进行履约。这里要特别说一下分拣出库的过程。由于品类的特殊性，用户订单在进入门店前需要进行预分的过程，这个过程类似于订单的拆单、定位等逻辑模块。生鲜类加工和餐饮的单子需要独立成单，这样在门店打印时可以进行独立操作。所有的商品需要分成两个步骤分拣，首先标品商品按照订单要求进入相应货区货位拣货，并放入出库货架。这里说明一下，门店不通过箱体容器来进

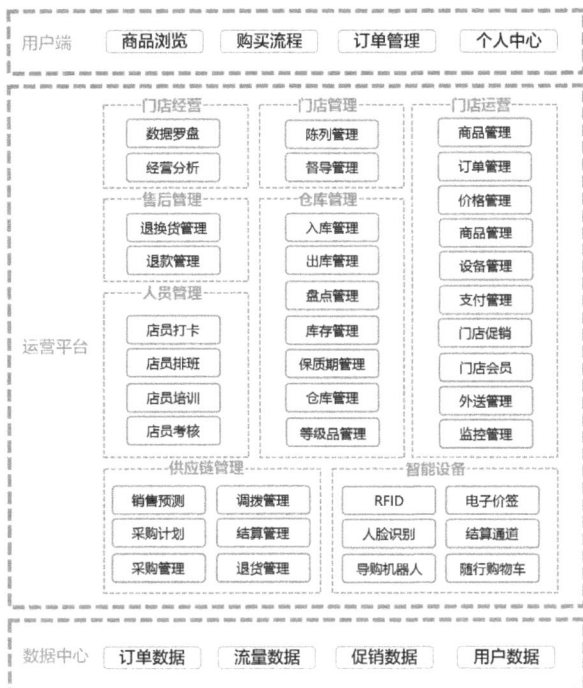

图7-7

行出库，由于衔接的是O2O配送体系，因此只需打包后放入相应出库货架中，待配送人员到店后装入自己的配送箱即可。加工类商品需要提交加工档口进行处理，完成后放入集货货架。加工商品全部完成后移至出库货架，等待配送员揽收。需要注意的是，只有未出库的订单才允许取消，取消的申请需要经过仓库的确认，因此已经完成拣货的商品由店员进行反拣，完成上架。

7.2.3　小结

新零售的概念这两年比较火，它本质上同其他互联网行业一样，希望通过互联网的技术和运营模式来改造线下传统行业。我们看到现在很多新兴技术已运营到线下实体店中。技术的发展对传统业态的改造效果会越来越大。

7.3　无人货架

作为2018年的风口，无人货架多次被人提起，2018年开始，无人货架的企业如雨后春笋般涌现出来。那时无人货架被认为是线下店在线上网站的延伸，是最接近用户的流量入口。当然，随着千万企业的征战、陨落，无人货架已经不再是风口，它的模式也被很多人诟病。不过存在即是真理，我们仍需回顾一下无人货架在产品架构上与传统电商乃至其他新模式的差异。

7.3.1 业务形态概述

无人货架从业态来说隶属于新零售的范畴，无人货架业务是将便利店模式极简化，将简化后的结构放入一些离用户最近的开放或半开放的消费场景中进行售卖。所有的供应链管理及线上运营管理参照电商的管理模式进行统一调度。因此从业务流程来说它是新零售、O2O和电商的杂合体。标准电商拥有的链条节点，无人货架中基本包含，与此同时，线下终端的无人化需要通过人力和智能技术等多种手段去解决无人化带来的风险和问题，它既需要同O2O一样赋予最后一公里的配送员更多的事务及人员调度，又需要解决终端无人化产生的损耗问题，甚至比新零售的无人便利店要求更高，毕竟无人便利店在店内还是有相关人员引导的。

从管理机制上来看，无人货架的最大特点是做到了真正意义上的终端无人操作。因为无人货架的消费场景大多在封闭或者半封闭的公众场合，每一个点位的货架或者冰柜附近并不会有公司的专职人员进行管理维护。这个特色决定了无人货架对终端的人力维护成本和地点成本几乎为零，但与此同时，无人化也会造成监管难度大、货品异常情况多等问题。这既是早期无人货架推崇的亮点，也是后期导致各家疲于奔命的痛点。无人货架的业务场景与无人便利店的业务场景比较相似，其区别在于运营上很多职能需要总部统一调配、计划和操作，整体的运营模式为总部统管+点位个性化的模式。我们将一些需要门店自行管理的业务行为划分给总部运营进行统一管理，涉及物流配送的行为则划分给供应链进行，除此之外，需要线下到点的行为则划分给独立的线下运营进行。按此我们将货架业态对应的职能变化做了一下总结，如图7-8所示。

明确了业务的职能划分后，接下来我们看一下业务在运营过程中的一些痛点或者标准电商或门店系统工具无法解决的问题。无人货架的商品不同于电商或门店的商品，货架的商品池来自于采购提供的商品列表，但具体到每个城市、点位来看，商品选品需要有所差异，不同的点位情况不同，对商品的诉求也会有所不同，因此商品的管理需要能够细化到点位层面的控制。这时候仅仅靠电商体系下的SPU+SKU已经无法支持了，我们需要以点位货架为维度形成若干套模板来支撑不同的商品组合。商品模板相当于线下门店的陈列图，所有的商品层面的调整都基于线下的门店陈列图的维度。

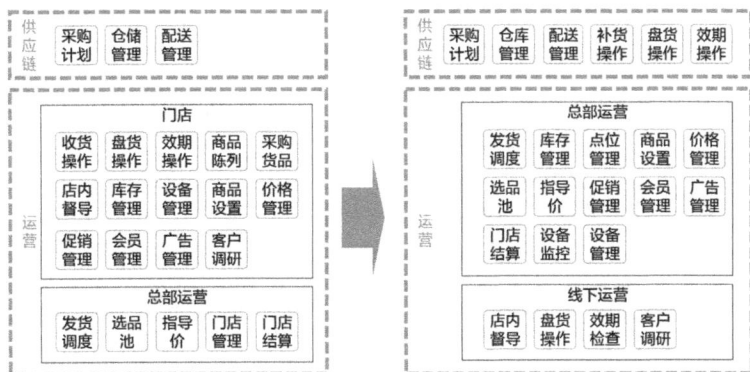

图7-8

无人货架的业态终端点位由货架或者冰柜构成，以大仓或者前置仓的方式完成配送到点的操作。由于终端无人化的特性，对点位的所有管理行为都需要总部统一安排、规划，而且这些计划的操作指令最终需要传递到配送人员的手中，由他们完成，这就需要在业务流程上将所有点位陈列行为考虑到物流配送的安排和分配上，避免出现补货成本过高、时长过长的问题。此外，所有原本属于门店的管理职能（比如采购的新品上架、滞销品撤架等）也都要转移到总部进行统一调配管理，而指令的接收方依然是配送人员。总部的调配计划需要按照每个货架的实际情况进行动态制订，如何平衡总部指令和货架情况来安排物流计划是无人货架补货环节的主要问题之一。无人货架本身等同于一个微型的店、仓结合的售卖体，除了具有商品售卖的管理功能外，它还需要具备部分仓储的功能。比如，对于仓库来说，我们会计算在库库存的情况以提高周转，而对于点位的货架来说，它也存在在架库存的逻辑处理，另外，点位库存的不确定性（因为有货损）导致在架库存的统计结果更为不稳定，这会影响到每次下发的补货请求数据的准确性。因此，对补货请求的库存数也是需要进行校准的，校准后的数据需要尽可能地减少与真实库存的误差（由于有货损的情况，因此理论上无法做到零误差）。

单一看上述的问题可能并不复杂，可当需要将所有问题汇总执行的时候，会发现物流人员需要进行的操作十分复杂。物流人员不再是按照电商的配送模式签收即可，而是需要进行一系列的操作，包括铺货、补货、盘货、商品上下架、陈列摆放和有效期检查等事项。往往一个点位需要进行1小时以上的操作，复杂的操作还会导致货品异常，丢品、乱放的问题时有发生。为了能够减小这个问题造成的影响，我们需要做几个事情。

- 将部分操作功能剥离，单独安排。物流的日常行为主要是补货行为，因此我们可以将与补货行为关联度不高的操作项（如盘货）剥离出来，交由其他的团队或人员进行。这样既可以保证操作流程完整，又可以合理安排分工和资源。

- 低频次的操作行为可以通过系统触发，而不需要每次配送都执行一次，比如有效期检查、陈列调整等。

这些逻辑都会影响到每日补货的点位数和分布。

早期初步起步阶段，各家都使用开放式货柜或者冰柜。一个开放式货架的最低成本在百元级别，为了快速铺设，各家都会使用这样的设备。低成本的货架导致无法监控货品的购买行为，货损率也会持续走高，同时，物流配送方面，无人货架属于新兴行业，传统的配送机制往往是以妥投后签收为最终节点，而货架需要进行一系列的陈列操作和处理，补货成本持续走高。整个行业发展到2018年年初，精细化管理和控货损已经成为业内公认的核心诉求了，这时候智能柜慢慢变为主导设备，对智能柜我们同样需要进行从采购到出库、装机以及日常的运行监控一系列的管理措施。

7.3.2　产品架构

无人货架的流程是线下门店流程和电商流程的结合体。电商的主要系统包括供应链的采购系统、WMS和TMS，中台的商品、订单、促销和会员等以及前端的售卖App、小程序和H5页面等，这些系统在无人货架中同样需要。由于货架属于总部统管＋单点个性化的运营模式，因此除了电商主流系统之外，无人货架为了解决自身独有的业务问题，又衍生出一些个性化的功能或模块，我们需要把门店和电商系统的特有模块进行结合并优化改造形成无人货架独有的业务模块设计，在满足总部统一管理的机制下同时支持单点、单架的个性化管理（库存、价格等），如图7-9所示。

图7-9中深色的为无人货架独有的模块，浅灰色的则是流程上需要进行业务改造的模块，白色模块基本同标准流程一致，改动不大。我们同样按照"中前台＋供应链"的模式设计产品的架构图，可以看到，无人货架的中台是改造的重点区域，因为无人货架是一个非常重线上、线下运营的项目，需要对线下进行SOP的标准化管理。

前台面向用户的终端，不再仅仅是App、小程序和H5等了，现在的智能柜也属于面向用户的终端设备，智能柜不仅仅只是线上系统，它还包括线下的硬件系统及版本升级等一系列的事情。因此在中台需要实现设备的管理，这里包括设备的监控、在线升级和异常报警等事务。

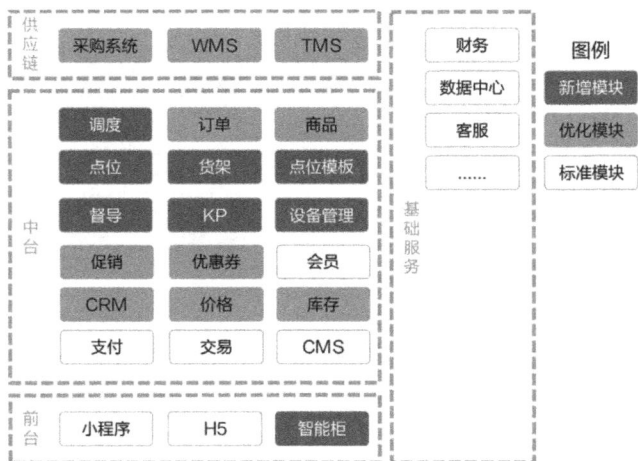

图 7-9

无人货架的业务运营模式为"总部统管 + 点位个性化"，因此系统结构上模块也需要支持两级设置、操作。所有的售卖信息按照点位、货架和商品的结构进行管理，运营平台中的商品模块则负责提供默认设置及基础数据的管理，而点位的商品陈列管理通过模板进行管理。

无人货架运营的另一个特殊的流程是所有商品的上下架及调整都需要通过总部统一下发并联动物流执行，这就是说，每次陈列的调整都会导致一系列物流任务的执行。整个过程的链条非常长，很容易出现中间环节变化导致下游相关人员无法执行的情况。为了确保业务流程的稳定性，我们需要在中间构建独立的模块并进行统一的调度，从而解耦各个相关系统和业务流程。所有的商品变动指令都以任务的形式提报给相关人员，通过统一的运力协调和调度，以确定每日的物流计划并跟进执行情况。

除了线上基础数据的维护，点位的管理还需要进行一些线下监管，日常会接触点位的人员主要包括配送人员、销售 BD 和日常巡检人员等，与之对应的系统工具为配送司机端、销售 CRM 及督导系统等。一些大型的客户，可以通过企业内部相关人员与之建立沟通渠道，对其提供相应的后台，我们可以称其为 KP（Key People）。

由此我们可以梳理出模块之间的关系图谱，如图 7-10 所示。

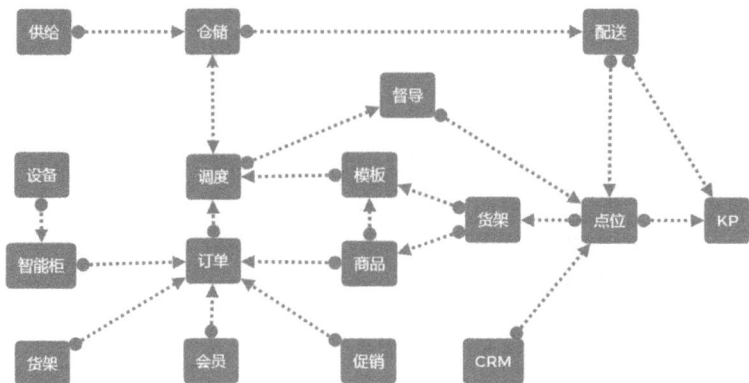

图7-10

由于改造的点十分繁多，我们把图7-10中的产品架构进行再次关联分组，按照业务节点的关联度可以将其分为终端维护、基础数据维护、线下维护和履约维护4个部分。终端维护包括前台的展示、购买流程的处理以及所有与用户直接接触的业务流程（包括CRM、KP和智能柜等）的维护。基础数据维护指的是所有相关数据的设置，包括促销、优惠券、商品、模板、网点和货架等的数据。而线下维护主要是督导、设备和TMS（司机端）的维护，目的是解决线下管理的业务流程。最后是履约维护，包括调度、订单及供应链相关部分的维护。这4个系统之间的交互十分频繁，大量的数据是需要进行同步处理的。由于篇幅原因，我不能把全部系统的细节做一一详述，只能针对其中的一些关键逻辑做一下说明。其实大多数的业务内容同电商和门店有相类似的结构。

7.3.3　基础数据维护

基础数据包括电商常见的数据内容，如商品、促销和会员等，基础数据中比较特殊的部分是商品数据。上面我们讲了，商品数据需要支持两层结构，即商品池和点位商品管理。商品池的源数据来自于采销系统的供应商商品库SKU，在运营平台的商品中心则需要将商品池的商品按照区域维度进行库存、价格的管理，区域的维度可以依据行政管理区域来制订。这里面的库存指的是库存深度，即单个货架上陈列该SKU时最多可陈列的个数。我们认为无人货架的运营系统是将原有门店的管理拆分成两层处理，因此商品池只能作为总部统管的基础数据，可管理到点位时，单靠商品池是不够的。点位的商品陈列有多种组合，不同点位的属性商品SKU的组合可能都有所不同，直接从商品池下沉到网点管理还需要增加一层过渡的"应用层"来简化一对多的复杂度，这里借鉴门店陈列管理的概念，使用陈列图来管理点位陈列。陈列图按照货架的类型配置不同层数、宽度的货架来陈列商品的组合，我们把每一个陈列图都作为一个模板来进行管理，一个模板可以用在多个点位，而模板的SKU来自于商品池的选品。这样的多层结构有助于减少系统设计的复杂度（如图7-11所示）。当然，随着业务发展它的结构可能还会进一步扩展，这部分我们在后续会做详解。

图7-11

　　所有的价格、库存深度都是通过模板传递到点位的货架上的。数据落库到货架后就可以进行个性化的设置管理了，为保证结构的不冲突，我们可以约定只有当新点位或者新模板使用时才会继承商品池的销售属性，其他情况下则使用点位自身的SKU销售属性。其他（如促销）也遵从这个体系，所有计算使用点位的基础数据。

　　基础信息的结构设计在无人货架体系中十分重要。上面讲过，所有商品维度的调整指令不同于门店体系，在超市门店业态下，每个门店可以进行单独管理，总部调度只需要告知相应的指令和信息即可。在无人货架的业态下，总部指令同时也是各点位需要执行的操作，因此，如何有效剥离分层结构是无人货架业态下产品架构稳定的基础，这里面有几个基础的原则。

　　● 数据流转的过程是单向同步的，即由业务链条的上游去通知下游，而不会出现下游反向同步的情况。

　　● 将同类数据分层，多层结构下的数据分别属于不同的职能和流程。比如，同样是商品数据，商品池数据负责选品流程，商品模板数据负责陈列调整，货架商品数据负责补货计算。

7.3.4　终端维护

终端主要指接触用户的所有系统的统称，货架业务接触用户的途径分为两种：销售购买的用户端以及企业协调人员后台。在一些优质企业内有提供给企业内部管理人员（一般是行政）协助管理商品、货架的相关流程，以便减少货损。这里我们把销售使用CRM也归为终端的一种。

智能柜的管理是无人货架的一项比较重要的工作内容。这里简单介绍一下智能柜在无人货架业态中的发展历程。从常规的开放式货架演变成智能柜，最核心的诉求就是解决货损问题和优化购买流程。开放式货架无法强制要求支付行为，且购买流程同电商相同，需要在列表中选择，加入购物车，然后才能完成订单支付。智能柜解决这两个问题的方式的核心原理是通过扫码方式获取用户信息，拿取商品后自动整理商品清单并实施代扣行为（支付宝或者微信），可以最大限度地避免未支付行为的发生。同时，代扣的执行可以有效减少用户的操作成本，提高体验性。

当前主流的智能柜会通过3种方式完成商品数据的自动获取功能。第一种是RFID，RFID（Radio Frequency Identification，射频识别）作为一种电子标签被应用于很多识别的场景，标签内带有商品的基本信息，在货柜上安装相应的识别设备后，可以在用户提取商品时感应并抓取商品信息，从而获得购买商品列表。目前RFID技术比较成熟，识别率相对于其他技术来说稳定性最高，可它的缺点也同样十分明显，RFID标签属于消耗商品，每个商品的RFID造价成本为几毛钱，消耗的成本相对来说比较昂贵，对于客单价为几元的无人货架业态来说并不十分划算，很大程度上会拉低毛利率。

另一种技术是通过重力感应来识别物品克重的变化。一般货架多为4~5层结构，在每层上增加感应设备装置，可以获取重量差异，对比SKU的标准克重得到商品的购买清单。这种技术并不是很复杂，也不会有耗材使用，但缺点也是显而易见的，重量的误差往往都在10克左右，而货架内的商品（如膨化食品）之间可能差值都不到10克，很容易出现判断误差。目前重力技术常用于其他手段的辅助，单独作为判断逻辑的效果并不理想。

最后就是目前比较流行的AI技术，它通过视觉的图像捕获来获取商品数据。图像识别的原理是对商品进行建模，在商品开门被拿出的时候，货柜内的摄像头通过图片或者影像进行模型的鉴别，从而获取商品数据。图像识别包括动态识别和静态识别两种。静态识别指将摄像头拍的开门前和开门后的图片进行比对，判断缺少的商品及个数；动态识别则是通过拿取时摄像头捕捉的图像获取商品的建模数据。静态识别对摄像头的位置及光线要求较高，需要在一定成像的条件下拍摄，而且商品的叠放也会对模型识别造成一定影响。动态识别则可能由于用户拿握姿势的不同而导致商品不能整体暴露在摄像头下，从而导致获取失败。动态和静态的结合可以有效地获取数据，如果再加上重力感应的话，识别率就比较可观了。但前期对商品建模需要花费大量的人力和成本，不过后期成本摊薄后就比较划算了。

智能柜通过各种识别方式判断用户是否完成支付，后期也可以通过人工视频进行复验来不断调校算法，总体来说，它可以最大限度避免货损。此外，除了识别的处理外，智能柜终端还有一项重要的功能模块，就是在线升级。智能柜本身是由标准的货架或者冷柜加上相应的智能装置及程序构成的，对于设备中的系统需要能够定期升级更新，逐步优化。升级的难度在于技术人员不能每次都去现场进行硬件系统的升级工作，而需要通过远程、批量的方式实现两种系统的升级、管理等业务诉求，因此一般会通过OTA的方式进行升级。OTA（Over-the-Air Technology，空间下载技术），通过网络途径，如Wi-Fi、3G和4G的方式完成对系统或固件的升级工作。硬件设备中的操作系统包括操作系统底层系统及业务处理系统两部分模块，你可以理解为一部分是PC裸机时候运行的系统（类似DOS），负责底层的逻辑处理，另一部分是Windows系统，负责业务逻辑的平台，这两部分都需要根据业务的发展不断进行升级。智能设备需要进行心跳检测以及信号检测等功能监控，确保它们时刻处于正常的运行状态，异常的设备需要在后台实现报警，提醒相关人员进行检验维修。

7.3.5　履约维护

无人货架履约的过程并不是指用户购买后的履约，而是指如何完成货架货品补充、处理和调整的过程。这里介绍一下配送人员涉及的履约环节的操作流程都有哪些行为，如图7-12所示。

商品操作顺序一般遵循"先处理现有商品，再更新变化商品"的原则。所有操作其实都是门店货架商品陈列管理范畴的内容。盘货指盘点现有商品的库存数量，盘点的作用是调整现有货架上库存不准确的数

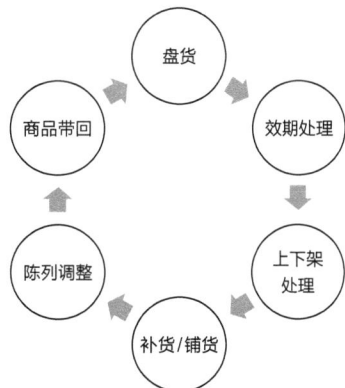

图7-12

据，由此核对货损数据，同时更新线上库存的可售库存数量，避免出现线上、线下不一致的问题。由于盘点的成本相对其他流程较高，因此它不是一个高频次的行为，日常运营中我们通常还是希望尽量通过智能柜来避免库存货损的问题。盘点时需要对现有商品中临期或者过期商品进行处理，临期及过期商品需要进行下架操作。商品上、下架操作除了临期商品下架外，还包括一些业务指令的下架，这部分下架指令来自于上面我们提到的模板的调整和操作。商品下架后，我们需要同步更新货架中的商品数据。

对现有货架商品调整完毕后，就可以进行新品的补充了，也就是补货和新品上架。补货会更新现有可售库存数量数据，上新则先添加商品SKU再更新数量数据。如果是货架首次铺设，则认为所有的商品都是上新的补货行为。由于货损原因，补货时可能会出现SKU补货数量大于单个SKU库存深度的情况，那么补货后就会出现可售库存大于库存深度的情况，在补货时需要考虑这种情况的操作。

补货过程中还会出现对现有陈列布局进行调整的行为，司机端需要提供货架陈列图，以便配送人员根据要求进行调整。最后将下架且不需要销毁的商品带回仓库。

按照上述业务描述，配送的运单单据需要包含上述业务行为的信息，由于操作过于复杂，我们可以按照类型归类将其拆分成多种不同的运单类型，保证单个单据的业务行为简化。单据的操作行为见表7-1。单据除了根据业务行为的相关性进行拆解外，还需要根据运力分配和成本来拆分，原则上，结算形式相同的业务行为可以划分为同一种单据操作。

表7-1 单据的操作行为

操作行为	数据更新字段	数据内容
盘点	可售库存	点位货架
临期、过期商品下架	可售库存、商品状态	点位货架、销退入库单
商品下架	可售库存、商品状态	点位货架、销退入库单
商品上架	商品信息、可售库存、库存深度	点位货架
点位铺设	点位状态、货架状态、商品信息	点位、点位货架
点位补货	可售库存	点位货架
点位撤销	点位状态、货架状态、商品信息	点位、点位货架、销退入库单
货架撤销	货架状态、商品信息	点位货架、销退入库单

上述是正向的履约运单流程，有正向流程，一般也会有对应的逆向流程，无人货架的逆向流程类似于门店的采购退货行为，是将物资从点位撤出回库。不过这里的撤出回库不包括商品下架后的带回，从业务操作上来看，我们把它归结为正向中的行为，只不过在

回库时需要告知仓库回库的数量并生成销退入库单，完成流程。逆向流程主要指撤架和撤点，对于一些经营不好的货架或者点位进行裁撤行为。需要将所有的商品进行盘货清点并告知仓库生成销退入库单。残次的商品则需要以残品销退入库，其他则按照良品处理。在撤回时同样需要将货架或者柜体作为销退入库的物资并生成单据。

履约的所有行为都是依存在运单上的，运单作为串联履约整个流程的核心单据，上面加载了所有配送人员需要的信息内容。运单的基础信息和电商类似，包括编号、商品信息、配送信息和仓库信息等。这里重点讲一下几个与电商不同的地方。所有运单的发起不是由用户订单直接触发的，而是根据每日对实时可售库存的监控来判断是否需要进行相应的补货、铺货行为，作为运单的整体调度，可以设计独立的调度模块进行处理、分析和拆解等。补货与否要从以下几个方面去考量。

成本

补货行为首先会产生配送费用。为了尽可能地控制成本，需要计算补货的频次对成本的压力，对于一些高质量的点位需要提高补货频次以增强货品在架库存的周转率，而消费能力差的点位则需要降低频次以避免在架积压库存。成本的测算还体现在对点位补货密度的分配上，一次补货行为如果发生在同一区域（如同一楼）内，则补货的成本和时间可以进一步降低。

库存补充

补货行为就是补充在架可售库存，这里需要测算一个周期的逻辑。每个点位拥有它自己的生命周期，从铺设、售卖、商品结构优化一直到撤点，点位的属性不同，它的生命周期也不同。同样，货架上的商品也会有它的周期，包括它的生命周期和补货周期。生命周期同点位类似，即从上架到下架的过程，在这个过程中，补货周期是用于调节、观察商品生命周期的工具。上面提到了点位的补货频次，即每个点位补货应该按照什么节奏进行（比如一周一补），而点位上商品众多，如果按照统一的节奏进行补货，很可能出现部分商品在架库存积压而部分热销商品售罄的情况，因此我们要尽可能地保证单个商品SKU货品的消耗节奏同整体点位消耗节奏基本一致。比如我们发现点位平均每日订单为50元，单个点位的货值（即在架商品库存满额时候的价值）为800元，我们假定以50%消耗为临界点，当货值被消耗到400元时该点位需要进行补货，以每日50元测算，则需要8天。如果当前单个SKU的可售库存消耗频率小于8天，则认为该商品的动销率大于整体点位的动销率，需要提高库存深度，反之，若消耗大于8天，则认为动销率过低，需要调整库存深度以避免积压。由此可以发现，货架SKU的库存深度应该是动态可调节的。在补货前需要根据数据情况进行动态调整，根据调整后的库存深度计算应补库存数量。动态库存深度调整可以结合商品销售情况，对商品陈列提出优化建议，多次调整后依然滞销的商品则可以逐步减少可售库存直到下架，而热销商品则需要逐步提升库存量以便提高GMV。

采仓配环节基本同电商相同，这里就不特别说明了。

7.3.6 线下维护

线下部分主要是对点位除库存、商品以外的日常事务管理，在无人货架业态上主要体现在对点位的督导。督导的目的是监管抽查点位的情况，检查日常作业是否符合标准规范以及对用户进行回访等行为。

督导系统的本质就是信息异常记录，对所有产生的信息进行跟踪记录，确保后续分析追查的时候能有迹可循。

7.3.7 小结

无人货架作为一个生存周期短暂（虽然市面上依然还有很多企业在做）的业态，从爆发到如今的落寞也经历了一年多的时间。虽然作为商业模式来看它还有这样那样的问题，但是从业态的改造和产品逻辑的改造上它还是有很多值得参考和探讨的地方。

第 **8** 章

产品经理工作常见问题

在构建电商平台的过程中会遇到林林总总的问题，有些问题属于产品需求范畴，有些问题已经超出了产品范畴。不过从落地的角度考量，产品经理对这些问题需要有一定程度的了解和思考，这也能从侧面推动问题的快速解决。此外，产品经理在整体发展方向上也需要有一个自我认识，这样才能不断地成长。下面聊一下这些有关于产品经理的日常"生活"。

8.1 关于需求变更

在需求研发过程中，由于业务形态、时间进度等因素的变化，产品需求也会出现需求调整修改的情况。而需求的变更势必会影响当前系统的架构、进度甚至逻辑，由此产生的一连串反应总是会让人头疼不已。产品经理日常最常见的场景就是：在上线前一天业务人员询问是否可以增加一个简单的功能，描述完后还说希望尽量不要延期。面对这样的需求变更，我们应该如何去看待呢？在开发过程中我们应该如何去预防、监控和处理可能发生的需求变更呢？下面我们来聊一聊这个话题。

首先我们来看一看需求变更这个事情到底产生了什么样的变化。我们知道，每一个需求的开发、上线过程都要经历若干个环节，无论是瀑布式开发还是敏捷开发，在过程中都会有一些核心结构是需要稳定的。有几个要素决定了系统的上线周期和质量，即需求范围、逻辑点和资源等，它们的关系是互相依存而又互相制约，如图8-1所示。

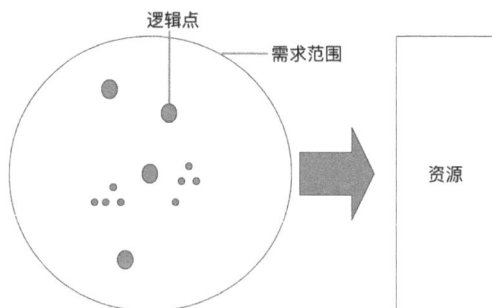

图8-1

- 需求范围：指的是当前项目或者迭代中需求的边界，需求范围决定了当前项目或者迭代的体量。

- 逻辑点：这里说的逻辑点不是单纯的需求个数，而是将需求分解完毕后本次项目或者迭代需要变更的逻辑内容；由于需求的逻辑复杂度不同，因此不同难度的逻辑点最终都会转化成资源占有情况，作为一般等价物进行衡量，也就是我们俗称的"人天数"。

- 资源：这里指的不仅仅是人力资源，还包括流量资源、硬件资源和跨部门配合度等，一切项目需要的外部支撑都属于资源的范畴。

因此我们可以看到，需求开发的过程本质就是将当前需求范围内的需求逻辑点按照一定比例转化为资源占有情况，并根据当前的资源情况确定可以匹配的数量，这也就是我们常说的项目排期或者迭代排期。

说完了需求开发的本质，接下来我们看看需求变更到底动了哪块奶酪。需求变更通常有几个来源：业务方、产品自身和开发等。业务方的变更是最为常见的，这源于瞬息万变的业务情况以及业务人员不同的处理流程。业务方的需求变更往往是由于前期思考时间过短或者过长。当然由于业务变化出现临时增加需求的情况也是有的。

我们知道，所有的研发周期原则上都会落后于业务的发展速度，在业务项目周期内，需求开始时间点的统计口径，产研方与业务方是完全不同的。假设一个项目业务方开始立项，按照以往经验来看预计需要 15 天。但由于业务前期构想较为简单，在详细沟通细节后发现需要明确的逻辑点较多，真正需求确认后开始研发的时间可能已经到第 7 天了。这样，从产研的角度来看，项目真正开始的时间是第 7 天，而这一天距离业务领导立项已经过去了一半时间。这种时间偏差往往造成排期后无法按时完成全部逻辑点，需要根据情况进行删减，删减的同时也可能对需求产生影响进而调整需求逻辑。这种情况就是资源不变的前提下对需求范围和逻辑点进行调整。而临时增加需求也属于这种情况，不同的是需求范围和逻辑点是增加而不是减少。

另外一种情况是在业务立项后，经过简短的沟通，立刻准备需求研发，虽然在时间上偏差不多，但由于前期沟通不够，导致过程中出现逻辑质量差、问题多的情况，这同样会造成排期变更。这时候只能通过简化逻辑或者增加资源的方式来保证按时交付。这种情况是在需求范围不变的情况下调整逻辑点和资源。

产品的自身情况和业务方的情况相反，由于在前期沟通的过程中对需求的理解不够透彻，导致产品设计上出现逻辑问题，继而产生需求的调整和变化，它也属于资源不变的前提下对需求范围和逻辑点进行调整。开发发起的需求变更更多来自于技术需求，比如一些技术架构的调整等。由于技术结构不支持，需要对结构进行调整来满足需求实现。

综上所述，需求变更的特征就是三要素最少会出现两种以上的变化，继而影响到第 3

种要素。而造成需求变更的原因主要是信息理解不一致和思考不全。针对这些，我们需要分两步处理：预防和解决。

预防主要从两个节点入手，之前大概讲过项目管理的流程节点。在需求确定前需要和业务方确定需求内容，PRD与业务方完成逻辑点的核对。在这个节点检验的是产品经理将业务语言转化成逻辑语言的质量，而PRD完成后与开发进行需求评审检验的是产品经理将逻辑语言传递给开发以便他们完成代码的表达能力。这两个节点都会导致信息丢失或异常，我们需要在这两个环节明确一些规则或者概念。首先业务流程必须要有清晰明确的流程流转，即流程图和数据流转图，明确流程后才能确保相关功能是依附于正确流程的产物。如果流程不正确，功能逻辑就无法完成闭环。其次双方一定要对流程中的概念定义达成共识且对其有详细明确的文字说明，比如商品上架的概念是实物仓库上架还是线上系统上架，下单完成是指支付完成还是履约完成。这些看似非常容易理解的概念其实正是容易出现想当然的"意见统一"。很多情况就是大家都以为对方想的跟自己一样而没有明确文字定义，以致产生了后续不必要的麻烦。

对于需求的延伸性一定要进行构思和设计，即使本次需求不做。产品经理需要对结构完成构建，使其完整，而这点对于业务来说可能短期内都不一定是关注点。这里说的结构不是指单个的功能，还是如何使业务描述的流程形成完整的闭环。比如在平台搭建初期，可能各个系统都不完善，早期上线的功能中只有订单之前的系统，由于时间原因履约环节不能同时上线，前期的数据传输只能通过线下Excel传递（不要怀疑这种情况的发生，很多时候会比这样还简陋一些）。当我们在设计订单、商品以及用户端的时候，就需要考虑履约环节在实际业务场景下是如何操作的，把相关的信息考虑进去，这样才不会出现上线后因数据缺失而无法导出Excel的情况。所有的产品设计都需要在明确业务流程以后考虑如何完成业务闭环，而不是仅仅思考业务提出的某一个功能点，这样才能有效地预防需求变更的情况。

当然，我们不能保证所有的变更都能被遏制在萌芽阶段，当我们遇到变更情况应该如何去处理呢？这里就会涉及一些项目管理的知识。上面讲到变更影响的三要素：需求范围、逻辑点和资源，我们需要做的是把变更影响尽可能控制在最小范围。比如前面提到的第7天开始进行开发，项目周期无法保证所有需求的完成，那么我们原则上尽量只影响一个要素。我们可以按照需求优先级排序，砍掉需求优先级较低的内容，这样就能保证在逻辑点和资源不变的情况下缩小需求范围。通常需求范围的变化是通过优先级来解决，逻辑点的变化是通过简化产品方案来解决，资源的变化是通过协调增加资源来解决。不过具体的执行就需要大家结合实际过程来判断了。

8.2　关于重构

　　每个系统的诞生都源于业务需要，为了能够支撑飞速发展的业务，很多时候我们需要对多个方案进行一些妥协来赢取时间。方案的妥协往往会造成架构不良，只能满足中短期需求，对于长期的延伸来说都有致命的伤害。还有一种情况是业务的方向发生了变化或者融合，导致原有设计的结构需要进行重新设计调整。因此基本上业务系统经过一段时间的开发运营，都会面临重构的问题。也许有人要问，系统重构按道理不应该属于开发范畴吗，和产品有什么关系呢？在重构的过程中产品需要做什么呢？在回答这两个问题前我们需要明白重构这个事情究竟重构的是什么。

　　我们可以把系统看作一个人，人身体里面的骨骼、血肉可以看作是系统中的逻辑和技术架构，它们支撑着身体的稳定运行。而产品同样也有架构和逻辑规则，它代表着这个人的性格和精气神，一个人身体再好，精气神如果不顺畅，早晚也会出现生病的问题。因此每次重构实际是对系统这个身体的重造，除了要对骨骼、血肉进行大刀阔斧的改造外，我们还需要对它的精气神和性格做重新的审视和定位。

　　以笔者以往的经验来看，电商每个系统的生命周期是1年到1年半，离业务越近周期越短。每个系统在开始时都会有一个1.0简化版本的阶段（甚至一些创新项目还会出0.1版本做业务尝试），即满足基本业务流转但不够精细。1.0版本上线后，系统会经历若干的完善版本，在不断完善原有缺失逻辑的同时，也会不断根据业务诉求拓展新的业务流程。一般业务系统运行半年左右，可能会出现一次较大版本的改造，当然这个时间一般是伴随业务的考核周期而变化的，当考核周期调整后，业务和系统对应的关注点也可能发生变化，但一般不会在这个时间点做重构改造，更多的是一次更大范围的升级。当业务运行到1年左右的时候，以目前互联网发展变化的更替速度看，业务上会期望做更多尝试，而原有的业务也会进化到一定的复杂程度，这时候系统的重构就会提上日程。系统的升级改造周期其实和摩尔定律提到的概念是相同的，只不过互联网的发展迅捷程度已经不允许18个月的等待。因此第一次重构的时间一般会发生在系统上线一年以后，这里我们不排除一些上线不久就安排重构的情况。

重构属于耗时耗力的工作，原则上还容易对现有线上平台的稳定运行造成影响，因此大家不太愿意重构，但如果在以下这些情况下就需要仔细讨论重构的必要性了。

- 逻辑混乱，业务诉求无法满足。
- 系统耦合严重。
- 功能边界不清晰。

前面说到，由于时间的问题，很多系统在初始上线时考虑得并不完善，更多的是针对当前业务流程的实现，这样很容易造成后期增加的新逻辑跟原有流程冲突，按道理说产品需求是模拟业务流程的线上化，如果线下流程可以正常运转，那线上为什么不可以呢？笔者看过不少线下实际业务场景操作的情况，在执行某一个流程或者SOP时，若遇到特殊情况或异常情况，会人为选择特殊办法处理解决，这对于快速完成业务操作来说有很好的变通性和灵活性。但如果从系统的角度来看，系统存在的目的就是能够规范流程，确保精确性，如果过于灵活就会造成逻辑漏洞问题，这就是为什么不能按照所有线下特殊情况来设计系统。逻辑冲突会导致系统实现时无法制订业务流程，这样就无法开发新的功能。

同样，很多系统为了赶工，会把相关内容都放在一个平台或者一个页面中来实现，随着业务的发展，这同样也会造成逻辑冲突，这就是因为系统耦合严重，功能边界不清晰。我们并没有把每个相对独立的模块变成一个小的系统来实现，而是所有业务逻辑耦合在一起，比如前面章节我们说到的，商品系统可以管理价格和库存，但随着业务发展，对价格和库存有了更多更高的要求，这时候就需要把价格模块和库存模块分离成独立系统，对商品系统进行重构改造，分离后的系统逻辑会更加清晰。同样，每一个功能应该有它自己的归属人员，同一个功能理论上不应该交给两个以上的平级部门或人员使用。举个例子，商品上架功能应该由商品专员负责，而促销设置则由促销专员负责，如果我们把两个功能耦合在一起进行处理，那么当双方在业务需求发生冲突的时候就无法进行下去了。这里的功能耦合指的不仅仅是页面，还包括底层的处理逻辑。

那么重构过程中产品应该如何去调整、设计呢？主要是从以下几个方面来思考。

- 系统边界和业务职能边界明确。
- 上下游系统对接的重新审视。
- 业务流程梳理。

首先明确本次重构的系统边界，这里的边界是指功能范围边界，在很多大型复杂平台上有一些地带属于灰色地带，即上下游系统都可以处理，这部分的归属需要在重构的时候进行明确定义，确保重构后不会出现掉链子的情况。系统边界的定义决定着功能和产品架构如何调整和设计，所有的产品功能模块都需要满足在此边界之内，而超出边界的部分则需要考虑独立成系统或交接给其他上下游系统。

确定系统边界后，我们需要根据职能分配对上下游系统的数据对接和业务对接进行梳理和重新定义。每个系统重构都不是单一的技术架构改造，伴随着会出现多个系统的业务流程和规则的改变调整。明确上下游系统的接口字段变化以及调整后的业务流程情况。跨部门的业务对接调整的成本是很大的，重构项目尽量避免对这个部分的调整，一般是在保持原有逻辑不动的情况下通过新的接口或者字段来满足业务调整。

重构的业务流程梳理其实是和产品架构关系最近的事情，在不断的迭代中，每个系统都会出现或多或少的业务遗留需求和待优化的问题，可以在重构的项目中将这些处理完毕。重构项目的业务流程梳理也有优先级之分，逻辑漏洞作为第一优先级，流程解耦其次，然后是界面和字段的调整。注意重构项目原则上不增加新的功能点，只在原有的业务流程和逻辑上弥补问题和不合理结构。我们要在保存完成重构目的的前提下尽可能减少工作资源的消耗。另外，对于产品来说，也是对整个流程架构梳理的好机会，很多产品在承接系统和产品线的时候往往不是从 0 开始，资料和文档也可能出现缺失，重构项目可以让你有时间去深入了解每一个细节，同时矫正所有遗留下来的坑，对初中级产品经理来说是一次质的提升。

8.3　关于系统边界

前面章节讲解系统重构的时候提到了"系统边界"的定义。系统边界相当于规则框，所有的功能都需要满足这个规则，在持续的迭代优化过程中，系统边界也起到判定功能归属及业务需求消费方和生产方进行分配的作用。

系统边界往往会在初始搭建时就定义清楚，然后随着业务发展或系统重构进行调整。在边界问题上我们会遇到两种情况：边界的初次定义和边界的拆分或者合并。

系统边界本质上是对使用系统的业务部门的边界的界定，每个系统的范畴应该和它对应的业务部门范畴一样，包括目前的职责和未来需要延展的方向和职责。比如采购系统的边界就应该是采购负责的内容，这里可能每个公司的业务实际情况有少许不同，而系统边界确定时需要明确这部分的情况。比如采购计划制订时，采购预测的数据应该由 BI 平台提供数据支撑,而业务流程应放在采购系统中实现。有一些底层的系统(比如交易系统、订单系统等)没有具体的业务方,这类系统的边界定义是当前系统希望它完成的事情,比如交易系统要实现所有交易信息的核验、确认及提交,订单系统则需要完成订单的生成、分配及履约跟踪。那么生成订单前的所有交易处理则应该属于交易系统的范畴,而生成订单后对订单的处理则属于订单系统的范畴。

系统的拆分或者合并则需要明确新的系统涵盖范畴,对于不属于新系统但短期内无法迁移的功能,则要将其流程独立且不影响合并以后的系统内部架构。比如从商品系统中将库存系统拆出,则原有商品系统中所有处理库存的部分现在都需要调用库存系统的服务,商品系统原来保存的数据则需要初始化到库存系统中,商品系统的业务操作流程不变,底层的服务发生迁移,不再负责库存的计算。

8.4 关于第三方服务的使用

在电商平台中支撑业务的系统非常多,细化后可以达到上百个。而开发资源毕竟是有限的,为了能满足业务诉求同时还能合理控制产研资源,有些部分可以使用第三方服务。第三方服务指的是平台以外的系统功能,一般标准化的系统功能可以使用外部服务,比如客服、积分商城、财务系统和ERP等。当然规模越大的平台越会考虑由自身研发完成系统。除了一些大的功能,小的功能也可以使用第三方服务,比如用户浏览数据统计、在线客服和流量分发等。

与第三方服务对接最稳妥的方式是通过平台自身的开放平台来实现对接,标准化的流程可以有效保障对接效率。但有一些对接比较复杂,需要深入业务流程内部进行逻辑对接,这就需要双方进行接口和业务流程的对接,除了这些,还需要注意风控的问题。第三方服务原则上属于外部服务,对数据传输加密以及敏感信息的处理需要格外当心。所有接口中需要保证不是明文传输,即抓包后依然是加密数据。而敏感信息(如用户信息)原则上尽量避免提供给第三方,如果必须根据则应加密处理。第三方服务在嵌入平台的系统时也要考虑一些兼容性的问题,比如APP中嵌入第三方的在线客服,对App包的大小是否有影响? SDK升级如何进行?是否会侵入App或影响App打开速度?这些问题有些是需要开发进行评估的,不过产品经理也要对这些内容有一定了解,以便确保系统的稳定性。

8.5　关于周期

当我们按照业务诉求和产品规划完成了产品的架构以后，需要通过逐步实现来完善整个产品体系。那么如何去安排每个阶段的产品实现节奏和周期就需要我们仔细思考了。对于一个完整的产品架构来说，它有自己的"马斯洛需求理论金字塔"。按照对业务影响的大小我们可以整理出一个需求金字塔，在金字塔中越靠近底层，说明业务越紧迫。

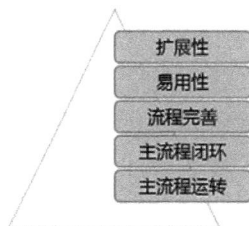

图8-2

- 主流程运转：能够支撑业务最低限度运转的流程，比如对于电商平台整体来说，主流程就是购买流程，包括浏览、下单、支付和履约等；能够保证当前流程走通是第一优先级的事情，这里面"走通"的概念不是要求所有流程都线上化，但要保证数据可以按照上述流程完成最终的传递和操作。

- 主流程闭环：运转的概念是可以走通，而闭环则要求全部流程线上化，所有业务数据可以通过线上系统的流转完成全流程，而不需要借助过多线下的数据传递。

- 流程完善：除主流程外还有很多分支流程，不是说这些分支流程不重要，分支流程是相对于主流程来说的；拿刚才举例的购买流程来说，它对应的分支流程包括商品上下架、价格审批、库存管理和促销活动配置等，主流程闭环以后则需要完善这些流程，确保系统对业务支撑的健壮性。

- 易用性：完成了基础建设，那么对流程的操作就要有更高的标准，比如操作界面简洁清晰、使用方便等。

- 扩展性：业务流程可以支持更高的扩展性，这个对于系统来说是比较高的要求了，在保证业务使用的同时满足高扩展需要对系统的模块规划十分清晰，解耦十分彻底，绝大多数的平台是很难做到这一点的，它们大多是部分功能支持高扩展性，整体平台则通过重构来保证扩展性；解决扩展问题最好的方法就是将平台SaaS化。

假定我们认为2周做一次迭代，半年预计可以进行12次迭代。按照这个节奏，从零做起的平台在半年后至少要达到满足流程完善的阶段。我们把平台下的结构从大到小分为平台、系统、模块和功能。每一个层级都可以使用这个金字塔来分解产品架构，进行迭代规划。

8.6 关于产品经理的成长模型

借用钱钟书老先生在围城中最有名的那句话来说，产品经理是一座围城，城外的人想进来，城内的人想出去。这些年，随着互联网行业的蓬勃发展，越来越多的人开始进入这个行业，进入到产品经理的行当里面，可进来才发现现实与理想的差异，才发现成长过程的困难、迷茫。

很多同学问我产品经理应该怎么做，这些同学有的是初入职场，有的是半路转行。市面上有不少文章讲述产品的思路、逻辑，我在这里也分享一下我这些年的经验。

在成长过程中有很多问题和难处，但总体看来还是围绕一个固有的体系去思考解决方案的。这里我总结了一个成长模型，它包括4个部分：定位、学知、认识和明断，如图8-3所示。

图8-3

- 定位：思考方向，定位对其他3个方面产生影响，对未来发展的轨迹起到决策的作用，没有定位就意味着你的高度不会太高。

- 学知：作为基础，就像数学、语文一样，也许未来使用的会很少，但不会一定是不行的。

- 认识：打造自我的价值观，学会看到更多有价值的信息。

- 明断：在具备基础和认识以后，学会根据现有信息判断、决策问题，脱离执行层面，进入更高阶段。

在我看来，每个人进入一个职业发展都有几个阶段，不同阶段需要具备的能力也有所不同，要求的标准也有高有低，如图8-4所示。

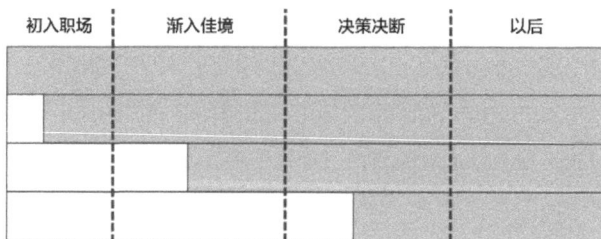

图8-4

- 初入职场：入门阶段，对行业各方面不太熟悉，一切都需要了解或者重头学习，这个阶段要明确定位，学习知识。

- 渐入佳境：业务成熟期，对所负责的产品线比较了解熟悉，执行任务游刃有余，但同时也遇到了一些瓶颈，希望能够有所突破，此阶段要开始慢慢学会了解更多思维方法、观点上的信息，形成一定的思维意识和体系，并不断完善。

● 决策决断：开始对一些重要的问题或者方向进行决策处理，很多人依赖你的决策执行，判断因素不局限于一个范畴，这时需要有判断的能力和主动导向期望结果的能力。

● 以后：这是更高的要求，掌握更多的资源、更多的话语权，已经脱离了产品经理的范畴，进入经营管理的范畴，这部分不是我们本次讨论的内容，可以将它作为一个美好的理想。

不是每个人都能完整地走完几个阶段，很多人会停滞不前。下面我们来看一下各个维度到底是什么。

8.6.1　定位：确定方向

这里我们说的定位不仅仅是行业定位，它还包括岗位定位、工作职责定位、价值定位以及各阶段目标。

现如今人员的定位都是价值结果导向的，因此明确你当前的价值点和你希望到达的价值点是你成长发展的核心。学会从当前价值点过渡到期望价值点的高效改进方法就是你的阶段性定位，而这些定位应该始终围绕这一个方向或者结果，这个方向或结果叫作发展定位。从另一个方面来说，定位也可以叫作自知。

很多同学会对"定位"这个概念产生一些混淆，认为定位只是看你选择的行业是否热门，选择的岗位是否核心，公司是否BAT。在我看来，定位更多的是阶段性的、多样性的和持续改进的。

让我们来看一下如下的对话场景。

问：我刚转到产品岗位，目前领导让我负责一个不重要的模块，我总觉得没有什么成长，而且没什么核心价值。

答：那你觉得你想要什么？

问：我想要去一个核心的岗位，有人能够带我，待遇能够提高……

答：那你感觉应该如何去做才能得到你想要的？

问：我平时会看产品咨询、大牛的文章分享，听沙龙讲座。

答：效果怎么样？

问：不太好，感觉没什么进展。

从上面可以看到，问问题的同学陷入了一个怪圈——工作不开心→学习补强→进步缓慢→机会少→工作更不开心。而这样的同学往往感觉已经用尽了全力却还是没有改变，只能寄希望于公司、行业和岗位这些平台的依托来提高自我的价值和水平，可往往会事与愿违。

上面讲到的"定位"的概念中包含几个元素：个人价值、持续改进、高性价比和期望价值等，如图8-5所示。

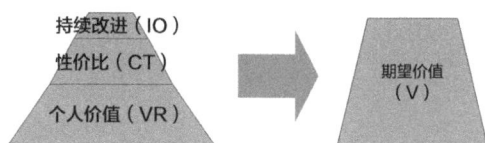

图8-5

- 个人价值：当前自己可以产生的价值（对公司、部门、产品线和自己等），这里面价值不等于能力，当今社会所谓怀才不遇的情况是很多的。

- 持续改进：为达到目标需要观察当前情况，不断调整修正方式方法，最终达到目标。

- 高性价比：方式方法的改进要遵循高性价比的原则，不能本末倒置，比如工作后看到有些公司需要高学历，为了有个高学历，在当前无法负担的情况下去考MBA，有可能反而会影响整体的发展。

- 期望价值：也就是目标，期望到达的自我价值水平，这里不限于职位升迁、工资调整，个人短板补充、业务能力提升和沟通提升等也可以作为阶段性的目标来看待。

将这些元素细化后总结出一个公式：

$$V_{Result} = V_{value} \; I_{improve} \; C_{cost} \; T_{time} \; O_{observe} \; R_{resource}$$

个人价值　改进方法　人员成本　持续时间　观察改进　客观条件（资源）

- 个人价值（VR）。

- 个人价值（V）：个人水平。

- 客观条件/资源（R）：部门资源、公司资源和行业情况等。

- 性价比（CT）。

- 人员成本（C）：完成目标需要耗费的成本，包括精力，资源等。

- 持续时间（T）：完成目标需要持续的时间。

- 持续改进（IO）。

- 改进方法（I）：如何去改进。

- 观察改进 / 优化（O）：如何去优化。

现在我们再看一下上述对话中同学的问题，为什么会没有进展，达不到他的期望价值目标呢？

首先，期望价值过多，阶段性的目标应该聚焦在一到两个点上，期望很多就容易定位不清晰。其次，对于自我的分析定位不够准确（没有考虑个人能力情况和当前情况这些因素），改进方式性价比低（产品咨询、大牛的文章分享，听沙龙讲座等缺乏重点，不够聚焦），因此导致迟迟不能满足期望。

在我看来，这位同学更应该先定一个小目标，比如熟练掌握当前产品线的业务知识，并自学上下游信息，熟练后再进行方法论的总结归纳，提高水平。

8.6.2　学知：打牢根基

明确了定位和方向，接下来我们要打好根基。互联网行业严格意义上来说不是一个独立的行业，它具有强大的包装和改造能力，这也是现在很多传统行业和互联网结合后可以产生新的火花的原因。在互联网行业从事工作的人们除了需要具备 IT 专业知识外，还需要具备所属行业的业务知识，只有这样你才能在面对繁杂的问题时做到游刃有余。

知识的学习方法在很多地方都讲过，这里不做详细描述，这里主要讲两个方面。

知识维度。

- 业务知识：所属行业的业务知识。

- 逻辑知识：定义、判断和推理等逻辑思维的建立。

- 相关领域知识：主要是关联职能上下游，比如开发的上下游是产品、测试和运维等，产品的上下游是开发、测试和运营等。

学习渠道。

- 书籍：基础知识，归纳总结。

- 沙龙、分享会：关注思路、价值观。

- 百度百科：查缺补漏知识点。

- 自我总结：汇总融合。

8.6.3　认识：建立认知价值观

当执行做到一定阶段时，人们往往会感觉遇到了瓶颈，归根到底还是认识出现了瓶颈。

场景1：

A问：业务提出了需求方案，可开发总是说有问题，不合理，怎么办？

答：你知道业务真正想要的是什么，或者说业务的问题在哪里吗？

A问：业务说感觉用着不习惯，想在界面上加一个按钮，一点可以弹出……

场景2：

A问：领导问我产品线下半年的计划是什么，我不知道该怎么写。

答：你产品线下半年的重点是什么，把重点规划写下就行。

A问：我这就有业务反馈的一些问题，还有一些竞品有而我们没有的功能，罗列一下应该就行了。

上面两个场景是很多同学经常遇到的，真正出现的问题不是方案、内容不清楚，而是意识上的模糊导致认知偏差。意识的进一步提升需要建立认知的价值观，修正以往的一些错误理解和想法，建立更为系统的方法论和思维模式。

按照维度从小到大来看，意识的升级主要包括3个阶段：

* 分辨核心认知升级；

* 结构思维认知升级；

* 业态认知升级。

快速分辨问题核心是日常工作中需要具备的能力。互联网公司日常节奏快，会议多，大一些的公司多头交流的情况也不少，每件事情、每个邮件留下的处理时间都非常有限，为了避免浪费大量时间，需要有能够快速抓住问题关键、提供核心解决方案的能力。

这里提供一些方法。

* 思考问题时一定应按照业务流程→实现方案→细化优化的方法，最忌直接套用别人提供的方案进行。比如业务告诉你想在界面上加个导出的按钮，可能聊完以后发现只是现有表格无法满足需求，只能导出后进行人工编辑，需要增加字段，那他要解决的核心问题不是他表述的导出功能，而是字段缺失。

* 关键点需求按照MVP（Minimum Viable Product，最简化可实行产品）的概念去分解解决。

- 在不同角色同时参与的场景下要考虑优先级，即用户问题＞业务运营问题＞技术问题＞资源问题。这里指的是思考时要按这个优先级思考，而是否可以执行需要看实际资源、客观因素等情况。

- 交流时，如果对方迟迟表达不出问题的关键或者逻辑混乱，需要及时打断对方，从某个节点开始逐步梳理。

- 当不熟悉问题业务时，一定要让熟悉相关业务的同学讲解基础流程后再进行分析判断。

- 不要直接答复只能回答"是"和"否"的问题，这种问题往往带有主观引导作用，容易让你思路混乱。

相信大家也会经常性听到"结构化思维"这个概念，百度百科上对其的定义是："结构化思维（Structured Thinking）是指一个人在面对工作任务或者难题时能从多个侧面进行思考，深刻分析导致问题出现的原因，系统制订行动方案，并采取恰当的手段使工作得以高效率开展，取得高绩效。当你这样做事的时候，你就拥有了结构化思维，这将对你的职场晋升起到巨大的帮助作用。思维决定发展，思维层面不同导致结果不同。"

从定义看，结构化思维就是能够系统地思考问题而不局限在局部思维中，下面列举以下场景看一下结构化思维的作用。

场景1：

A问：我跟进一个项目，我负责中间的核心环节，但相关联的系统情况我也不了解，怎么去设计需求？

答：在项目开始前你做准备工作了吗？

A问：根据业务提的需求和相关系统的产品经理问一下是否可以实现以及问题点在哪里，然后再设计自己的部分。

场景2：

A问：我负责用户端需求，可每次我做完需求PRD后，开发都告诉我要依赖后端的情况，之前的PRD没考虑，这个情况该怎么避免呢？

上面两个场景中，同学的主要问题是思考问题的思路，他们从一个具体的功能点出发考虑问题，导致遇到复杂的业务需求场景时总是剪不断理还乱。

当入手较为复杂的关系、需求或规划时，应该先明确本次讨论的边界，然后根据流程制订大的节点和规则，然后再进行细化，这个过程就像上学的时候写议论文，先定论点，再找论据，最后进行举例论证，确定结论，如图8-6所示。

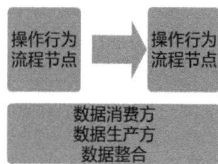

图8-6

另外，通常产品人员在遇到复杂场景的情况下都会去画业务流程图，这个其实在一定程度上可以解决上述的问题。这里建议大家在画业务流程图的时候也关注一下数据流转的过程，这样就很容易发现一些隐含的依赖关系了。当然这个工作需要和开发人员一起配合进行。

"业态认知"这个概念听起来有点虚，一般情况下大家都会对行业的趋势和情况做了解和分析，这个目前已经成为互联网同学的"标配"。这里只讲一个需要关注的点，供大家参考。

我们日常除了了解新的行业趋势和发展，还要考虑是否可以将其结合自身所属的业务，比如最近大火的新零售，它的很多观点对于电商的同学来说是可以借鉴融合的，另外，新的业态诞生和演变，其行业的发展原则上都是遵循一定的规律和原则的，学习领悟这些规律和原则，学以致用，才是业态认知升级最重要的事情。

8.6.4　明断：提高决策决断能力

随着经验的丰富、阅历的增加，你会被赋予越来越复杂的工作或者难题，面对问题时，决策能力就显得尤为重要。有同学问过我，情况我都不清楚，也不敢轻易做决定，可所有人都等待你决定，很是头疼。也有同学说做项目很多时候身不由己，而且缺乏有力支持，以至于变得不再做决策，只是跟随别人，避免出问题。

这些都会成为你成长道路上的分岔路，有可能就使你走向一个浑浑噩噩的未来。成熟的产品经理都有一套处理问题的方法和技巧，也许是一套规律，也许是一种说辞，各不相同，但我总结来看主要是两个方面。

- 判断能力；
- 博弈能力。

快速判断问题、快速决策是一个需要经验积累的能力，不过我们依然可以有章可循，按照既定的模式积累经验就能事半功倍。

决策一个事情、一个项目、一个功能或者一个计划如何执行都有一些固有的因素存在，就像我们写记叙文一样有六要素，如图8-7所示。

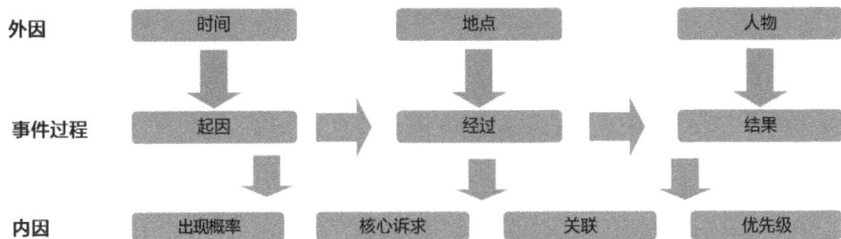

图8-7

- 时间（计划时间）；

- 地点（产品线、边界）；

- 人物（干系人）；

- 起因（事件背景）；

- 经过（实施方案及过程）；

- 结果（效果）。

其中，时间、地点和人物属于外因，它们是外部的判断依据，它们的情况决定这个事情大的方向和方案如何制订。除了这些外因，还有几个内因，内因决定了实施过程中的方案判断依据。

- 出现概率：事件出现的概率，比如一些小概率异常事件在过程中可以考虑忽略或进行后续处理。

- 核心诉求：需要解决的最关键的问题，确定了核心就可以指定优先级。

- 关联：判断事物之间的联系，用于避免判断时思考不足。

- 优先级：主要用于做减法，精简内容。

具备判断能力只是满足对大规则下的情形进行处理的需求，但实际情况中会出现很多因素交叉影响的情况，局势会繁杂很多，这时候需要根据情况找到最合理的解决方案，这就需要用博弈论的一些方法去分析。

博弈论又被称为对策论（Game Theory），它既是现代数学的一个新分支，又是运筹学的一个重要学科。

不同情况的组合会衍生出多种情况下的博弈场景，而不同博弈场景下又会根据不同的原理去调整策略，获得整体利益最大化的组合解决方案。主要的一些场景可以组成一个三维象限，如图8-8所示。

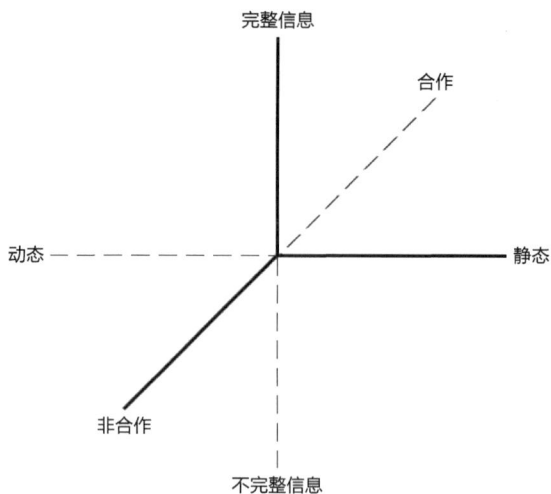

图8-8

在这里说下象限各个坐标代表的含义。

- 静态：同时进行策略选择或者后者不知道前者的策略情况，即在对等条件的情况下进行策略判断。

- 完整信息：每个人都对其他人有准确信息，即在博弈前可以获得相对完整的信息和情况了解。

- 合作：当事人之间是否有约束力的协议，原则上我们日常工作中的场景多为不合作场景，即彼此之间没有强约束的协议。

基于上述的各个维度就组成了多个博弈的场景：

- 非合作完全信息静态博弈；

- 非合作完全信息动态博弈；

- 非合作不完全信息静态博弈；

- 非合作不完全信息动态博弈；

- 合作完全信息静态博弈；

- 合作完全信息动态博弈；

- 合作不完全信息静态博弈；

- 合作不完全信息动态博弈。

下面的讨论主要针对不合作的场景。原则上当我们遇到多种判断场景时，思路是优先将现有场景通过切割、优化和分解等方式变为完全信息静态博弈，然后根据情况进行判断，找出整体最优解。这里面要强调的是整体最优解而不是个体，比如在一个项目的方案中，我们要保证大家的各个产品线都相对可以接受，而不是只保证一方的最大利益。

我们举例几个工作中常见的场景来看，他们都属于什么情况。

- 需求沟通：未确定具体需求内容和方案，沟通后再进行方案制订。
- 技术评审：各产品线的技术方案确定后，组织共同进行技术方案评审。
- 客户谈判：提供既定方案给客户，客户根据自己的情况提供改进后的方案。
- 外部对接：外部系统提供接口文档等信息，我们将方案提交给对方，并根据对方反馈进行调整。

根据信息完整情况和策略方案的提交顺序，我们可以判断出以下信息。

- 需求沟通：非合作不完全信息静态博弈。
- 技术评审：非合作完全信息静态博弈。
- 客户谈判：非合作不完全信息动态博弈。
- 外部对接：非合作完全信息动态博弈。

由此可以看出，评审是相对比较简单的博弈场景，需要梳理的问题较为简单，只要判断谁做和考虑性能问题即可。而客户谈判最为复杂，它需要根据不健全的信息不停地调整方案策略。我们总会把问题向完全信息静态博弈的场景去转化，比如需求沟通的目的是确定需求内容（完善信息），最终转化成技术评审。

确定了情况以后，我们要学会找到整体最优解。这里要讲一个概念——纳什平衡，我们以一个比较有名的例子来看一个概念。

一个犯罪团伙的两个成员（A 和 B）被拘捕了，他们完全被隔离开，相互之间绝对没有办法互通消息。警方目前缺乏证据，无法以他们所共犯的主要罪行来给他们定罪，但是警方手里有一些次要证据，可以较轻的罪名判他俩各一年，于是警方分别对他们提出了交易的条件：

（1）如果 A 和 B 都供述罪行，那么每人判 8 年；

（2）如果 A 供述，B 不供述，那么 A 可释放，B 要坐 10 年牢（反之亦然）；

（3）如果 A 和 B 都不供述，那么他们每人要判 1 年。

由于双方无法沟通达成共识（现实场景可能是沟通后也无法按照完整的方案达成共识），因此可以选择的情况见表 8-1。

表8-1	双方无法达成共识后的选择	
A/B	坦白	抵赖
坦白	-8, -8	0, -10
抵赖	-10, 0	-1, -1

每个人在判断自己的策略的时候要考虑最好情况及最坏情况，为了避免最坏情况，往往会选择一个性价比最高的选择，这个选择就是纳什均衡点，如上述情况中，（-8，-8）就是这个样例的纳什均衡点。

这里我们要明确什么是博弈场景，即双方无法同时按照自己可接受的完整方案进行的时候。如果方案沟通时直接达成共识，这时候无论是否一方利益最大化，都不属于博弈场景。

结语

一个产品经理在成长过程中是有各种因素影响的，能否最终走向成功，其实还需要本人的坚持和明确的目标。本章讲述了不少提炼的方法论，这些内容还需要大家通过实践逐步理解。

附录

电商常见名词解析

B2B（Business to Business）：就是企业对企业的电子商务，除了在线交易和产品展示，B2B的业务更重要的意义在于将企业内部网通过B2B网站与客户紧密结合起来，通过网络的快速反应为客户提供更好的服务，从而促进企业的业务发展。

B2C（Business to Customer）：商家直接面向消费者销售产品和服务，这种形式的电子商务一般以网络零售业为主，主要借助于互联网开展在线销售活动。

C2C：是用户对用户的商业模式，C2C商务平台就是通过为买卖双方提供一个在线交易平台，使卖方可以主动提供商品上网拍卖，而买方可以自行选择商品进行竞价。

API（Application Programming Interface）：应用程序接口，一组定义、程序和协议的集合，通过API实现计算机软件之间的相互通信，其主要功能是提供通用功能集，同时它也是一种中间件，为不同平台提供数据的共享。

App（Application）：是管理服务端组件的，它给服务端组件提供了一个全功能、可靠的运行环境。

UUID：设备唯一标识。

Banner：横幅广告，是互联网广告中最基本的广告形式，是一个表现商家广告内容的图片或者动图，被放置在广告商的页面上。

Click：点击数，用户通过点击广告来访问广告主的网页，是评估广告效果的指标之一。

CTR（Click Rate）：点击率，广告被点击的次数与页面访问次数的比例。CTR是评估广告效果的指标之一。

CPC（Cost Per Click）：点击成本，是广告主为每个用户点击所付的费用，是评估广告效果的指标之一。

CPM（Cost Per Thousand Impression）：千人成本，是广告主为它的广告显示1000次所付的费用，是评估广告效果的指标之一。

CPA（Cost Per Action）：按行为付费，是网络营销中的一种付费方式，即广告主按照用户的行为付费，行为可以是注册、购买等。

CPS（Cost Per Sales）：以实际销售产品来折算广告刊登金额，一般还附有固定的管理费用。

PPC（Pay Per Click）：按照点击数向广告平台支付广告费。

CPT（Cost Per Time）：一种以时间来计费的广告，国内很多网站都是按照"一个月多少钱"这种固定收费模式来收费的，对做广告的网站主来说，这是一种很省心的广告，能给你的网站、博客带来稳定的收入。

COD（to Cash on Delivery）：快递代收费，货到付款。

DM（Data Mining）：数据挖掘，从大量的数据中抽取出潜在的、有价值的知识、模型和规则的过程。

EDM（Email Direct Marketing）：电子邮件营销。

ROI（Return On Investment）：用户使用分析软件来分析和计算投资回报率。

URL（Uniform Resource Locator）：通常所说的网址。

SEM（Search Engine Marketing）：搜索引擎营销，SEM所做的就是全面而有效地利用搜索引擎来进行网络营销和推广，服务方式主要有竞价排名、购买关键词广告、搜索引擎优化（SEO）、PPC（Pay Per Click，按照有效点击收费）4种。

SEO（Search Engine Optimization）：搜索优化，与之相关的还有Search Engine Positioning（搜索引擎定位）、Search Engine Ranking（搜索引擎排名）。

竞价排名：相对于SEO实现的自然排名而言，竞价排名实质上就是付费排名，即通过向搜索引擎公司交纳一定的排名费用，使得自身网站在某些关键词上的排名出现在搜索结果的第1页，一般来说是出价越高，排名越靠前，但百度切换为凤巢系统后，排名也参考了一些其他因素，不再是完全按照出价的高低来排名了。

PV（Page View）：页面浏览量/点击量。

UV（Unique Visitor）：指访问某个站点或点击某条新闻的不同IP地址的人数，在同一天内，UV只记录第一次进入网站的具有独立IP的访问者，在同一天内再次访问该网站则不计数，移动端则统计设备号或者用户ID。

转化率（Conversion Rate）：是指访问某一网站的访客中，转化的访客占全部访客的比例。

二跳率：网站页面展开后，用户在页面上产生的首次点击被称为"二跳"，二跳用户量与浏览量的比值称为页面的二跳率。

跳出率：是指浏览了一个页面就离开的用户占一组页面或一个页面访问次数的百分比。

人均访问页面：PV总和除以IP，即可获得每个人平均访问的页面数量，至少人均访问页面超过10个以上才算是优质的用户。

UI（User Interface）：用户与界面之间的交互关系。

UED（User Experience Design）：用户体验设计。

UGC（User Generated Content）：用户原创内容，用户将自己原创的内容通过互联网平台进行展示或者提供给其他用户，它不是某一种具体的业务，而是一种用户使用互联网的新方式，即由原来的以下载为主变成下载和上传并重，社区网络、视频分享、博客和播客（视频分享）等都是UGC的主要应用形式。

DSP：在互联网广告产业中，DSP是一个系统，也是一种在线广告平台，它服务于广告主，帮助广告主在互联网或者移动互联网上进行广告投放，DSP可以使广告主更简单便捷地遵循统一的竞价和反馈方式，以合理的价格实时购买高质量的广告库存；DSP让广告主可以通过一个统一的接口来管理一个或者多个Ad Exchange账号，DSP甚至可以帮助广告主来管理Ad Exchange的账号，提供全方位的服务。

DMP（Data-Management Platform）：数据管理平台，是把分散的多方数据进行整合，纳入统一的技术平台，并对这些数据进行标准化和细分，并把这些细分结果推向现有的互动营销环境里的平台。

病毒式营销（Viral Marketing）：常用于进行网站推广、品牌推广等，它利用用户口碑传播的原理，可以像病毒一样迅速蔓延，因此已成为一种高效的信息传播方式。这种传播是用户之间自发进行的，因此几乎不需要费用。

网站联盟：联盟营销（Affiliate Marketing），通常指网络联盟营销，也称联属网络营销，包括广告主、联盟会员和联盟营销平台三要素，广告主按照网络广告的实际效果（如销售额、引导数等）向联盟会员支付合理的广告费用，它可以节约营销开支，提高营销质量。它于1996年起源于亚马逊（Amazon）。Amazon通过这种新方式，为数以万计的网站提供了额外的收入来源，且成为网络SOHO族的主要生存方式。

TMT：是Technology（科技）、Media（媒体）和Telecom（电信）3个英文单词的第一个字母。

PM：Product Marketing（产品市场）、Project Management（项目管理）、Project Manager（项目经理）或Product Manager（产品经理）。

SaaS（Software as a Service）：软件即服务，厂商将应用软件部署在自己的服务器上，客户可以根据自己的实际需求，按定购服务的多少和时间的长短向厂商支付费用，并通过互联网获得厂商提供的服务。

FAQ（Frequently Asked Questions）：常见问题回复。

B/S（Browser/Server）：浏览器/服务器模式，是Web兴起后的一种网络结构模式，

Web浏览器是客户端最主要的应用软件，这种模式统一了客户端，将系统功能实现的核心部分集中到服务器上，简化了系统的开发、维护和使用。

ERP（Enterprise Resource Planning）：企业资源计划，是指建立在信息技术基础上，以系统化的管理思想，为企业决策层及员工提供决策运行手段的管理平台。

CRM（Customer Relationship Management）：客户关系管理，CRM的主要含义就是通过对客户详细资料的深入分析来提高客户满意程度，从而提高企业的竞争力。

增长率：销售增长率=（一周期内）销售金额或数量/（上一周期）销售金额或数量-1，环比增长率=（报告期-基期）/基期×100%。

毛利率：销售毛利率=实现毛利额/实现销售额×100%。

贡献率：指固定群体在整体收入中提供的金额占比。

品类支持率：品类支持率=某品类销售数或金额/全品类销售数或金额×100%。

库存周转率：库存周转率=（一个周期内）库存/周期内日均销量。

动销率：动销率=动销品项数/库存品项数×100%。

SKU（Stock Keeping Unit）：库存进出计量的基本单元，它可以以件、盒或托盘等为单位。

SPU（Standard Product Unit）：标准化产品单元，它是商品信息聚合的最小单位，是一组可复用、易检索的标准化信息的集合，该集合描述了一个产品的特性，通俗点讲，属性值、特性相同的商品就可以称为一个SPU。

直降：直接对某个商品进行降价，用户看到的价格自动扣减了"直降"的金额。

满减：购买指定的活动商品满N元后，可以优惠X元，例如，满100元减20元。

阶梯满减：购买指定的活动商品满不同的金额，给予不同的优惠，例如，满100元减10元，满200元减25元，满300元减60元。

满赠：购买指定的活动商品满N元后，可以从指定的赠品（可能是1个或多个）中任选一个。

加价购：购买指定的活动商品满N元后，以X元的价格购买指定商品一件。

套装：将多件商品组成一个套装，用户购买该套装时优惠X元，例如，A和B一起买，可享受直降优惠20元。

买1赠N：买1个主商品，送1到N个赠品，所购买商品数是1的整数倍时，送N的相同倍数赠品。

市场价：基于品类，图书为印刷价，服装为吊牌价。

仓包价：涵盖仓储费的成本价。

协议价：针对常购商品，采销单独设置的基于SKU的稳定价格。

VIP价：基于SKU维度，C端采销给某大客户的专享价。

分拣中心：连接仓库和站点的物流节点，根据客户送货需求，从事订单包裹的分货、拣选和配货工作，以高水平实现销售或供应的现代流通设施。

转运中心：简称TC，实现货物中转与集散，即针对不同目的地进行集零为整、化整为零的配载作业。

仓间调拨：提供仓之间商家货物的调拨运输服务，也叫移仓或者内配。

售后服务单：消费者申请售后时产生的单据，是售后流程的依据。

上门取件服务：售后逆向返件，由平台配送或者第三方配送进行上门取件的服务。

3PL（Third-Party Logistics）：第三方配送运营商。

211限时达：当日上午11:00前提交的现货订单，当日送达；当日23:00前提交的现货订单，次日15:00前送达。（适用于中小件商品。）

次日达：在一定时间点之前提交的现货订单，将于次日送达。注：先货订单以提交时间点开始计算，先款订单以支付完成时间点计算。（适用于中小件商品。）

夜间配：19:00~22:00的送货上门服务（适用于中小件商品）。

极速达：从提交订单起，3小时内将商品送达的配送服务（适用于中小件商品）。

隔日达：在当日截止下单时间前提交的现货订单，隔日配送完成（适用于中小件商品）。

WMS（Warehouse Management System）：仓储管理系统，主要用于收货、入库、出库、仓库调拨、BIN位移转、批次管理、物料对应、库存盘点、质检管理、虚仓管理和即时库存管理等作业。

TMS（Transportation Management System）：运输管理系统，一些地方直接称其为配送系统。

VMI（Vendor Managed Inventory）：供应商管理的库存。

腾讯 / 阿里 / 百度

的产品经理和运营

每天泡在这里

人人都是产品经理
300万产品经理、互联网运营的聚集地

人人都是产品经理

人人都是产品经理是以产品经理、运营为核心的学习、交流、分享平台，集媒体、教育、社群为一体，全方位服务产品人和运营人，成立9年举办在线讲座500+期，线下分享会300+场，覆盖北上广深杭成都等15个城市，在行业有较高的影响力和知名度。平台聚集了众多BAT美团京东滴滴360小米网易等知名互联网公司产品总监和运营总监，他们在这里分享实战经验，与你一起成长。

◉ 关注"人人都是产品经理"微信公众号
◉ 回复"电商产品经理"领取10GB必备资料包

📖 3000+专栏作者
干货文章源源不断

🧑‍🏫 每月3场线下活动
与大咖面对面学习

👥 500+微信群、QQ群
找志同道合的人

🛡精 全年30期产品运营
精品课免费听

来起点学院
BAT总监带你从0到1

系统学习

提升自己的
产品和运营能力

起点学院

产品经理、互联网运营专业技能提升平台

Q 起点学院

起点学院是产品、运营、文案、营销等互联网核心能力提升平台，联合BAT等互联网公司100多名实战派总监共同研发设计课程，提炼和传承一线互联网公司成功经验，为行业培养优秀的产品和运营人才，助力行业发展。

累计学员	BAT导师
760000 人 ⁺	**300** 名 ⁺

- 主打精英式教学体系
- 源自BAT内部的产品运营方法论
- 只做能落地的产品经理和运营课程
- 关注"起点学院"微信公众号
- 回复"电商产品经理"免费领取10门课程